Norbert Scholl

Das Geheimnis der Drei

Norbert Scholl

Das Geheimnis der Drei

Kleine Kulturgeschichte
der Trinität

Einbandgestaltung: Peter Lohse, Büttelborn.
Einbandabbildung: Darstellung der Trinität (Psalm 110),
nordfranzösische Buchmalerei um 1410.
© akg-images.

Die Deutsche Bibliothek verzeichnet diese Publikation
in der Deutschen Nationalbibliografie;
detaillierte bibliografische Daten sind im Internet über
http://dnb.ddb.de abrufbar.

© 2006 by WBG (Wissenschaftliche Buchgesellschaft), Darmstadt
Die Herausgabe des Werkes wurde durch
die Vereinsmitglieder der WBG ermöglicht.
Satz: Setzerei Gutowski, Weiterstadt
Gedruckt auf säurefreiem und alterungsbeständigem Papier
Printed in Germany

Besuchen Sie uns im Internet: www.wbg-darmstadt.de

ISBN 3-534-18930-2

Inhalt

Zur Einführung

Eine „Kulturgeschichte der Trinität" – was verbirgt sich hinter diesem Titel? Kann der *eine* Gott der Christenheit, der sich nach alter Glaubensüberzeugung in drei Personen geoffenbart hat, eine „Geschichte" haben? Und was ist daran „Kultur"? Oder geht es nur um das trinitarische Grunddogma als solches und um seine Entwicklung?

Anstoß zu den Überlegungen gab ein längst vergessener Aufsatz des Gräzisten Hermann Usener mit dem Titel „Dreiheit", in dem er von einer „Zwingherrschaft der Zahl" (Drei) spricht und aufgrund akribischer Forschungen auf dem Gebiet der griechischen Mythologie die These aufstellt, dass die christliche Trinitätslehre entstanden sei, um „der unausweichlichen, tief im Geist des Alterthums gewurzelten Forderung einer dreiheitlichen Gottheit gerecht zu werden".[1] Die Trinitätslehre als Ergebnis einer „Zwingherrschaft" der Dreizahl? Geradezu zwangsläufig entstanden durch das Diktat einer simplen Zahl?

Die provokante These erregte meine Neugier, dem Phänomen der Drei einmal etwas intensiver nachzugehen. Denn dahinter scheint sich doch etwas Geheimnisvolles zu verbergen. Ältere Forscher erblickten in der Dreizahl die „ursprüngliche Endzahl der primitiven Menschheit" (H. Diels). Zweifellos spielt diese Zahl eine besondere Rolle – etwa im Märchen oder in der Bibel, wo häufig von Geschehnissen die Rede ist, die sich „am dritten Tage" ereignet haben sollen. Auch in nichtchristlichen Religionen, in der Natur, in der Gesellschaft, im Alltag begegnet man immer wieder der Drei. Das ist schon merkwürdig. „Die Tatsache, daß das Trinitätsdenken im Abendland durch Jahrtausende so außerordentliche Geltung und Wirkung hatte, verbietet es, nur eine Absurdität darin zu sehen, weil die Trinität keine wirksame Chiffre mehr ist. Wir fragen, welche Motive sich im Trinitätsdenken zeigen, und suchen uns einzudenken in das, was es in jenen Erfahrungen des glaubenden Denkens bedeutet haben mag."[2] So der Philosoph Karl Jaspers vor 50 Jahren.

Die Rede vom dreieinigen Gott ist kein christliches Eigengut, so sehr sie auch als unverwechselbares Kennzeichen oder gar als Kriterium des

Christentums gegenüber anderen Religionen wie dem Judentum oder dem Islam betrachtet worden sein mag und noch immer betrachtet wird. Die Rede von dem einen und dreifaltigen Gott ist vielmehr Erbstück aus einer Jahrtausende alten Vergangenheit, die elementare Vorstellungen zur Begegnung der menschlichen mit der göttlichen Welt entwickelt hat.

Es lohnt sich, über das Grunddogma des Christentums einmal unter diesem Gesichtspunkt nachzudenken. Vielleicht eröffnen sich damit einige neue Zugänge und Perspektiven zum „Geheimnis der Drei".

I. Zugänge

Am Anfang steht die Sinnes-Erfahrung

Der Ruf nach Erfahrung ist heute weit verbreitet. Alle wollen etwas erfahren. Aber was ist das eigentlich – Erfahrung? Erfahren hat etwas mit Bewegung zu tun. Erfahrung gewinnt einer, der das sichere Zuhause seiner Vorstellungen und Denkgewohnheiten verlässt und sich auf eine Entdeckungsreise in unbekanntes Neuland wagt. Was er dabei erfährt, verarbeitet und ordnet er in persönlicher Reflexion und Auseinandersetzung zu einem Ganzen. In der ständig neu aufgenommenen Wahrnehmung des zunächst Unbekannten, im Deuten des Unverstandenen, das ihm begegnet, im Hinterfragen des Vordergründigen auf das Letztgültige ergibt sich das, was man die Lebenserfahrung eines Menschen nennen kann. Sie bildet zugleich die Grundlage für die Aufnahme neuer Erfahrungen und führt zu einem individuellen Weltverständnis.

Ausgangspunkt für jede Erfahrung ist diese unsere Welt, die wir mit den Sinnen wahrnehmen. Erfahrung setzt das genaue und gründliche Befassen mit dem konkret Vorhandenen in seiner Gänze und Fülle voraus. Die ständige Konfrontation mit neuen Erfahrungen hält einen Prozess lebendiger Entwicklung in Gang. Erfahrung interpretiert das mit den Sinnen aufgenommene „Datenmaterial" und stellt Zusammenhänge mit dem bereits früher Wahrgenommenen her. Sie zieht daraus Schlüsse, leitet Perspektiven ab, bildet Arbeitshypothesen. Erfahrung umgreift die Gesamtheit dessen, was sich der Verstand in Ausübung seiner Tätigkeit erworben hat und erwirbt. Sie stellt diese Deutungen in einen Gesamtzusammenhang und bemüht sich, hinter dem Chaos des vielen Einzelnen den Kosmos des großen Ganzen zu erkennen. Erfahrung ist nicht selektiv, sondern umfassend. Sie atomisiert nicht die Welt, sondern kosmisiert und ordnet sie.

Bei der Erfahrung handelt es sich nicht um ein flüchtiges Wahrnehmen oder um ein oberflächliches Erleben, das keine weiteren Spuren im Leben hinterlässt. Auch nicht um ein gefühlsbetontes, sentimentales Be-

eindrucktsein. Die intensive Beschäftigung mit der Natur lässt auf die
geheimnisvolle Tiefenstruktur des Kosmos aufmerksam werden. Erfahrung führt zu einer bleibenden Erweiterung des Bewusstseins. Sie fragt
nach dem Überschuss an Sein.

Auch die Wirklichkeit „Gott" ist nur mit den Sinnen erfahrbar

Was für die Erfahrung im innerweltlich-irdischen Rahmen gilt, besitzt
auch Gültigkeit für die Erfahrung des Phänomens „Gott". Allerdings
steht der Erfahrbarkeit Gottes ein prinzipielles Hindernis entgegen. Gott
ist kein Gegenstand unmittelbarer, sinnlicher Erfahrung. Gott und Welt
stehen nicht auf einer Erfahrungsebene.

Dennoch: Es gibt nur ein Einfallstor für die Gotteserfahrung, und das
ist die sinnliche Wahrnehmung. Den Menschen ist kein anderes „An-
schauungsmaterial" für die Erfahrung des Göttlichen gegeben als die
materielle Welt.

Wer Menschen auf Gott hinweisen will, muss ihnen helfen, die Welt
als Erfahrungsfeld Gottes wahrzunehmen. Er muss ihnen die Sinne öffnen, um die Spuren Gottes und seine Offenbarung auch in dieser Welt zu
erkennen. Er muss ihnen den Verstand schärfen und das Herz „bren-
nend" machen, um diese Zeichen richtig zu deuten. Mose am Horeb ist
ein Mensch, der – nach Kurt Marti – „offen ist für eigene Erfahrungen,
die sich von Erfahrungen anderer durchaus unterscheiden. Würde sich
die Dunkelheit unseres Zeitalters vielleicht aufhellen, wenn sich mehr
Menschen getrauten, Einzelne zu sein, sich als Einzelne ungeschützt,
doch erwartungsvoll neuen, eigenen Erfahrungen zu öffnen? Könnten
wir am Ende auch wieder Erfahrungen aus der Richtung ‚Gott'
machen?"[3]

Um derartige Erfahrungen machen zu können, muss der Mensch bereit sein, das innerste Geheimnis der Kreatur zu entdecken. Das kann geschehen, wenn ihn die Dinge, die Situation, das Ereignis plötzlich ange-
hen. Wenn er sich betroffen fühlt, angesprochen, herausgefordert. Wenn
ihm Zusammenhänge, Querverbindungen aufleuchten. Wenn sich ihm
ein Hintergrund auftut. Wenn er erkennt, dass hinter dem vordergründig
Wahrgenommenen „mehr" steckt. Wenn es zu einem Kommunikations-

prozess zwischen ihm und dem Wahrgenommenen kommt. Das Wahrgenommene spricht ihn an, hat ihm etwas zu sagen, „offenbart" sich ihm, regt ihn zu weiterem Nachdenken an.

Solche Betroffenheit kommt in der Regel nur dann zustande, wenn ihn vorher schon eine vielleicht unausgesprochene, unbewusste Frage umtreibt. Wenn ihn ein ungelöstes, aber dunkel erahntes Problem beschäftigt. Nur von Interesse geleitete Wahrnehmung kann zur Erfahrung werden. Sie muss es nicht.

Erfahrung ist eine Begegnung mit dem Ganzen. Ich erfahre nicht isolierte Details und unverbundene Einzelheiten, sondern Sachverhalte und Sinnzusammenhänge. Ich begegne nicht einer Episode, sondern werde in eine Geschichte hineingenommen. Bei dem Bemühen, die Welt der Dinge auf ihren eigentlichen und letzten Hintergrund hin zu durchschauen, erlebe ich mich in einer eigenartigen Doppelgesichtigkeit:

- Einerseits verlasse ich die Dinge nicht. Ich bleibe bei ihnen. Ich bin auf sie angewiesen.
- Andererseits erhebe ich mich über die Dinge. Ich schaue durch die Dinge hindurch und über die Dinge hinweg auf das eigentlich und letztlich Wunderbare und Staunenswerte. Aus den Dingen leuchtet etwas auf wie aus einer unausschöpflichen Tiefe.

„So leuchtet, solche Erfahrung vorausgesetzt, etwas Göttliches aus dem Ding selbst als seine eigene Tiefe und sein eigenes Geheimnis. Göttliches als das unendlich Wunderbare, das zugleich in seiner Nähe das Herz berührt und das uns in seiner Unfassbarkeit zugleich erschreckt" (B. Welte[4]).

Das ist eine mögliche Erfahrung mit den Dingen der Welt. Innerhalb ihrer blickt man nicht von den Dingen der Welt weg. Nicht wer aus der Welt hinausgeht, gelangt zu Gott, sondern wer in die Welt hineingeht. Von Gott reden heißt: von der Welt reden. Karl Rahner bezeichnet diese „in Erkenntnis und verantwortlicher Freiheit gegebene transzendentale Erfahrung" als „anonymes und unthematisches Wissen um Gott".[5]

Religion, so meint Eugen Drewermann[6], ist projektive (!) Auslegung des menschlichen Daseins, nicht Welterklärung. Und entsprechend sind „Gott" und alle anderen religiösen Vorstellungen nichts anderes als

Chiffren oder Symbole, die uns helfen, das menschliche Dasein zu deuten und Menschlichkeit im Gegenüber zur Welt zu begründen.

Erfahrung geschieht aus „Willen und Gnade"

Noch ein letzter Aspekt ist charakteristisch für die Beschreibung dessen, was wir als „Erfahrung" bezeichnen. Erfahrung ist nicht „machbar". Allein das Interesse bringt noch keine (Tiefen-)Erfahrung zustande. Es muss die Situation hinzukommen, der rechte Augenblick, die günstigen Umstände. Erfahrung stößt mir zu. Man mag das „Zufall" oder „Fügung" nennen. Martin Buber sagt, Erfahrung geschehe „aus Willen und Gnade".[7]

Albert Einstein hat eine solche Erfahrung beschrieben:

> „Sie werden schwerlich einen tiefer schürfenden wissenschaftlichen Geist finden, dem nicht eine eigentümliche Religiosität eigen ist. Diese Religiosität unterscheidet sich aber von derjenigen des naiven Menschen. Letzterem ist Gott ein Wesen, von dessen Sorgfalt man hofft, dessen Strafen man fürchtet. [...] Der Forscher aber ist von der Kausalität alles Geschehens durchdrungen. [...] Seine Religiosität liegt im verzückten Staunen über die Harmonie der Naturgesetzlichkeit, in der sich eine so überlegene Vernunft offenbart, dass alles Sinnvolle menschlichen Denkens und Anordnens dagegen ein gänzlich nichtiger Glanz ist. Dies Gefühl ist das Leitmotiv seines Lebens und Strebens, insoweit dieses sich über die Knechtschaft selbstischen Wünschens erheben kann. Unzweifelhaft ist dies Gefühl nahe verwandt demjenigen, das die religiös schöpferischen Naturen aller Zeit erfüllt hat."[8]

Naturwissenschaftliche Erfahrung, wie sie Einstein hier schildert, geschieht zunächst „aus Willen". Der Forscher möchte das ihm vorgegebene Objekt „Natur" ergründen, möchte seine Gesetzmäßigkeiten entdecken, seinem Geheimnis auf die Spur kommen. Nicht immer wird die Natur sich ihm offenbaren. Oft genug bleibt sie stumm und undurchdringlich, voller Rätsel und Dunkelheiten. Es kann aber auch – „aus Gnade" – geschehen, dass er beim „tiefer Schürfen" in ein „verzücktes Staunen" gerät, dass ihm plötzlich die Schönheit und Harmonie des Kosmos aufgeht, dass er Gottes Spuren in der Natur erkennt.

Wer sich dieses „dritte Auge" bewahrt hat, kann Gott in allen Dingen finden. Wer „mit dem Herzen" zu sehen gelernt hat, sieht erst eigentlich „gut" (A. de Saint-Exupéry). Und er wird vielleicht auch Spuren des dreieinen Gottes in dieser Welt entdecken können.

II. Die Dreizahl als Symbol

Symbole repräsentieren eine verborgene Wirklichkeit

Die Herkunft des Begriffs „Symbol" (griech.: sym-ballein = zusammen-werfen) zeigt, dass zwei unterschiedliche Elemente zusammenkommen, die zueinander passen und aufeinander bezogen sind: ein unsichtbares „Ding" und seine sichtbare, es be-deutende Repräsentanz, eine verborgene Wirklichkeit und eine sie sinnlich wahrnehmbar anzeigende Realität. Symbole machen etwas Abwesendes anwesend und dieses Anwesende erkennbar, fassbar, begreifbar.

Ein Symbol ist dadurch gekennzeichnet, dass es dem begegnenden Menschen Sinnschichten erschließt, deren Bedeutung sich erst aus dem Zusammenhang und aus der jeweiligen Situation ergibt. Das Symbol zeigt so eine „Multivalenz und ist deshalb definitionsscheu"[9].

Symbole haben etwas gemeinsam mit der Erfahrung. Sie gewähren einen ganzheitlichen, Sinn und Geist beteiligenden Zugang zur Wirklichkeit. Symbol-Erfassen ist ein mehrschichtigerer und umfassenderer Vorgang als begriffliches Erkennen. Der Zugang zum Verständnis des Symbols ist eher intuitiv als rational. Er geschieht eher durch Ein-Sicht als durch Drauf-Sicht. Er kommt zustande – wie Erfahrung – „aus Willen und Gnade". Symbolerfassen setzt die Bereitschaft voraus, sich auf den stillen Anruf des Symbols antwortend einzulassen. Symbolverständnis verlangt Aufgeschlossenheit und Wille zur Erfahrung der durch das Symbol angezeigten, unsichtbaren Realität.

Unabdingbar sind Symbole in der Religion und in der Theologie. „Das Symbol ist die Sprache der Religion. Es ist die einzige Sprache, in der sich Religion direkt ausdrücken kann."[10] Religiöser Glaube ist nur möglich, wenn der Mensch bereit ist, sich auf die durch Symbole angezeigte, „dahinter" liegende, transzendente Wirklichkeit einzulassen, wenn er den Schritt über das in den Symbolen vordergründig Wahrgenommne hinaus auf das hintergründig eigentlich Gründende wagt. Die Fähigkeit des Menschen zur Symbolisierung und zur richtigen Symbolerfassung ist die

Voraussetzung, um Transzendenz und Unbedingtes, um Grund und Sinn erfahren zu können.

Im Wiederentdecken des Symbols könnte sich eine Möglichkeit eröffnen, Profanität und Religion, Humanwissenschaft und Theologie (wieder) zusammenzuführen. Symbolerfahrung könnte zum Verstehensschlüssel werden, um religiöse Überlieferung und menschliche Erfahrung (wieder) zueinander in Beziehung zu bringen. Hinführung zum Symbolerfassen könnte ein Weg sein, um den durch abstrakte Lehrformeln verschütteten, ganzheitlichen Zugang zur tiefsten und letzten Wirklichkeit, zum Geheimnis Gottes wieder freizulegen.

Zahlen sind Symbole

In allen Kulturen und Religionen kommt der Zahl eine besondere Bedeutung zu. Maße und Maßverhältnisse werden als Symbole betrachtet, in denen sich das Weltganze und seine vielfachen Bezüge widerspiegeln. Die Zahl ist etwas Heiliges. Sie symbolisiert himmlisches Sein, das sich in den Maßverhältnissen des Laufs der Gestirne äußert.

Die Zahl offenbart göttliches Denken und Ordnen. „Du hast alles nach Maß, Zahl und Gewicht geordnet", so sieht es der fromme Jude (Weish 11,20). Die Zahl lässt gleichzeitig die Grundstruktur der Wirklichkeit erkennen. Sie gewährt Einblick in das Geheimnis der Welt und darüber hinaus in das innerste Geheimnis des Schöpfers. Zahlen zeigen nicht nur *quantitative* Beziehungen und Verhältnisse auf, sie offenbaren auch eine den Dingen zutiefst eigene *Qualität*. Sie bringen in ihrer weltlichen Wirklichkeit die dahinter verborgene göttliche Tiefenstruktur des Seins zur Sprache.

Wer eine bestimmte Zahl kennt, besitzt Macht. Der zählende Mensch vollbringt etwas Ähnliches wie Gott selbst, indem er ordnende Macht über die Dinge ausübt (vgl. Gen 1,1–2,4a). Er unterscheidet und teilt zu, er grenzt ab und fasst zusammen. Und er setzt auch qualitative Maßstäbe: Was er an die erste Stelle setzt, ist (zumindest für ihn) meist wertvoller, wichtiger, bedeutsamer.

Die Drei als Synthese
Unter allen Zahlen nimmt die Drei einen besonderen Rang ein. Sie ist ein uraltes Symbol der Vielheit, die sich wieder zur Einheit schließt. Wenn

Zwei die Trennung und Scheidung (von der Eins) bedeutet, so ist Drei das Symbol der Wiedervereinigung, der wiedergewonnenen Ganzheit. Sie ist die Synthese des Einen und des Anderen. Darum steht sie der Eins näher als der Zwei. Denn Zwei besagt immer das Eine und das Andere, das Gegenüber-Stehende, das Gegen-Gesetzte, den Gegen-Satz (griech.: anti-thesis). Drei aber ist die Wiederherstellung der Einheit, die Wieder-Zusammensetzung des Getrennten (griech.: syn-thesis).

Das wird anschaulich am Dreieck: Die beiden Katheten gehen von einem einzigen Punkt aus und driften auseinander; die Hypothenuse bringt sie wieder zusammen.

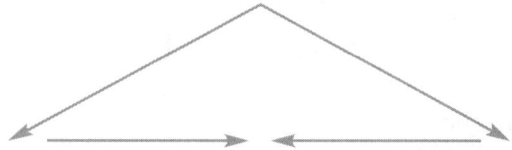

Während Eins die Zahl der ununterschiedenen, undifferenzierten, in sich geschlossenen, ungeöffneten Uniformität darstellt, ist Zwei die Zahl der sich differenzierenden, sich aufschließenden Einheit, die aber durch die Drei vor der „Entzweiung" bewahrt und wieder zu einer Einheit verbunden wird, nun allerdings nicht mehr zur geschlossenen und ungeöffneten, sondern zur geöffneten differenzierten Einheit. Es braucht nicht zu verwundern, wenn der griechische Philosoph Aristoteles meint, wir hätten „die Gesetze der Drei aus den Händen der Natur empfangen"[11].

Die Drei in der Weltordnung
Die Welt erscheint den Menschen dreigeteilt in Himmel, Erde und Meer.[12] Die Zeit wird bemessen als Vergangenheit, Gegenwart und Zukunft. Der Tageslauf gliedert sich in Morgen, Mittag und Abend. Die Wirklichkeit begegnet uns dreidimensional und geordnet nach Maß, Zahl und Gewicht. Der persische Philosoph Mani (216–277 n. Chr.), dessen Lehre im vierten Jahrhundert auf das Christentum einen großen Einfluss ausübte, lehrte drei Weltalter:

■ die „frühere Zeit", in der die dualistischen Urprinzipien des Kosmos – Geist und Materie, Gut und Böse, Licht und Finsternis – völlig getrennt waren,

- die „mittlere Zeit", in der sie vermischt wurden (aus dieser Vermischung sind Welt und Menschen entstanden),
- die „zukünftige Zeit", in der die Vermischung wieder aufgehoben, eine „Erlösung" des Geistes aus der Materie, des Guten vom Bösen, des Lichtes von der Finsternis bewirkt und damit die ursprüngliche dualistische Gestalt wiederhergestellt wird.

Oder um mit Friedrich Schiller zu sprechen:

„Dreifach ist der Schritt der Zeit:
Zögernd kommt die Zukunft hergezogen,
Pfeilschnell ist das Jetzt verflogen,
Ewig still ist die Vergangenheit."[13]

Bei den meisten Wettkämpfen gibt es drei Sieger. Drei dürfen auf dem „Treppchen" stehen. Es werden Fristen von drei Tagen gesetzt. Dreimal wird gemahnt. Die Geduld beim Zählen verliert man erst nach der Drei. Bei der Kandidatenwahl werden häufig Dreierlisten vorgelegt. Verbilligte Fahrkarten bei der Deutschen Bahn müssen spätestens drei Tage vor dem Reiseantritt gelöst sein. In Köln hat zur fünften Jahreszeit ein „Dreigestirn" das Sagen … usw. usw.

Aller guten Dinge sind drei im Märchen

Auch im Märchen spielt die Drei eine große Rolle.[14] Die Etymologie des deutschen Wortes „Märchen" weist es als „Kunde, Nachricht, Verkündigung" aus (von ahd. mari, mhd. maere[15]). Auffällig erscheint, dass nie davon die Rede ist, wer diese Kunde bringt, von wem die (gute) Nachricht stammt, auf wen die Verkündigung zurückgeht. Das bleibt offen. Gott kommt, zumindest in den „klassischen" Märchen, nicht vor. Er zeigt sich nicht; er bleibt verborgen; er gibt sich nicht zu erkennen – allenfalls versteckt er sich hinter den Masken von Feen, Zwergen, guten Geistern und Königssöhnen.

Nicht selten sind drei Brüder im Märchen am Werk. Drei Söhne werden ausgeschickt, und dem dritten gelingt es, die Aufgabe zu lösen, obwohl er von den anderen als der Dümmste hingestellt wurde. Von drei

Töchtern ist die dritte die schönste. Drei Aufgaben müssen gelöst, dreimal muss an der großen Tür angeklopft werden. Drei Wünsche darf der Auserwählte äußern. Drei Stationen sind bei der Suche zu durchlaufen. Drei Gaben werden dem Königskind als Geschenk dargebracht.[16]

Max Lüthi entdeckt im Märchen neben der ausdrücklich genannten Dreizahl auch noch „verborgenere, im Lauf der Handlung sich herstellende und wieder verschwindende, von den Erzählern niemals als solche bezeichnete Dreiheiten, […] die von besonderer Wirksamkeit sind: Es sind Dreieckskonstellationen, deren 3 Teilnehmer oder Komponenten in direkter Interaktion stehen."[17] So findet er etwa die Dreieckskonstellation Auftraggeber (König) – Beauftrager (Held) – Zielobjekt (z. B. Lebenswasser oder zu gewinnende Jungfrau). In den Dreibrüdermärchen tritt an die Stelle eines ersten Dreiecks mit einem unfähigen Beauftragten (ältester Sohn) zunächst ein zweites mit nochmals einem Unfähigen (zweiter Sohn) und schließlich das entscheidende dritte mit dem Jüngsten, dem Märchenhelden, als fähigem Träger des Auftrags. Nachdem dieser sich auf den Weg gemacht hat, bildet sich meist ein neues Dreieck: Der Held stößt auf einen Gegner (Antagonist, Schädiger), zu dessen Ausschaltung er einen Helfer (Ratgeber oder Schenker eines Zaubergegenstands) benötigt und auch gewinnt, während seine beiden Vorläufer dem Gegner hilflos gegenüberstehen, weil ihnen die Hinzuziehung dieses Dritten, also die Bildung des Dreiecks Held–Helfer–Gegner, nicht gelingt. „Das letztgenannte Aktionsdreieck, das auch äußerlich im Mittelpunkt des Märchens steht, ist von bedeutender Aussagekraft. Sofern man den Helden als den gewichtigsten Repräsentaten des Menschen auffassen darf, ist es eine Darstellung der Angewiesenheit jedes Menschen auf Hilfe von außen."[18]

Meist ist auch die Erzählstruktur des Märchens dreiteilig gegliedert. Die Ausgangssituation wird häufig durch eine Not oder eine Krankheit bestimmt. Als zweiter Faktor tritt dann hinzu die Bereitschaft zum Abschied, zur Reise, zum Wagnis; denn nur so lässt sich der Mangel beheben. Der dritte Schritt ist die Lösung: der Sieg über den drohenden Feind, Gewinn von Reichtum oder Ansehen, Erlösung aus Verzauberung oder Gefangenschaft.[19]

Dass die Dreizahl nicht nur in den (deutschen) Volksmärchen nahezu allgegenwärtig ist, zeigt die Dichtung Homers. Auch dort begegnet man der Dreizahl auf Schritt und Tritt. Drei Söhne hatte Portheus; drei Männer sind erforderlich, um das Lagertor zu schließen, drei, um es zu öffnen. Drei Becher nimmt die Amme des Eumaios bei ihrer Flucht mit; drei Aufgaben werden Bellerophontes gestellt; dreimal versucht Odysseus, seine Mutter zu umarmen; dreimal entfliegt sie wie ein Traumbild; dreimal greift Diomedes seinen Gegner an; dreimal wird er von Apollo zurückgestoßen.[20]

Es mag sein, dass die Dreizahl in den Märchen oder auch in der Dichtung Homers in erster Linie – bewusst oder unbewusst – als stilisierendes Element eingesetzt wird. Aber sie dürfte tiefere Wurzeln haben. Häufig wird darauf hingewiesen, dass die Dreizahl in den archaischen Stadien der Menschheitsentwicklung alleinige Repräsentantin einer unbestimmten Vielzahl, die „ursprüngliche Endzahl der primitiven Menschheit" (H. Diels) gewesen sei.[21] Für Carl Gustav Jung zählt sie daher zu den Archetypen. Und obwohl die Märchen – scheinbar – „atheistisch" sind[22], wagt er im Hinblick auf die häufig in ihnen anzutreffende Verwendung dieses Archetyps die Behauptung: „Wer über einige Kenntnisse von Märchenstoffen verfügt, weiß, dass der enorme Abstand der Trinität von solchen gewöhnlichen Vorkommnissen keineswegs unüberbrückbar ist. Damit soll die Trinität aber nicht auf das Niveau letzterer reduziert sein. Sie stellt im Gegenteil die vollendetste Form des entsprechenden Archetypus dar."[23]

Die Zahl Drei in der Bibel

Auch in den Schriften des Alten Testaments ist die Symbolik der Dreizahl (hier nur im Hinblick auf „drei Tage" zusammengestellt) häufig anzutreffen. Die Zahl bedeutet meist etwas Geschlossenes, Überschaubares, aber auch unbedingt Geltendes:

- ◼ Drei Tage muss Israel ohne Wasser durch die Wüste wandern (Ex 15,22);
- ◼ drei Tage sucht man jemand vergeblich, womit dann auch alles getan ist, was man für ihn tun kann (2 Kön 2,17);
- ◼ drei Tage „hatten sie Beute zu machen, so groß war sie" (2 Chron 20,25);
- ◼ drei Tage und drei Nächte ist Jona im Bauch des Fisches (Jona 2,1; vgl. Mt 12,40);

- Ninive ist eine so große Stadt, dass man drei Tage braucht, um sie ganz zu durchwandern (Jona 3,3);
- ein Ägypter, der halb verhungert aufgefunden wurde, kam nach dem Essen wieder zu sich, „er hatte drei Tage und drei Nächte nichts gegessen" (1 Sam 31,12);
- drei Tage flehen die Juden Gott an (2 Makk 13,12) u. ö.

Auch im Neuen Testament sind die Dreiergruppen anzutreffen:

- drei Gaben der Sterndeuter aus dem Osten (Mt 2,11);
- drei Tage bleibt der zwölfjährige Jesus im Tempel (Lk 2,46);
- drei besondere Vertraute Jesu: Petrus, Jakobus, Johannes (Mk 1,29; 9,2; 14,33; Lk 8,51);
- drei Hütten auf dem Berg der Verklärung (Mk 9,5);
- drei Personen, die dem unter die Räuber Gefallenen begegnen (Lk 10,36);
- drei Tage liegt Lazarus im Grab (Joh 11,39);
- dreimal wird Jesus durch Petrus verleugnet (Mk 14,66–72 parr.);
- Kreuzigung Jesu um die dritte Stunde (Mk 15,25 parr.);
- drei Gekreuzigte auf Golgota (Mk 15,27 parr.);
- drei Frauen am leeren Grab (Mk 16,1–8);
- auferweckt am dritten Tag (1 Kor 15,4)[24];
- das dritte Lebewesen sieht aus wie ein Mensch (Offb 4,7);
- dreimal rufen die vier Lebewesen „heilig" (Offb 4,8; vgl. Jes 6,3); u. ö.

Spekulationen über die symbolische und/oder mystische Bedeutung von Zahlen haben im Judentum und im Christentum eine lange Tradition. Die Ausleger haben es immer wieder unternommen, einem mehrfachen Schriftsinn auf die Spur zu kommen. Im hebräischen und griechischen, in gewisser Hinsicht auch im lateinischen Text kommt hinzu, dass die Buchstaben zugleich Zahlenwerte besitzen. Das öffnet der Fantasie Tür und Tor. Die Gematrie, die Deutung von Wortbuchstaben nach ihrem Zahlenwert, wurde vor allem in der Kabbala, der jüdischen Mystik des Mittelalters, breit entfaltet.

Die antiken Götter sind häufig zu dritt

Auch in den Göttermythen des Altertums treten immer wieder Dreiergruppen unter den Göttern auf. Friedrich Heiler nennt in seinem Werk „Erscheinungsformen und Wesen der Religion" eine Anzahl solcher Triaden:

- Anu – Enlil – Ea (Himmel, Luft und Erde) in Babylonien,
- Osiris – Isis – Horus, die „heilige Familie" in Ägypten,
- Amun – Re – Ptah, die ägyptische „Reichstriade",
- Brahma –Vishnu – Shiva, die indische Trimurti AUM,
- Odin – Thor – Thyr bei den Germanen,
- Teutates – Esus – Taranis bei den Galliern[25],
- Zeus – Poseidon – Hades, die drei Söhne des Kronos, unter die nach der griechischen Mythologie die Bereiche der Welt aufgeteilt sind.[26]

Otto Betz macht darauf aufmerksam, dass auch Göttinnen häufig in triadischer Gestalt erscheinen. So wird die griechische Mondgöttin als „dreigesichtige Selene" angerufen, weil die drei Mondphasen (zunehmend – Vollmond – abnehmend; den Neumond hat man nicht als Phase betrachtet) als drei „Gesichter" gesehen wurden, als Ausdruck eines dreifachen Menstruationszyklus. In Hekate, die ursprünglich als Hauptgöttin in Kleinasien verehrt wurde, sah man die Herrin von Erde, Meer und Himmel. Ihr Beiname „Trioditis", Göttin der „Dreiwege", weist darauf hin, dass man sie sich offenbar ursprünglich dreigestaltig vorstellte. Später wurde Hekate mit Artemis und Selene zusammengebracht, und alle drei wurden als Helferinnen bei Geburtswehen angerufen.[27] Auf einer etwas niedereren Ebene gewähren die drei Grazien (Agalia, Euphrosyne, Thaleia) göttliche Gunst und Hilfe; sie waren ursprünglich Göttinnen der Anmut und alles dessen, was dem Leben über die natürlichen Bedürfnisse hinaus seinen Reiz verleiht. Die drei Moiren (Klotho, Lachesis, Atropos) weben am Schicksalsfaden und bestimmen so den Lebenslauf der Menschen. Die drei Horen (Thallo, Auxo, Karpo) legen die drei Phasen des Lebensbeginns, des Wachstums und des Erntens fest.

Noch weit darüber hinausgehend ist die Aufzählung, die vor einem Jahrhundert Hermann Usener vorgelegt hat. Er spricht von einer „fast erdrückenden Fülle der Erscheinungen"[28] und vertritt die Ansicht, dass „bis ins dritte Jh. n. Chr. hinein Neubildungen dieser Art versucht worden sind. […] Stünde uns für nichtgriechische Völker eine gleich umfassende Überlieferung zu Gebot wie für Griechen, so dürften wir von vielen verhältnismässig lange Reihen von Götterdreiheiten erwarten. So viel lässt uns noch heute die Dürftigkeit unseres Wissens ahnen."[29] Nicht uninteressant ist auch seine Beobachtung, „dass öfter erweiterte Triaden begegnen, in welchen neben zwei Einzelgottheiten ein göttlicher Mehrheitsbegriff gestellt wird"[30].

Usener folgert aus diesen Erscheinungen: „Der Naturforschung können wenige beliebig herausgegriffene Exemplare eines Wesens genügen, um das Gesetz seiner Bildung abzuleiten. In der geistigen Welt herrscht, so sagt man, Willkür, Laune, Zufall: hier kann das Walten eines Gesetzes nur durch die Masse der Thatsachen gegen den Widerspruch hergebrachter oder vorgefasster Meinungen sichergestellt werden. Wir ziehen daraus die Erkenntnis, dass es ein weit verbreiteter menschlicher Trieb war, sich die Gottheit in der Form der Dreiheit vorzustellen. Bei den meisten, vielleicht bei allen Völkern des Alterthums hat dieser Trieb lange seine Wirkung geübt, in vielen Fällen gewiss unbewusst, mit der Kraft eines Naturgesetzes. Aber in der geschichtlichen Zeit hat man sichtlich mit klarem Bewusstsein Dreiheiten von Göttern zusammengestellt."[31]

Schon die alten Ägypter besaßen eine Dreieinigkeitslehre

Die Religion der Ägypter hat allen auch sonst in Weltreligionen belegten Götterkonstellationen gegenüber jene Wege in der Betrachtung des einen Gottes neben den vielen Göttern geöffnet, die in die Bildaussage von dem Gott einmünden, der sich zu Vielen gemacht hat, um zugleich Einheit und unendliche Vielfalt göttlicher Wirklichkeit auszudrücken. Allerdings ist es noch nicht so recht zu einer Auseinandersetzung zwischen diesen vorchristlichen Modellen der Trinitätsidee und dem christlichen Entwurf bzw. den konziliaren Festlegungen gekommen.[32] Es ist jedoch unzulässig anzunehmen, man könnte auf die Einbeziehung der altägyptischen „Götterspekulation" verzichten und sich auf ein bloßes Referieren der Ergebnisse der archäologischen Forschung beschränken. Gerade christliche Theologen sollten sich herausgefordert sehen, die eigene Glaubensüberzeugung bewusst in den Strom der Religionsgeschichte zu stellen, fern jeder hybriden Selbsteinschätzung.

Bereits in Texten aus dem Mittleren Reich (2052–ca. 1570 v. Chr.) findet sich die vermutlich älteste Formulierung einer Dreieinigkeitslehre. In den so genannten Sargtexten ist von Atum die Rede „als er Schu und Tefnut gebar in Heliopolis, als er Einer war (und) als er zu Dreien wurde"[33]. Ein anderes Beispiel bieten die „Drei Gestalten" des Sonnengottes Re in Heliopolis: Re ist Cheper im morgendlichen Aufgang, Re in der mittäglichen Strahlkraft im Zenit und Atum in der Vollendung am Abend. Dementsprechend trägt der Gott von Heliopolis auch drei Namen: Cheper-Re-Atum. Er wandelt sich von Stunde zu Stunde und ist doch immer der gleiche Gott, dessen allgemeinübergreifender Name Re ist. „Damit ist bereits eine Dreiheit innerhalb des göttlichen Wesens angezeigt, da innerhalb dieser einen Hochgottheit drei Weisen wahrgenommen werden, ein Modell einer triunen (drei-einen; N.S.), dreifaltigen Gottheit, die in diesem Fall in drei Perioden gedacht wird."[34]

Eines der bedeutendsten und interessantesten Heiligtümer aus der Zeit Ramses' II. (13. Jh. v. Chr.) ist der Felsentempel von Abu Simbel im Süden Ägyptens an der Grenze zu Nubien, heute unmittelbar an dem berühmt-berüchtigten Stausee von Assuan gelegen. In der so genannten „Cella", im „Allerheiligsten", dieses Tempels ist eine rätselhafte Gruppe von vier Gestalten eingemeißelt: (vom Besucher aus) rechts thront Re, der Vater- und Schöpfergott, der vor allem in Heliopolis verehrt wurde. Er ist der Vater alles Geschaffenen, allen Seins. Er erschafft sich selbst und bedarf keines anderen. Die nächste Gestalt bildet Amun, der Hauptgott von Theben, der Hauptstadt des Neuen Reiches (ca. 1554–1080 v. Chr.). Auch er ist ein Schöpfergott, weil er alle Welt mit seinem Geist belebt. Neben ihm sitzt Ptah, der vor allem in Memphis verehrt wurde. Ptah ist der Gott, der durch sein „Wort" erschafft. Alles geschieht, so steht es auf dem so genannten „Schabaka-Stein", einem Dokument aus der Zeit um 800 v. Chr., indem es „vom Herzen erdacht wird und durch die Zunge hervorkommt"[35]. Der Ägyptologe und Alttestamentler Manfred Görg bemerkt dazu: „Es ist etwas ganz Erstaunliches, dass hier eine wortschöpferische Aktivität von dem Gott Ptah ausgesagt wird, genauso, wie wir es später von dem biblischen Gott hören, der in Gen 1 durch sein Wort die Wirklichkeit schafft."[36] Der Gott Ptah ist auch in besonderer Weise der Menschheit und Menschlichkeit zugewandt und vertritt die Leiblichkeit schlechthin. Er wird häufig mit einem Menschengesicht dargestellt. „Mit seiner Gestalt verbindet der Ägypter Vorstellungen, die dem Inkarnationsgedanken nicht so fern stehen, wie man zunächst meinen möchte."[37]

Die drei Gottheiten Re, Ptah und Amun bilden die so genannte „ramessidische Reichstriade", die besonders unter Ramses II. Verehrung gefunden hat. Aus der Zeit nach Amenophis IV. (= Echnaton) stammt der religionsgeschichtlich bedeutsame Leidener Amun-Hymnus:

> „Drei sind alle Götter:
> Amun, Re und Ptah, denen keiner gleichkommt.
> Verborgen ist sein Name als Amun,
> als Re wird er wahrgenommen,
> sein Leib ist Ptah.
> Ihre Städte auf Erden bleiben immerdar:
> Theben, Heliopolis
> und Memphis allezeit."[38]

Die dreieine Göttergestalt war in Ägypten bis in die ptolemäische und römische Zeit hinein eine häufige und vertraute Form, Göttlichem zu begegnen. Sie besaß aber niemals eine irgendwie festgelegte, „dogmatische" Form, die auf ein monotheistisches Verständnis zielte, sondern erschien im Rahmen des ägyptischen Polytheismus als Variation mit immer neuen, wechselnden Kombinationen.[39]

Damit nicht genug. In Heliopolis sah man auch die ganze Welt auf besondere Weise aus Atum (= Re) hervorgehend: Atum entlässt die Welt aus seinem Mund und schafft zunächst kontrastierende Wirklichkeiten: die Feuchtigkeit, die schon in seinem Speichel verborgen ist, und die Luft, Tefnut und Schu. Das sind die beiden ersten kosmischen Größen, die der Mensch als schöpfungsgegeben erfährt. Als zweites Begriffspaar, das aus diesen beiden hervorgegangen ist, sind der Himmel als weibliche Größe (Nut) und die Erde als männliches Wesen (Geb) gedacht. Beide sind aber immer aufeinander bezogen. Aus diesen vier Göttern mit Atum an der Spitze gehen weitere vier Götter hervor. Sie betreffen eine Welt, die mit dem Fortleben zu tun hat: das Götterpaar Isis und Osiris. Mit diesen beiden entstehen schließlich die Gottheiten Nephthys und Seth. Damit sind es nun neun Götter, eine Neunheit, wobei immer das Weibliche mit dem Männlichen zusammen gesehen wird.

Manfred Görg analysiert diese eigenartige Neunheit der Götter: „Der Begriff der Neunheit bringt eine potenzierte Dreiheit zum Ausdruck, in der wiederum die kontrastierende Basis der Zweiheit enthalten ist. Anders gesagt: Die Zweiheit als Signal polaren ‚Denkens' ist in der Dreiheit oder auch Neunheit verborgen."[40] Und er zieht daraus einen bemerkenswerten Schluss: „Ich sage das deshalb, weil wir das Modell des trinitarischen Denkens von seinen Vorstufen her begreifen lernen, von denen sonst niemand redet. Ich denke, dass man diese Modelle geschaffen hat, um eine Bildgestalt der einen Gottheit zu formen, die auf komplexe Weise die Schöpfung bewirkt, sich in ihr abbildet und vergegenwärtigt. Der ganze Kosmos ist aus der triunen Gottheit Cheper-Re-Atum entstanden, eine Art Emanation aus einer modellhaften Trinität. Es ist also nicht eine Idee, die aus der systematischen Entfaltung eines vorgegebenen ‚dreifaltigen' Denkens entspringt, sondern es sind vielgestaltige, kreative und bildhafte Prozesse bis hin zur christlichen Konzeption von Trinität, wie wir sie dann im Credo bekennen."[41]

Görg bemerkt, dass die gesamte ägyptische Theologie von dieser Spekulation um die Neunheit mitgeprägt ist. Die späten ägyptischen Tempel der hellenistischen Zeit sind mit ihrer je eigenen Theologie ohne das Bildkonzept der Neunheit nicht zu verstehen. „Ein kümmerlicher Rest von dieser urwüchsigen, erst später hochkomplizierten Theologie ist in das Abendland hineingetragen worden, und zwar in das christliche Denksystem zur Lehre von der Dreifaltigkeit Gottes."[42]

Auch im Kult spielte die Dreizahl eine unübersehbare Rolle. An verschiedenen Orten und in zahlreichen Tempeln sind Triaden anzutreffen. Meist ist es ein Götterpaar, zu dem sich ein Sohn als Dritter gesellt: Amun–Mut–Chons in Karnak, Ptah–Sachmet–Nefertem in Memphis, Atum–Bastet–Horhekenu in Bubastis, Horus–Hathor–Harsomtus bzw. Ihi in Edfu bzw. Dendera.

Manfred Görg kommt zu dem Ergebnis: „Der eine Gott hat neben den vielen Göttern seinen Platz. Es gibt einen Trend zu dem ‚einen Gott', der auch ‚einziger' heißen kann, obwohl weiterhin eine Verehrung von vielen möglich und legitim ist. Uns scheint nicht nachvollziehbar, dass der Eine neben den Vielen eine Rolle spielt. Es ist aber tatsächlich so. […] Für den Ägypter war es keine Schwierigkeit, den ‚Einen' neben den ‚Vielen' in sein Bekenntnis aufzunehmen."[43]

So heißt es in einem Text:

„Der Eine Einzige, der die Seienden schuf,
der die Erde begründete am Anbeginn,
Geheim an Geburten, reich an Verkörperungen,
dessen Ursprung man nicht kennt."[44]

Selbst die Gottheiten der östlichen Hochreligionen erscheinen meist nicht allein

Religion ist die Antwort des Menschen auf die Erfahrung des Göttlichen. Religionen sind Versuche, auf die universale Epiphaniegeschichte Gottes angemessen zu reagieren.[45] Sie sind geschichts-, situations- und zeit-bedingte Ausdrucksformen der „Anbetung des Mysteriums und (der) Hingabe an dieses" (F. Heiler[46]).

Die Vielfalt der Religionen und ihrer Gottesvorstellungen stellen auch eine Antwort dar auf die universale Erfahrung des Göttlichen, das viel-gestaltig erfahren wird. Sie sind Ausdruck eines tastenden Suchens nach dem Geheimnis des einen und einzigen Gottes, der sich vielfältig offen-bart.

Die These soll an einigen Beispielen kurz erläutert werden.

■ *Tao – das Eine, die Zweiheit, die Dreiheit*
Lao-tse (um 800 oder 600 v. Chr.), der legendenumwobene Begründer des Taoismus, sieht in seinem Buch „Tao-teh-king" das „Tao" als den Ur-grund der Welt.[47] Tao ist zugleich geistig und ewig ruhend; es bringt alle Dinge der Welt, auch die Materie, hervor, ohne seine Ruhe aufgeben zu müssen. Es vereinigt in sich die Aspekte des Männlichen und des Weib-lichen.[48] Manche der taoistischen Klassiker lassen sogar durchblicken, dass Tao persönliche Züge trägt: gütig und treu, allwissend und allmäch-tig.[49] Zugleich besitzt Tao die höchsten ethischen Eigenschaften, die auch als Norm für das menschliche Handeln zu gelten haben. Das Tao soll durch Nachahmung, nicht durch Kultakte verehrt werden. Es arbeitet im stillen Wirken der Natur ohne Hast und Leidenschaft. Selbst Unrecht soll nach der Lehre des Lao-tse mit Güte vergolten werden. Tao ist auch die den Gegensätzen in der Natur, dem Yin und dem Yang, übergeordnete einigende Kraft.

Lao-tse beschreibt im 42. Kapitel seines Buches das Wirken des Tao:

„Das Tao erzeugt das Eine;
das eine erzeugt die Zweiheit;
die Zweiheit erzeugt die Dreiheit;
die Dreiheit erzeugt die Gesamtheit der Wesen.
Die Gesamtheit der Wesen trägt in sich das dunkle Element (yin)
und hegt in sich das lichte Element (yang);
ein bloßer Hauch wird zur vereinigenden Kraft."[50]

Ähnlich wurde gelegentlich der Anfang von Kapitel 14 interpretiert:

„Man schaut danach und sieht es nicht,
sein Name ist: *Ji* (gleich).
Man horcht danach und hört es nicht,
sein Name ist: *Hi* (wenig).
Man fasst danach und greift es nicht,
sein Name ist: *Weh* (fein).
Diese Drei können nicht ausgeforscht werden,
darum werden sie verbunden und sind Eins."

Bis heute sind es vor allem Philosophen, die sich darum bemühen, dem Geheimnis des Tao auf die Spur zu kommen. Sie stoßen hierbei auf erhebliche Schwierigkeiten, weil das Tao letztlich nicht durch Reflexionen umkreist werden soll, sondern „sein Sein und Sinn letztlich nur erfühlt werden kann". Und dafür ist nach Meinung der alten chinesischen wie mancher neueren westlichen Philosophen ein „Training an Sensibilität" erforderlich.[51] Vielleicht kommt eine Aussage Karl Rahners der Vorstellung dessen, was Tao ist, sehr nahe: „Was sagt das Christentum eigentlich? Doch nichts anderes als: das Geheimnis bleibt ewig Geheimnis. Dieses Geheimnis will sich aber als das Unendliche, als das Unaussagbare, Gott genannt, als sich schenkende Nähe in absoluter Selbstmitteilung dem menschlichen Geist mitten in der Erfahrung seiner endlichen Leere mitteilen."[52]

Nirvāna – Gleichklang mit dem Absoluten
Buddha (ca. 563–483 v. Chr.) hat sich zur Gottesfrage nicht geäußert. Er „ließ die Gottesvorstellungen seiner Zeitgenossen auf sich beruhen und

zeigte jenseits aller theistischen Thesen den Weg zum Erlebnis des Göttlichen im Menschen selbst"[53].

Dennoch kennt der Buddhismus eine letzte und tiefste, allumfassende
Wirklichkeit, ein Absolutes. Dieses ist freilich jenseits aller Begriffe und
Worte. Weil menschliches Reden und Beschreiben immer in irgendeiner
Weise zu irdischen Vorstellungen und Engführungen verleitet, muss das
Absolute „leer" sein. Alle Bestimmung würde es eingrenzen. Nur das Un-
bestimmte ist offen. Nur das Unbegriffene ist unbegreiflich. Erkennbar
ist das Absolute nur in der Intuition, in der Versenkung, im Einswerden
mit ihm. Auf dieser Stufe der „Erleuchtung" wird der Mensch herausge-
rissen in einen Bereich, der mit den Kategorien menschlicher Sprache
und Begrifflichkeit nicht mehr zu beschreiben ist. So stellt L. Schmithausen fest: „Einige Stellen schließlich sprechen gar vom Nirvāna als einer
transzendenten, allen Bedingungen des phänomenalen Daseins ent-
rückten ‚metaphysischen' Stätte oder Wesenheit, dem todlosen Ort (am-
ritam padam), dem Unentstandenen, Ungewordenen, Unverursachten
(asamskrita). Nach diesen Stellen präexistiert somit neben dem Nirvāna
als spirituellem Ereignis eine ebenfalls Nirvāna genannte metaphysische
Wirklichkeit, ein ‚eschatologisches Absolutum'." Die meisten Schulen des
Hinayāna-Buddhismus haben das Nirvāna „als eine positive metaphysische Wesenheit" verstanden: „Sie fassen das spirituelle Ereignis des
Nirvāna als Teilhabe an dieser metaphysischen Entität auf."[54]

Ganz ähnlich werden es rund anderthalb tausend Jahre später christliche Mystiker wie Meister Eckehart oder Jakob Tauler in ihren spirituellen Erfahrungen erleben, die sie zum Einswerden mit dem Göttlichen
führt. Sie fühlen sich aus dem irdischen Alltag herausgerufen und in eine
Vereinigung hineingezogen, die sie als beglückendes Neuwerden und
Aufgenommensein in eine „unio mystica" empfinden. „Jedes Haften am
äußeren Zeichen und genießende Schauen hindert dich am Erfassen des
ganzen Gottes, sei es nun, dass du am äußeren Zeichen des Sakraments
klebst oder in Lust Visionen des Menschen Christus genießt. Nein, der
Tempel muss ledig und frei sein, wie das Auge frei und leer sein muss von
aller Farbe, soll es Farbe sehen. [...] Alle jene Bilder und Vorstellungen
aber sind der Balken in deinem Auge. Drum wirf sie hinaus." Eckehart
wagt sogar die Aussage: „Selbst deines gedachten Gottes sollst du quitt
werden, aller deiner doch so unzulänglichen Gedanken und Vorstellungen über ihn wie: Gott ist gut, ist weise, ist gerecht, ist unendlich. Gott ist

nicht gut, ich bin besser als Gott; Gott ist nicht weise, ich bin besser als er, und Gott ein Sein zu nennen ist so unsinnig, wie wenn ich die Sonne bleich oder schwarz nennen wollte. [...] Alles was du da über deinen Gott denkst und sagst, das bist du mehr selber als er."[55]

Christliche und buddhistische Mystiker gelangten hier zu einer ganz ähnlich gearteten Tiefenerfahrung mit der einen und einzigen Wirklichkeit. Dabei waren sie freilich eingebunden in die Begriffswelt ihrer jeweiligen theologischen Systeme und Vorstellungen und bedienten sich bei der Beschreibung dieser Erfahrung unterschiedlicher Sprachspiele. Wenn manchmal gesagt wird, christliche und buddhistische Mystik würden sich darin unterscheiden, dass christliche Mystik „personal" und buddhistische „a-personal" sei, dass die eine sich einem personalen Gott gegenübersähe, die andere aber einem gestaltlosen „Es", so wird damit die grundsätzliche Unzulänglichkeit der sprachlichen Ausdrucksmöglichkeiten bei der Beschreibung des Geheimnisses „Gott" übersehen. Darauf weist auch Hans Küng in seinem Buch „Existiert Gott?" hin: Zwar scheint der Buddhismus „die extremste Gegenposition zum christlichen Gottesbild zu sein", es sei aber zu bedenken, dass sprachliche Barrieren und Bedeutungsunterschiede die Verständigung manchmal erschweren.[56]

Den Zustand, bei dem der Mensch zu vollem Gleichklang mit dem Absoluten gelangt, bei dem er nicht mehr mit dem Ich denkt, plant oder handelt, sondern in die volle Harmonie mit dem Kosmos eingegangen ist, beschreibt der Buddhismus als „Nirvāna". Etymologisch bedeutet Nirvāna „verlöschen". Nirvāna ist die vollständige Leere und Ruhe des Selbst. Es ist kein jenseitiger Zustand, sondern es „geschieht" im Prozess der Umformung des individuellen Bewusstseins zur bedingungslosen Weisheit, zum andauernden Frieden und zum wahren Glück innerhalb der einen, unteilbaren Wirklichkeit. Das Nirvāna hebt die drei menschlichen Grundbefindlichkeiten auf:

- Nicht-Beständigkeit (anitya),
- Leiden (dukkha),
- Nicht-Selbst (anattâ).

Es ist kein Geschenk, das den Menschen im Jenseits erwartet, sondern ereignet sich „hier und jetzt". Das Nirvāna ist ewig, beständig, unvergänglich, unbeweglich. „Weder dem Altern noch dem Tode unterworfen, ungeboren und ungeworden, dass es Macht, Segen und Seligkeit bedeute, ein rechter Zufluchtsort sei, ein Obdach und ein Platz unangreifbarer Sicherheit; die wirkliche Wahrheit und die höchste Wirklichkeit, dass es das Gute sei, das höchste Ziel, und die einzige Erfüllung unseres Lebens, ewiger, verborgener und unbegreiflicher Frieden."[57]

Brahman – viele Namen hat Gott, nur Einer ist Gott

In den philosophischen Schriften der Upanishaden (ca. 8.–6. Jh. v. Chr.), die neben den Veden die wichtigsten Texte des Hinduismus darstellen, wird mit großer Eindringlichkeit nach dem göttlichen Urgrund aller Dinge gefragt. Die erfahrbare Wirklichkeit des Lebens – Freude und Liebe, Reichtum und Macht, Erfolg und Genuss – werden als trügerischer Schein und als Quelle von Leiden entlarvt, dem man allein durch Verzicht und meditative Einkehr oder durch Askese entkommen kann. Ein vollkommenes Entrinnen gelingt nur, wenn das Ich, das innerste Selbst des Menschen, das „Ātman", in das All, in den Urgrund der Welt, in das „Brahman", überfließt. Die Verschmelzung von Ātman und Brahman, das Einswerden des Selbst mit dem All ist höchstes und letztes Ziel alles religiösen Strebens und Bemühens. Die Frage, ob man sich Brahman als personhaftes Gegenüber oder als unpersönlichen Urgrund alles Seienden vorstellen muss, wird offen gelassen.

Aus einer verkürzten Perspektive wird der Hinduismus zu den polytheistischen Religionen gezählt. In neuerer Zeit taucht aber im Hinduismus verschiedentlich der Gedanke auf, ob nicht die vielen Götter nur unterschiedliche Sichtweisen des Einen darstellen. So vertrat der Svami (= Mönch) Sri Ramakrishna (1836–1886) Ansichten, die die Unterschiede zwischen den vielfältigen Religionssystemen überschreiten: Viele Wege führen zu Gott; alle Religionen sind – als verschiedene Wege zu der einen Wahrheit – wahr; viele Namen hat Gott; aber nur Einer ist Gott.[58]

Der gesamte Hinduismus akzeptiert sowohl den metaphysischen Begriff eines unpersönlichen Absoluten (ähnlich dem, was K. Rahner das „absolute Geheimnis" nannte?) wie auch die Idee eines „persönlichen" Gottes (wobei man sich der Problematik des trinitarischen Person-Begriffs bewusst sein muss). In sich selbst betrachtet ist Gott nach hinduistischer Auffassung unpersönlich, in Beziehung zur Welt erscheint er personal und nimmt je nach seiner Funktion als Schöpfer, Erhalter und Vollender drei verschiedene Gestalten an. Das ist die Trimurti (Sanskrit =

dreigestaltig), die göttliche Dreiheit. Ein Unterschied zur traditionellen christlichen Trinitätslehre besteht lediglich darin, dass die Trimurti nur den äußeren Ausdruck Gottes, nicht aber auch seine innere Natur umfasst. Den in der christlichen Trinitätslehre vollzogenen Schluss von der erfahrbaren „Heilsökonomie" Gottes (K. Rahner) auf dessen inneres Wesen versagt sich der Hindu. Wie nahe er jedoch formal der christlichen Dreifaltigkeitslehre kommt, zeigen die Verse des indischen Dichters Kalidasa:

> „In diesen drei Personen zeigt sich der eine Gott,
> Jeder der erste, jeder der letzte – nicht einer allein;
> O Shiva, Vishnu, Brahma, jeder mag sein
> Der erste, der zweite, der dritte unter den gesegneten
> Drei'n."[59]

Auch die für den Hinduismus nicht minder zentrale Lehre vom Avatara, vom Herabsteigen Gottes, kommt formal der christlichen Inkarnationslehre sehr nahe. Immer wenn der Welt geistiges Unheil droht, steigt Vishnu, der Welt-Erhalter, in sichtbarer Gestalt herab, um zu retten und zu heilen. Es hat bereits mehrere solcher Abstiege gegeben: Rama und Krishna sind die populärsten dieser Avataras.[60]

Kein Glaubenssatz wurde im indischen Christentum so intensiv und begeistert aufgegriffen wie die Trinitätslehre. Diese Auffassung vertritt jedenfalls Francis Xavier D'Sa (*1936), einer der prominentesten Protagonisten einer jüngeren Generation von Theologen, die sich um eine ernsthafte Vermittlung christlicher und hinduistischer Traditionen bemüht.[61] Er weist darauf hin, dass auch das Brahman ursprünglich triadisch gedacht wird als Saccidanandam (aus: sat = Sein, cit = Bewusstsein oder besser Gewusstheit, ananda = Wonne). Die drei Begriffe „Sein", „Gewusstheit" und „Wonne" seien zwar transpersonal, sie würden aber personale Bedeutungsschattierungen aufweisen. „Keiner der drei (Begriffe) ist ein Prinzip, denn jeder bezieht sich ganzheitlich auf die höchste, das All umfassende Wirklichkeit und spricht ein anderes Gesicht dieser Wirklichkeit an."[62] Gegen den Einwand christlicher Theologen, die Trinitätslehre spreche nicht von personalisierten Formen eines sachhaften Gottes, sondern von „Vater", „Sohn" und „Geist", führt D'Sa hermeneutische Argumente ins Feld. Unvereinbar seien hinduistische und christliche

Spekulation nur dann, wenn Begriffe von einer Kultur in die andere
„extrapoliert" werden. Dann bestünde die Gefahr, die ursprüngliche Bedeutung des Begriffs zu verdunkeln oder gar zu verfälschen. Für das Geheimnis, das die christliche Tradition „Gott" nenne, seien Begriffe notwendig, die „ganzheitlich sind, das heißt die ganze Wirklichkeit umfassen
und noch darüber hinausgehen und darüber erhaben sind."⁶³ D'Sa hält
es für möglich, den Transpersonalismus des Hinduismus mit dem Perso-
nalismus des Christentums zu vereinen. Die indisch-christliche Theologie habe, was die Trinitätsvorstellung anbetrifft, eine Geschichte durchlaufen, auf deren Weg sich Ansätze einer gelungenen Begegnung erkennen ließen.

Es ist allerdings zu beachten, dass der Anlass für die hinduistische
„Trinitäts"-Spekulation nicht die Frage nach dem Verhältnis des „Gott-
menschen" Jesus von Nazaret zu dem einen Gott und Vater war, sondern
das Bedürfnis, aus einer kaum mehr überschaubaren und höchst verwirrenden Vielzahl von Göttern eine Art „Klassifikation" zu finden. „Im
mittelalterlichen Hinduismus ging es also um einen Prozess der spekula-
tiven Vereinheitlichung und zugleich der Differenzierung der verschiedenen Funktionen der höchsten Gottheit, die gleichzeitig Weltschöpfer
(Brahma), Welterhalter (Vishnu) und Weltzerstörer (Shiva) ist. In diesem
Sinne geht es hier nur um drei Aspekte (modi) des einen und selben
göttlichen Wesens […], wie sie die Päpste für die Darstellung der christlichen Trinität (weil häretischer ‚Modalismus') verboten haben."⁶⁴

Hans Küng fasst in seinem Buch „Christentum und Weltreligionen"
zusammen: „Einig scheinen mir Christentum (in seiner Tradition der
Negativen Theologie) und Hinduismus darin, dass diese allerletzte-aller-
erste Wirklichkeit zunächst negativ umschrieben werden muss, aber
doch durchaus nicht nur negativ! Geht es doch um jene allesdurchdrin-
gend-allesbelebende göttliche Wirklichkeit, also die wirklichste Wirklichkeit (‚satyasya satyam') […] , die man auch nach indischer Auffassung zu
Recht als reines Sein (sat), erkennendes Bewusstsein (cit), ja, ausstrahlen-
des Glückseligsein (ānanda) beschreibt (drei Wesensprädikate, nicht drei
Personen wie in der nachbiblischen Trinitätslehre): kurz, das reine Selbst,
das unserem individuellen Selbst einwohnt und alles andere Seiende
letztlich konstituiert."⁶⁵

Das Phänomen Religion – vielstimmige Antwort auf den sich vielgestaltig offenbarenden Gott

Schon das pure Vorhandensein des Wortes „Gott" und seiner Äquivalente in allen Sprachen unserer Erde weist auf die Vielfalt der Erfahrungen, die Menschen mit den „Äußerungen" dieser transzendenten Wirklichkeit machen. Immanuel Kant äußerte daher die Vermutung, dass das Phänomen Religion „vielleicht aus einer gemeinschaftlichen, aber uns unbekannten Wurzel entspringen" könne.[66]

Das deutsche Wort „Gott" geht zurück auf das germanische „guda", das ursprünglich sächliches Geschlecht hatte, weil es männliche und weibliche Gottheiten zusammenfasste. Der Ursprung des gemeingermanischen Wortes ist nicht sicher geklärt. Am ehesten handelt es sich dabei um die Ableitung aus einer Wortwurzel „ghau" = anrufen. Dann wäre „Gott" als „das (durch Zauberwort) angerufene Wesen" zu verstehen. Das Wort kann aber auch zu einer Wortgruppe gehören, die mit „gießen" zusammenhängt. Dann bedeutet „Gott": „Das, dem (mit Trankopfern) geopfert wird."[67]

Ungeklärt ist auch die Etymologie des griechischen Wortes für Gott „theós". Seine Verwendungsspanne umfasst jede übermächtige Erfahrung, insbesondere das überwältigende, mächtige, beseligende Gegenüber, wie es in den alten Kulturen erfahren wird.[68] Eine ganz andere Frage ist es allerdings, wie Menschen darauf gekommen sind, die Erfahrung einer bestimmten Wirklichkeit, bestimmter Geschehnisse oder Phänomene als Manifestationen eines „Gottes" zu qualifizieren.

Mit dem Wort „Gott" kann zwar durchaus Verschiedenes gesagt und gemeint sein. Dennoch liegen die je unterschiedlichen Bezüge und Zusammenhänge, in denen „Gott" ins Spiel gebracht wird, nicht völlig auseinander und berühren nichts gänzlich Gegensätzliches. Im Grunde sind es hauptsächlich drei Dimensionen, die mit der Gottesvorstellung verbunden und mit dem Wort „Gott" umschrieben werden:

- Schöpfung und Erhaltung der Welt,
- Immanenz und Nähe,
- verborgen wirkende Kraft in allen Dingen.

Karl Rahner hat in einer „Meditation über das Wort ‚Gott'" darauf hingewiesen: „Ob man ‚Gott' oder lateinisch ‚deus' oder semitisch ‚El' oder altmexikanisch ‚teotl' sagt, das ist hier gleichgültig, obwohl es an sich eine höchst dunkle und schwierige Frage wäre, wie man denn wissen könne, dass mit diesen verschiedenen Wörtern dasselbe oder derselbe gemeint sei, da ja in jedem dieser Fälle nicht einfach auf eine gemeinsame Erfahrung des Gemeinten, unabhängig vom Wort selbst, verwiesen werden kann."[69]

Ist dieses merkwürdige Phänomen, dass alle Menschen irgendwie schon immer wissen, was mit „Gott" eigentlich und letztlich und zutiefst gemeint sei, dass sie dieser Erfahrung aber unterschiedliche Namen geben, die freilich doch wieder auf eigenartige Weise miteinander in Beziehung stehen und auf ein Einziges hinweisen, eine versteckte und verschlüsselte Andeutung des einen Gottes, der sich vielfältig, nach christlicher Sprachregelung in „drei" Personen den Menschen offenbart?

Die Dreifaltigkeitssymbolik als Archetyp

In jüngster Zeit hat Eugen Drewermann den Gedanken geäußert, es handele sich aus tiefenpsychologischer Perspektive beim Trinitätsdogma um einen Archetyp: „Nur wer zu der ursprünglichen, sinnlichen Evidenz dieser archetypischen Dreifaltigkeitssymbolik zurückkehrt, wird verstehen, wie sehr in der alten Mythologie triadische Bilder dazu dienen konnten, das Wesen des Göttlichen, die Aseität, das Sein aus sich, des Göttlichen vor Beginn aller Welt und im Anfang aller Welt erfahrbar zu machen."[70] Drewermann glaubt, dass „allein der Mythos imstande ist, Geheimnisse zur Sprache zu bringen und sie im Sprechen Wirklichkeit werden zu lassen. Die theologische Reflexion kann stets nur bis zum Beweisbaren hin beweisen. [...] An ihr Ziel gelangt, steht alle Theologie, wenn sie sich selber recht versteht und sich nicht in hegelschem Sinn in die Philosophie aufheben will, wortlos dem unaussprechlichen Geheimnis gegenüber, und all ihr Reden ist nur wie ein Weg ins Verstummen."[71]

Die Frage nach dem eigentlichen und letzten Hintergrund des Phänomens der „Drei" ist nur allzu verständlich. Denn es stimmt zumindest nachdenklich, dass die Drei-Zahl eine bemerkenswerte Sonderstellung unter den Zahlen einnimmt, dass sie einen geradezu numinosen Charakter besitzt, dass sie uns wie geheimnisumwittert erscheint. Es fällt weiter auf, wie häufig die Gottheiten der verschiedenen Völker in Dreiergruppen auftreten. Könnte es nicht so sein, dass jene Völker, die – im weitesten Sinn – den kulturellen und geistigen Wurzelboden für das Christentum und damit für die christliche Trinitätslehre darstellen, mit der Dreizahl der Götter symbolisch die Vollkommenheit und Vielfalt des Göttlichen aussagen wollten? Dass sie die „Drei" also nicht in erster Linie als Zahl verstanden, die eine bestimmte Quantität benennt, sondern als verschlüsselten Hinweis auf die „Qualität" der Götter, nämlich auf ihre Einheit untereinander und in sich sowie auf die Vielfalt ihrer Erscheinungs- und Offenbarungsformen für uns? Da der Mensch vom Göttlichen nie adäquat sprechen kann, muss er es analog tun – in Bildern, in Anthropomorphismen, in symbolisch zu verstehenden Zahlen oder, modern ausgedrückt, in archetypischen Begriffen. Aristoteles glaubt, „die Gesetze der Drei aus den Händen der Natur empfangen" zu haben; Eugen Drewermann ordnet die „dreifaltige Symbolik" den Archetypen zu, wie sie seit C. G. Jung (wenn auch nicht unumstritten) in die Psychologie Einzug gehalten haben. Beide meinen damit im Grund dasselbe: Die Symbolik der Drei ist nicht eine Erfindung des menschlichen Geistes. Sie ist den Menschen vielmehr überkommen aus einer „anderen" Welt als der menschlicher Rationalität und Produktivität. Ist es – die Existenz des Göttlichen vorausgesetzt – wirklich so abwegig zu glauben, dass in der nahezu universalen Verbreitung der symbolischen Deutung der Dreizahl die Spuren eines dreieinen Gottes zu sehen sind? Dass nicht der Mensch seine Vorliebe für die Drei auf das Göttliche projiziert hat, sondern dass Gott das Geheimnis seiner Dreieinheit in der Natur, wenn auch wie mit einem Schleier umgeben, offenbar werden lässt? Dass das Symbol der Dreieinheit Gottes eingeschrieben ist in die Tiefenschichten der Seele, in die Strukturgesetze des Kosmos, in die Märchen und Mythen der Völker? Wenn der Christ bekennt, die Welt sei von Gott geschaffen, so sollte sie auch die Spuren ihres Schöpfers an sich tragen.

III. Die drei monotheistischen Religionen

Nach allgemeinem Verständnis gibt es drei (drei!) große monotheistische Religionen, die alle in Abraham ihren Stammvater sehen: Judentum, Christentum, Islam.

Roger Etchegaray sieht in ihnen „drei Boten für einen Gott" und verlangt:

- „Man muss die Ehrlichkeit haben, es zu sagen: Jede der drei Familien, die sich auf ihre Abstammung von Abraham berufen, hat ihre besondere Art, diese zu verstehen.
- Man muss den Mut haben, es zu tun: Die Familien können sich einander nicht öffnen, indem sie ihre je eigene religiöse Identität mit Taschenspielertricks verschwinden lassen.
- Man muss aber auch die Kraft haben, es zu glauben: Der Gott Abrahams umarmt mit einer und derselben Liebe alle Söhne, die seinen Namen segnen und seinen Willen tun.
- Unsere gemeinsamen Wurzeln liegen dort, wo Gott ist."[72]

Judentum

Die christliche Dreifaltigkeitslehre war bis in die Gegenwart hinein für das rabbinische Judentum der Inbegriff dessen, was dem Christentum verloren gegangen war: nämlich die Möglichkeit, das Göttliche und das Kreatürliche in all seinen Ausprägungen scharf voneinander zu trennen. Die jüdischen Philosophen des Mittelalters betrachteten den Trinitätsglauben als Götzendienst. Und die liberalen Juden und Christen der Moderne vermieden es meist, überhaupt davon zu sprechen, weil sie auf Ausgleich und Verständigung bedacht waren und weil sie die in der Lehre verwendeten Begriffe als Relikte aus einer weniger aufgeklärten Phase des religiösen Denkens betrachteten.

Heutzutage in einer Zeit des pluralistischen Denkens und des Dialogs müssen Unterschiede kein Hindernis mehr sein. „Das, was zwei Menschen voneinander unterscheidet, wird zur Bereicherung, sobald diese Menschen zueinander in Beziehung treten: Unterschiedlichkeit ist die Basis von Beziehungen. Das, was die Menschheit von Gott unterscheidet, wird zum Inbegriff der Unterschiedlichkeit, zum Unterschied schlechthin, und befähigt uns zu werden, was wir noch nicht sind. In der Theologie verändert sich durch diese neue Sichtweise auch die jüdisch-christliche Diskussion über die Dreifaltigkeitslehre.“[73]

Eine geradlinige Entwicklung zum jüdischen Monotheismus hat es nicht gegeben

Das christliche Bekenntnis zum dreieinen Gott hat seine Wurzeln in den Gotteserfahrungen des Volkes Israel. Häufig ist die Meinung anzutreffen, der Monotheismus sei von Anfang an charakteristisch für Israel, Gott habe sich in seiner Offenbarung am Sinai klar zu erkennen gegeben, nur gelegentlich sei das Volk der Versuchung ausgesetzt gewesen (und ihr zum Teil erlegen), andere Götter – etwa den Baal – zu verehren.

Bei genauerem Studium der alttestamentlichen Überlieferung ergibt sich freilich ein ganz anderes Bild. Es gehört zu den gesicherten Ergebnissen der exegetischen Forschung, dass der jüdische Monotheismus nicht mit einem Schlag und unvermittelt da war, sondern dass er eine lange und wechselvolle Geschichte hatte, in der verschiedene Kräfte am Werk waren.[74] Die älteste Religion Israels, sofern man überhaupt schon von „Israel“ sprechen kann, ist – wie die der übrigen Völker des vorderorientalischen Milieus – polytheistisch: Man verehrt eine Vielzahl von Göttinnen und Göttern. Weder die Erzväter Abraham, Isaak und Jakob noch Mose sind als Vertreter einer monotheistischen oder auch nur monotheismus-ähnlichen Religion zu betrachten.

An dieser Situation ändert sich auch in den beiden israelitischen Monarchien (ca. 1020–586 v.Chr.) nicht viel. Zwar wird die Stellung Jahwes als Nationalgott in der Königszeit ausgebaut und gefestigt. Daneben aber verehren die Israeliten – angefangen vom König bis hinunter zu Unfreien und Sklaven – ihren je „persönlichen Schutzgott, der besonders für Gesundheit und Familie zuständig ist. […] Frauen richten ihr Gebet auch gerne an die ‚Himmelskönigin‘; sie wird mit Räucherwerk, Trankopfern und besonderen Kuchen geehrt und ist offenbar eine besondere Helferin" (vgl. Jer 7,18; 44,25).[75] Auch die Erschaffung der Welt ist – zumindest für das ältere Israel – nicht das Werk Jahwes, sondern des mächtigen Gottes El (vgl. Gen 14,19).

Als im 9. Jahrhundert v. Chr. Anhänger des tyrischen Fruchtbarkeitsgottes Baal versuchten, ihren Gott anstelle Jahwes zum Nationalgott des Nordreiches zu erheben, begann der Kampf um die Alleinherrschaft Jahwes, in dem besonders der Prophet Elija eine führende Rolle übernahm (vgl. 1 Kön 18). Doch erst nach dem babylonischen Exil (586–538 v. Chr.) bekennt sich die zurückgekehrte politische und religiöse Elite des Judentums zum streng monotheistischen Glauben und inszeniert eine „monotheistische Revolution von oben" – möglicherweise weniger aus theologischer Einsicht, sondern eher aus dem Bestreben, alle verfügbaren kultischen und ökonomischen Ressourcen für den Wiederaufbau des Jerusalemer Tempels zu bündeln. Allerdings gab es auch erneut Bestrebungen – vor allem im außerkultischen Raum und auf dem Land –, die „Himmelskönigin" oder andere „Göttinnen" zu verehren.[76]

Der Monotheismus Israels wird häufig missverstanden. Das Grundbekenntnis Israels – das einzige „Dogma" des Judentums – lautet: „Höre Israel! Jahwe, unser Gott, Jahwe ist einzig" (Dtn 6,4). Dieses „S^emá" (hebr. = höre!) ist Hauptteil des jüdischen Morgen- und Abendgebets. Bei der Betonung der Einzigartigkeit Jahwes handelt es sich aber nicht um eine mathematische oder quantitative Einheit, etwa weil „zwei oder mehr nicht absolut sein" können. Vielmehr ist die Einzigartigkeit Jahwes *qualitativ* zu verstehen[77]: Jahwe ist unvergleichlich groß (Ps 77,14), heilig (1 Sam 2,2) und machtvoll in seiner Hilfe (2 Chr 14,10) und Wunderkraft (Ex 15,11). Der Mensch kann den einzig(artig)en Gott immer nur gebrochen im Spiegelbild der Welt und dazu noch in sehr unterschiedlichen und manchmal recht widersprüchlichen Erfahrungen wahrnehmen (so dass er geneigt ist, auf eine Mehrzahl von Göttern und Göttinnen als Wirkursache zu schließen).

Um die Einheit und Einzigartigkeit Gottes (bzw. Jahwes) zu wahren, muss der Mensch daran „mitarbeiten". Keines der Bilder, mit denen die Überlieferung Gott zu „malen" versucht, darf als das Eigentliche oder Richtige verabsolutiert werden. Sonst wird ein Götzenbild daraus, von Menschenhand geformt. So einfach darf es sich der fromme Jude nicht machen. Das ist ihm im Dekalog eindringlich verboten worden: „Du sollst dir kein Gottesbild machen" (Ex 20,3; Dtn 5,8). Das Bekenntnis zur Einzigartigkeit und Einheit Gottes nennt der Jude darum „Gott *einigen*". Dieses „Einigen" geschieht vor dem Hintergrund der Geschichte des Volkes Israel, das sich erst nach langen und oft schmerzlichen Erfahrungen zum Bekenntnis des einen und einzigen Gottes durchgerungen hat. Die vielen und nicht selten widersprüchlichen historischen Geschehnisse, die in ihrer Deutung nicht selten weit auseinander gehenden individuellen Erfahrungen der suchenden und nachdenklichen Menschen jener Zeit wurden gerade dadurch zu einer Einheit zusammengefügt, dass sie bei allem Wandel und bei aller Verschiedenheit doch immer wieder das durchgängige Wirken eines einzigen, aber häufig immer wieder anders erfahrenen und sich erfahrbar machenden Gottes erkannten.

Jahwe ist ein einzigartiger und darum einsamer Gott

Der „Name" des Gottes, der schließlich nach einem langen Ringen zum einzigen Gott Israels aufstieg, war „Jahwe". In der deutschen Einheitsübersetzung der Bibel wird er mit „Ich-bin-da" wiedergegeben (vgl. Ex 3,14). In der hebräischen Sprache, im Urtext der Bibel, besteht dieser „Name" eigentlich aus drei Wörtern und ist nicht in der ersten, sondern in der dritten Person Singular gefasst: „ʼehje ʼašer ʼehjeʼ". Eine genaue Übersetzung erweist sich als schwierig. Das in der Einheitsübersetzung gewählte „Ich-bin-da" ist zu wenig aussagekräftig; es wirkt zu statisch, unlebendig und unbeweglich. Im Hebräischen handelt es sich um eine „tatkräftige Verbalform im Futurum" (P. Lapide[78]). Erst recht unzutreffend und irreführend ist eine Wiedergabe mit „Ich bin, der ich bin", wie sie in älteren Bibelübersetzungen zu finden war. Neuere Exegeten ziehen daher eine umschreibende und beschreibende, sinngemäße Übertragung vor. So übersetzt Alfons Deißler den Gottesnamen Jahwe mit: „Ich bin da und werde da sein als dein helfender und heilvoller Gott, was auch geschehe."[79] Und Erich Zenger verwendet, dem hebräischen Original entsprechend, sogar die dritte Person: „Er ist da und er will da sein so, wie er von seinem tiefsten Wesen her da sein will: nämlich als der, der befreit und vom Tod zum Leben hinüberführen kann und will."[80]

Durch solche Versuche gewinnt der Gottes-„Name" (eigentlich besser: die Gottes-Aussage oder -Ansage) eine bemerkenswerte Dynamik: „Ein

Wirksam-Sein, ein Quicklebendig-Sein, ein Mit-Sein und ein Sich-erwei-
sen, [...] die allesamt als ein pausenloser Werdegang erfahren werden.
[...] Es gehört zu Gottes dynamischem Wesen, dass es im Werden ist und
sich im innerweltlichen Wirken äußert."[81]

„Jahwe" ist ein Aufruf, immer wieder in den unterschiedlichsten Situa-
tionen nach dem sich offenbarenden Gott zu forschen: „Wenn ihr mich
sucht, so sollt ihr mich finden; wenn ihr nach mir fragt von ganzem Herzen, so werde ich mich von euch finden lassen, spricht der Herr" (Jer
29,13 f.). Wer meint, den „wahren" Namen Gottes gefunden zu haben
und ihn nun in Besitz nehmen zu können, verfehlt Gott; er verehrt nur
sein eigenes Bildwerk, das er sich von Gott gemacht hat; er trifft auf sein
eigenes Fantasiegebilde.

Neuere sprachwissenschaftliche Untersuchungen sehen allerdings in
der hebräischen Deutung des Gottesnamens „Jahwe", wie sie Ex 3,14
vornimmt („'ejeh 'aser 'ejeh"), schon einen Erklärungsversuch des biblischen Redaktors aus späterer (nachjahwistischer) Zeit. So glaubt E. A.
Knauf, in den vier Buchstaben des Gottesnamens JHWH (die hebräische
Schrift kennt keine Vokale) eine Verbform der arabischen Basis HWY
(= wehen) identifizieren zu können, die auch in den Schriften des Alten
Testaments unter den Bedeutungen „fallen" (Schnee: Ijob 37,6) oder
aber „über jemanden herfallen" (2 Sam 11,2) anzutreffen ist.[82] Sollte
dies tatsächlich die ursprüngliche Bedeutung des dem Gottesnamen zugrunde liegenden Verbums sein, so spiegelt sich darin offenbar die Erfahrung überraschender Manifestationen einer Wirklichkeit wider,
deren Dynamik nicht vorauszuberechnen ist. Jahwe wäre dann als ein
Gott, der unsichtbar „weht" wie der Wind, der aber auch „plötzlich he-
rabkommt" und in eine Menschenmenge „einbricht" – schützend oder
schlagend.[83]

Der Gottesname (Jahwe) wird bis heute von frommen Juden nicht
ausgesprochen. In biblischer Zeit geschah das einmal im Jahr, am Yom
Kippur, durch den Hohepriester im Allerheiligsten des Jerusalemer Tempels. Den Namen eines Menschen und erst recht den Namen Gottes zu
kennen, bedeutet die Versuchung, Macht über ihn auszuüben. Durch das
Verbot, den göttlichen Namen auszusprechen, wurde Israel wohl auch
daran erinnert, dass nicht selten eine beträchtliche Gefahr für die Religion und für die religiöse Praxis gerade von jenen Menschen ausgeht, die
meinen, Gott genau zu kennen und über sein innerstes Wesen bestens in-

formiert zu sein. Denn dieser „Gott" lässt den begründeten Verdacht aufkommen, nur Produkt eigener Wunschvorstellungen zu sein.

Manchmal erscheint Gott zu dritt

Nicht selten wird in biblischen Begründungsversuchen für die christliche Trinitätslehre darauf verwiesen, dass sich schon im Alten Testament Andeutungen des Trinitätsgeheimnisses in den dort verschiedentlich erwähnten Dreiergruppen finden lassen. Es erscheint daher nicht unwichtig, auf jene Stellen einzugehen, die am häufigsten genannt werden.

■ *Jüdische Deutung des Schöpfers und der Schöpfung*

Bereits etwa 400 Jahre vor unserer Zeitrechnung (vgl. Neh 8,8) wurde die intensive Lesung der Tora mit Erklärungen versehen, die, insbesondere bei wichtigen Bibelstellen, auch schriftlich festgehalten wurden, um polytheistische oder atheistische Deutungen zu vermeiden. Diese „Tar-gume" wurden während des Gottesdienstes vorgetragen, um zu verhindern, die Tora leichtsinnig und oberflächlich auszulegen. Targume galten als aktuelle heilige Grundlagen, um den Glauben an den Einen Gott zu bekräftigen und um das vielfältige Wirken dieses Einen zu deuten.

Ein Beispiel targumischer Deutung des biblischen Schöpfungshymnus findet sich in den ersten Abschnitten des Codex Neofiti 1 aus dem 1. Jahrhundert n. Chr.[84] Die ersten fünf Verse (Gen 1,1–5) werden dort folgendermaßen wiedergegeben:

1. Mittels des Anfangs (oder: durch den Anfang, oder: von Anfang an, oder: zuerst) erschuf und vollendete der Ewige (Yeyah) die Himmel und die Erde mit Weisheit (be-chokhmah).
2. Und die Erde war leer, formlos und verlassen: ohne Menschen, ohne Tiere, ohne Pflanzen, ohne Bäume. Und Dunkelheit lag über den Oberflächen der Abgründe. Da blies der Geist (ruach) des erbarmungsvollen Gottes vom Antlitz des Ewigen her (mi-qodem Yeyah) über die Oberflächen des Wassers.
3. Und das Wort des Ewigen sprach (amar memra' de Yeyah): Es werde Licht! Und es ward Licht gemäß dem Befehl seines Wortes.

4. Und es ward vor Gott dem Herrn offenkundig, dass das Licht gut war. Und das Wort des Herrn trennte das Licht von der Finsternis.
5. Und das Wort des Herrn nannte das Licht Tag und die Finsternis Nacht. Und es ward Abend und Morgen in der Ordnung des Werkes der Schöpfung: erster Tag.

Der Judaist Clemens Thoma bemerkt dazu: „In diesen ersten fünf deutend ausgedehnten Versen des Anfangs der Tora wird ‚der Ewige‘ dreimal genannt, das Wort des Ewigen viermal und der über den Wassern schwebende Geist einmal. Im ersten Vers wird die Weisheit als Eignungskraft des Ewigen erwähnt. Im dritten Vers gilt das Wort (der Logos) des Ewigen als Entfacher des Lichtes. Es handelt sich beim Ewigen, bei dem aus ihm kraftvoll herauskommenden Wort und beim erbarmungsvollen Geist um Ausprägungen des Einen und Einzigen Gottes: Das Wort ist seine Effizienz, der Geist seine allumfassende Beweglichkeit. Der eine Schöpfergott ist also eine unendlich vielfältige und unendlich weise Quelle allen Lebens.“[85]

Auch die Erwähnung des Geistes Gottes kommt in jüdischen Traditionen häufig vor.

Es ist nicht auszuschließen, dass die Rabbinen bereits im 2. Jahrhundert n. Chr. von christlichen Ansätzen des Glaubens an einen dreifaltigen Gott wussten und von der Tatsache, dass die Christen dabei auch an frühjüdische und rabbinische Deutungen der biblischen Schöpfungserzählung anknüpften. Gott sei Schöpfer (Vater), Wort (Sohn) und Heiliger Geist.

Clemens Thoma meint, dass „diese frührabbinische Aussage über die zehn Schöpfungsworte […] als Gegenargument zur christlichen Lehre des einen Logos als Mitschöpfer verfasst worden zu sein“ scheint.[86]

■ *Der Gott Abrahams, der Gott Isaaks und der Gott Jakobs*

Weiterhin zu erwähnen ist die eigentümliche Rede vom Gott der Väter: „Der Gott Abrahams, Isaaks und Jakobs.“ Dieser Gottesname findet sich nur an je einer Stelle des Alten und Neuen Testaments (Ex 3,16; Apg 7,32). Häufiger wird die andere, längere Form angewendet: „Der Gott Abrahams, der Gott Isaaks und der Gott Jakobs“ (vgl. Ex 3,6.15; 4,5; Mk 12,26; Mt 22,32; Lk 20, 37). Jüdische Rabbinen stellten sich die Frage, warum das

Wort „Gott" dreimal wiederholt wird, wo es doch nur einen Gott gibt, den Gott Abrahams, Isaaks und Jakobs. Ihre Antwort lautet: „Den Einzigen Schöpfer-Gott aller Welten erlebten die drei Erzväter jeder auf seine Weise, jeder nach seinem Geschick, jeder nach seiner Gott-gewollten Individualität. Um drei verschiedene Gotteserfahrungen geht es hier, die zwar grundverschieden untereinander sind, jedoch so legitim und authentisch echt wie die Gottesschau der Synagoge, der Kirche und der Moschee, die Dreieinigkeit des Monotheismus in unserer heutigen Welt."[87]

Einen Hinweis auf die Verschiedenheit der Gotteserfahrungen liefern vielleicht auch zwei Stellen der Schrift, an denen von Gott als dem „Schrecken Isaaks" (Gen 31,42) und dem „Starken Jakobs" (Gen 49,24) die Rede ist. Isaak hat die „Schrecklichkeit" Gottes am eigenen Leib erfahren, als er von seinem Vater Abraham als Brandopfer dargebracht werden sollte (vgl. Gen 22) – so muss es jedenfalls der mit der Entstehungsgeschichte dieser Erzählung nicht vertraute Leser der Schrift verstehen.[88] Andererseits hat Jakob eher die „Stärke" Gottes erleben dürfen. Charakteristisch dafür ist die Erzählung von seinem geheimnisvollen Kampf mit Gott am Jabbok (Gen 32,23–33).

■ *Die Erscheinung der drei Männer vor Abraham*

Eine seltsame Geschichte überliefert die Abrahamstradition:

> „Der Herr erschien Abraham bei den Eichen von Mamre. Abraham saß zur Zeit der Mittagshitze am Zelteingang. Er blickte auf und sah vor sich drei Männer stehen. Als er sie sah, lief er ihnen vom Zelteingang aus entgegen, warf sich zur Erde nieder und sagte: Mein Herr, wenn ich dein Wohlwollen gefunden habe, geh doch an deinem Knecht nicht vorbei! Man wird etwas Wasser holen; dann könnt ihr euch die Füße waschen und euch unter dem Baum ausruhen. Ich will einen Bissen Brot holen, und ihr könnt dann nach einer kleinen Stärkung weitergehen, denn deshalb seid ihr doch bei eurem Knecht vorbeigekommen. [...] Sie fragten ihn: Wo ist deine Frau Sarah? Dort im Zelt, sagte er. Da sprach der Herr: In einem Jahr komme ich wieder zu dir, dann wird deine Frau Sarah einen Sohn haben" (Gen 18, 1–5. 9–10a).

Die Erzählung zeigt Verwandtschaft mit der griechischen Sage von der Einkehr der drei Götter Zeus, Poseidon und Hermes bei dem kinderlosen Hyrieus in Böotien; nach ihrer Bewirtung verhelfen sie ihm zu dem ersehnten Sohn, dem Orion, der dann nach zehn Monaten zur Welt kommt. Der Alttestamentler Gerhard von Rad vertritt die Ansicht, dass diese Erzählung vor allem die Tugend der Gastfreundschaft herausstellen möchte: „Offenbar hat Israel eine solche Erzählung von den älteren Landesbewohnern übernommen; man begann, sich derlei auch als ein Erlebnis des Ahnherrn Abraham zu erzählen, und so ist der Stoff allmählich in den Jahweglauben hineingewachsen."[89] Das erklärt aber nur die Entstehungsgeschichte.

Auffällig ist der Übergang von der Einzahl („der Herr erschien") zur Dreizahl („drei Männer") und Abrahams Anrede der drei Männer in der Einzahl („mein Herr").

Auch darüber haben sich jüdische Schriftausleger Gedanken gemacht. Pinchas Lapide schreibt, es sei ihm und anderen jüdischen Exegeten klar, „dass Gott sich hier in einer Dreizahl von Männern oder als Einer von drei Männern manifestiert, was einem dynamischen Monotheismus entspricht, der versucht, die Mannigfaltigkeit der Erfahrbarkeit Gottes unter ein einziges Dach zu bringen".[90]

■ *El, Elohim, Adonai (Ps 50,1)*

In der hebräischen Bibel stehen nacheinander die drei Gottesnamen: „El, Elohim, Adonai (… spricht – Singular!)." Die deutsche Einheitsübersetzung gibt den ersten Vers des 50. Psalms so wieder: „Der Gott der Götter, der Herr (… spricht)." H.-J. Kraus übersetzt hingegen in seinem Psalmenkommentar „Gott, Gott, Jahwe" und bemerkt dazu: „El Elohim übersetzt (hier transkribiert, N.S.) kann nicht mit ‚Gott der Götter' übersetzt werden. Es sollte aber der mächtige Introitus mit der feierlichen Häufung der Gottesnamen nicht korrigiert werden. […] Drei Gottesbezeichnungen künden das Mysterium der Epiphanie, in der Jahwe nun alles erfüllt und die primäre Wirklichkeit ist."[91] Der Sperrigkeit des Originaltextes und seiner feierlichen Form entsprechend erscheint es durchaus angebracht, für die deutsche Übersetzung eine ebenso sperrige Wiedergabe zu wählen: „Der Gott, die Gottheit, Jahwe (spricht)."

Jüdische Schriftausleger taten und tun sich schwer mit der Interpretation dieser Stelle. In der rabbinischen Literatur finden sich Auseinandersetzungen zwischen einzelnen Schriftgelehrten samt ihren Schülern und den so genannten Häretikern, wo es um die Frage geht, warum hier drei Gottesnamen hintereinander stehen. Während der Rabbi den Außenstehenden gegenüber in der Lehre vom Monotheismus keine Diskussion zulässt, erlaubt er im internen Kreis an Hand von schwierigen Texten durchaus ein Weiterreflektieren der Frage. So gibt R. Neudecker ein fingiertes Streitgespräch zwischen einem Rabbi und seinen Schülern wieder. Die Schüler fragen: „Warum erwähnt die Schrift den Namen Gottes dreimal?" Und der Rabbi antwortet: „Die Schrift lehrt damit, dass der Heilige, gepriesen sei er, seine Welt mit drei Namen erschaffen hat, entsprechend den drei guten Eigenschaften, durch die die Welt erschaffen wurde, nämlich Weisheit, Einsicht, Erkenntnis. Denn es heißt: Der Herr hat durch Weisheit die Erde gegründet, durch Einsicht den Himmel festgestellt, durch seine Erkenntnis brachen die Quellen hervor (Spr 3,19f.). Ähnlich lautet die Antwort auf die Frage der Jünger nach den drei Gottesnamen in Jos 22,22 (,El, Elohim, Adonai weiß …'): Die Sache verhält sich so, wie bei den drei Titeln, mit denen man den römischen Kaiser bezeichnet: Basileus, Caesar, Augustus. […] So und ähnlich lauten die Antworten an die Jünger."[92]

Jahwe hat auch noch andere Gesichter

◼ *Der „Engel Jahwes"*

Von christlichen Theologen, die nach alttestamentlichen Vorbildern der Trinitätslehre suchen, wird vor allem hingewiesen auf die Gestalt des „Engels Jahwes". Dieser „Engel Jahwes" tritt verhältnismäßig häufig in Erscheinung. Ihm kommen unterschiedliche Funktionen zu. So begleitet er Israel auf der Wüstenwanderung (Ex 14,19; wenige Verse später, in Ex 14,24, ist es aber Jahwe, der aus der Feuer- und Wolkensäule „blickt"). Der Engel Jahwes hilft den Bedrängten (Gen 16,7), er schützt die Frommen (Ps 34,8), er offenbart Gottes Kraft (Sach 12,8) und Wissen (2 Sam 14, 20).

Wahrscheinlich handelt es sich bei den Erzählungen, in denen dieser
Engel vorkommt, um alte, vorisraelitische Ortsüberlieferungen, die von
der Erscheinung eines Numens, eines göttlichen Wesens, berichtet haben.
Als diese Traditionen in den Sagenschatz Israels aufgenommen wurden,
versuchte man offenbar, der Gefahr einer möglichen Aufsplitterung Jahwes in verschiedene Lokalgottheiten dadurch zu begegnen, dass man die
Identität dieses Engels mit Jahwe aufzeigte. So wird die Theophanie von
Gen 32,23–33 (Jakobs nächtlicher Kampf mit Gott) vom Propheten
Hosea in einem Atemzug als ein Ringen mit Gott und als ein Ringen mit
dem Engel bezeichnet: „Er (Jakob) rang mit *Gott*. Er rang mit dem *Engel*
und siegte" (Hos 12,4b. 5a).

Ein weiterer Beleg für die Stellung des „Engels Jahwes" findet sich im
Jakobssegen, wie ihn die Josefsgeschichte überliefert:

> „– *Gott*, vor dem meine Väter Abraham und Isaak ihren Weg gegan-
> gen sind,
> – *Gott*, der mein Hirte war mein Lebtag bis heute,
> – *der Engel*, der mich erlöst hat von jeglichem Unheil,
>   er segne den Knaben" (Gen 48,15 f.).

In diesem Tristichon (Gott, Gott, Engel) wird der „Engel" ganz offensichtlich mit Gott bzw. Jahwe auf eine Stufe gestellt. Er „ist auch Jahwe,
aber im Unterschied von dem Jahwe der allgemeinen Vorsehung ist er der
Jahwe des speziellen Heilswirkens".[93]

Auch die Abrahamssage enthält eine solche Gleichsetzung von „Engel
Jahwes" mit Jahwe. Gott hört dort das Schreien der Hagar, der von Abraham verstoßenen Magd, die mit ihrem Sohn Ismael in der Wüste umher-
irrt; aber der Engel Jahwes ruft ihr zu und erlöst Hagar aus ihrer Not
(Gen 21,17–19). Jahwe hört – der Engel spricht und handelt.

In der Figur des „Engels Jahwes" zeigt sich das Bemühen, eine Brücke
zu schlagen zwischen dem für Menschen unfassbaren und verborgenen
Wesen Gottes und seiner wirklichen und wesenhaften Gegenwart in der
Geschichte.[94] Ähnlich deutet auch Walter Kasper die Gestalt: „So präfigu-
riert der Engel Jahwes das ganze spätere Problem von Identität und Differenz zwischen Gott und seiner Offenbarungsgestalt. Damit bringt er in
höchst eindrücklicher Weise zum Ausdruck, dass der alttestamentliche
Gott ein lebendiger Gott der Geschichte ist".[95]

■ *Die göttliche Weisheit*

In den jüngeren Schriften des Alten Testaments fallen jene Redewendungen auf, in denen von einer personifizierten Weisheit die Rede ist, die „auf den Straßen, neben den Toren der Stadt, am Zugang zu den Häusern" ihre Stimme erhebt, die Menschen zur Vernunft mahnt und ihnen Rat und Hilfe zusichert (vgl. Spr 8,1–3). Die Weisheit (hebr.: chokmah, griech.: sophia) ist bemerkenswerterweise in der hebräischen, griechischen und deutschen Sprache weiblichen Geschlechts.

Einen wichtigen Text, in dem die personifizierte Weisheit zum versammelten Volk spricht, enthält das Buch Jesus Sirach: „Ich ging aus dem Mund des Höchsten hervor, und wie Nebel umhüllte ich die Erde. Ich wohnte in den Höhen, auf einer Wolkensäule stand mein Thron. […] Vor der Zeit, am Anfang, hat er mich erschaffen, und bis in Ewigkeit vergehe ich nicht. Ich tat Dienst vor ihm im heiligen Zelt und wurde dann auf dem Zion eingesetzt. In der Stadt, die er ebenso liebt wie mich, fand ich Ruhe, Jerusalem wurde mein Machtbereich. Ich fasste Wurzel bei einem ruhmreichen Volk, im Eigentum des Herrn, in seinem Erbbesitz" (Sir 24,2–3.9–12).

Wer ist diese personifizierte Weisheit? Welche Bedeutung hatte sie in der jüdischen Religion? In der jüdisch-hellenistischen Weisheitsspekulation wird die Weisheit als himmlische Figur dargestellt. Sie ist präexistent, nimmt an der Schöpfung teil, lebt in enger Verbindung mit Gott und sucht den Aufenthalt unter den Menschen (vgl. Spr 8,22–36).[96] Parallelen zur Chokmah finden sich in der ägyptischen Hathor, der Maat und der „scherzenden Gottesgemahlin".[97] Silvia Schroer sieht in der personifizierten Weisheit „Israels Gott im Symbol verschiedener Frauengestalten, in der Gestalt der lebensfrohen, scherzenden Göttin oder der nährenden Baumgöttinnen. Im Gegensatz zu den Propheten Israels hatten die Verfasser der Weisheitsschriften keine Angst vor den Göttinnen, sondern versuchten, Elemente der antiken Göttinnenkulte als reflektierte Mythologie in den Glauben und in die Sprache Israels einzubeziehen. […] Die Weisheit vermindert als Personifikation vor allem der menschenfreundlichen Seite Gottes die unerträgliche Distanz des alten Gottesbildes, sie rückt Gott wieder näher."[98] Andere sehen darin die „poetische Personifikation einer göttlichen Eigenschaft" (R. N. Whybray), eine Hypostase, eine untergeordnete göttliche Qualität oder eine halbunabhängige Mittlergestalt zwischen Gott und der Welt, die eine Personifizierung einer Eigenschaft oder einer Wirklichkeit einer höheren Gottheit darstellt (S. Mowinckel, H. Ringgren), eine Personifikation Gottes selbst, insofern er schöpferisch und rettend in der Welt tätig ist (Dunn, Larcher, Schüssler-Fiorenza, E. A. Johnson, H. Engel). Angesichts dieser Interpretationsvielfalt erscheint es kaum zulässig zu sein, alle Texte, die von einer personifizierten Weisheit sprechen, von einem einheitlichen Erklärungsmuster her zu verstehen.

Dieses „weibliche" Gottesbild in der Gestalt der Chokmah wurde vom Christentum nur teilweise übernommen und fortgeführt. Während im östlichen („orthodoxen") Christentum eine eigenständige Sophia-Theologie erhalten blieb, die sich auch in eigenen Sophia-Ikonen und -Kirchen Ausdruck verschaffte (Hagia Sophia in Istanbul), hat die Weisheitstheologie in den christlichen Kirchen des Westens kaum Verbreitung gefunden. Einer der Gründe dafür könnte sein, „dass die biblische Sophia den Ansichten der Kirchenväter über die Rolle von Frauen überhaupt nicht entsprach. Denn die Weisheit ist eine lebenslustige, stolze, manchmal zornige, immer schöpferische und kraftvolle Frauengestalt, die in einer Vielzahl von dynamischen Symbolen, Bildern und Rollen erscheint. […] Sie nimmt das Erbe einer uralten Muttergottheit (‚Göttin') auf, ohne den jüdisch-christlichen Monotheismus anzutasten. Sie verbindet die Transzendenz, den Himmel, mit der Weiblichkeit. Sie ist eine integrative, Verbindung und Verbundenheit schaffende Gestalt, sie bezieht ein statt auszugrenzen."[99]

Eine „Wiederbelebung" der Gestalt der Chokmah, der göttlichen Weisheit im Bild der Frau, könnte geeignet sein, jene „andere" Seite Gottes wieder in Erinnerung zu rufen, die im tradierten Gottesbild zu kurz kommt. Sie könnte helfen, einseitig männliche Gottesvorstellungen aufzubrechen und zu überwinden. Die Gestalt der göttlichen Sophia bietet „als authentisches biblisches Gottesbild beachtliche Möglichkeiten, die Verfestigungen und Ontologisierungen androzentrischer Gottesrede aus einer jüdischen Tradition heraus aufzubrechen".[100]

■ Die Schechinah

Das (ebenfalls weibliche) Wort „Schechinah" oder „Schekinah" kommt in der hebräischen Bibel nicht vor. Es wurde von jüdischen Rabbinen des 2. und 1. vorchristlichen Jahrhunderts benutzt und geht auf die hebräische Wortwurzel für „wohnen" zurück. Mit „Schechinah" wird die Einwohnung Gottes, die Anwesenheit Gottes in der Welt, im Volk Israel, in der Menschheit, im einzelnen Menschen – kurz: Gottes Immanenz bezeichnet.

Was mit „Schechinah" gemeint ist, findet sich an vielen Stellen des Alten Testaments. So wird gesagt, dass Gott im Tempel „seinen Namen wohnen" lässt (Dtn 12,11; 14,23 u. ö.). Von der jüdischen Mystik wurden der brennende Dornbusch, die „Wolke" und das „Feuer" auf dem Offenbarungsberg Horeb und die Wolke, die bei der Wüstenwanderung das Volk begleitete und über dem Offenbarungszelt lag, als seine „Schechinah" verstanden. Die „Schechinah" war es auch, die das Volk Israel ins Exil begleitete, um dort die bleibende Gegenwart Gottes anzuzeigen. Jeder Sabbat ist nach Vorstellung der jüdischen Mystik zu sehen als ein Fest der Umarmung Gottes mit seiner „Schechinah" und somit als Vorwegnahme der endzeitlichen Ganzheit. Die „Schechinah" wird jedoch nicht als ein eigenes Subjekt, als eigene Hypostase Gottes gedacht, sondern als subjektidentisch. Sie ist „die wortkräftige Kondeszendenz Gottes: der sich herabneigende, mitten unter seinem Volk weilende und Freuden und Schmerzen teilende Gefährte und Helfer der Menschen".[101]

Jüdische feministische Theologinnen wie Judith Plaskow knüpfen an die „Schechinah"-Überlieferung an, um – ähnlich wie bei der Chokmah – die weibliche Dimension Gottes zum Ausdruck zu bringen.[102]

Der schon öfter zitierte jüdische Gelehrte Pinchas Lapide bemerkt zusammenfassend zu den hier genannten Schriftstellen und in deutlich erkennbarer Kritik an einer christlichen Trinitätslehre, die allzu genau über Gott Bescheid zu wissen und ihn in Begriffe fassen zu können glaubt:

> „Der ganze Regenbogen jüdischer Gotteserfahrungen ist und bleibt im Judentum nichts anderes als eine Galerie von Sprachbildern, die nie und nimmer zu steinharten Begriffen erstarrt sind, auf die man eine zünftige Gotteswisserei oder gar ein lückenloses System erbauen könnte. All diese Bilder sind ausnahmslos ein hilfloses Stammeln, das sich im besten Fall unterwegs zum Unsagbaren weiß, das aber nie und nimmer zu festen Formeln in präziser Reihenfolge oder gar in genauer Rangordnung theologisiert worden ist."[103]

Es erscheint reizvoll, die „Galerie von Sprachbildern" in den Schriften des Alten Testaments noch weiter entlangzugehen und insbesondere jene Gottesbilder und -namen näher zu betrachten, die später in die christliche Trinitätstheologie Eingang gefunden haben. Denn „ein Bild von Gott haben, das heißt, einen Götzen anbeten. Verschiedene Bilder von Gott haben, die Vorstellungen von Gott in Bewegung, im Fluss halten, entspricht dem Sinn des Glaubens an den einen, in einem Bild nicht fassbaren Gott, mehr als der totale Verzicht auf jedes Bild."[104]

■ *Jahwe als „Vater" und „Mutter"*

Es sind sehr unterschiedliche Erfahrungen, die Israel mit seinem Gott machen darf und machen muss. Menschlichem Bedürfnis entsprechend liegt es nahe, diese Begegnungen zu benennen und zu beschreiben. Dafür konnten sich nur vertraute Begriffe und allseits bekannte Bilder aus der Welt der Menschen anbieten: König, Herr, Hirte, Kriegsheld, Richter, Gesetzgeber, Vater. Im Zusammenhang unserer Thematik liegt es nahe, besonders die Rede von Gott als Vater (bzw. Mutter) etwas ausführlicher darzulegen.

„Ich bin dein Vater"

Einer der ältesten Belege für die Bezeichnung Jahwes als „Vater" findet sich in der Natan-Verheißung an König David: „(So spricht der Herr:) Wenn deine Tage erfüllt sind und du dich zu deinen Vätern legst, werde ich deinen leiblichen Sohn als deinen Nachfolger einsetzen und seinem Königtum Bestand verleihen. [...] Ich will ihm Vater sein, und er wird für mich Sohn sein" (2 Sam 7, 12. 14). Hier wird vermutlich an ägyptische Vorbilder angeknüpft. Denn die Vorstellung von einer Gottessohnschaft des Königs ist im Alten Orient weit verbreitet. So wird der ägyptische Pharao vom Gott Amun als „Sohn meines Leibes" angeredet[105], und in einer Inschrift Ramses' II. ist zu lesen: „Ich bin dein Vater, der dich unter den Göttern erzeugte, so dass alle deine Glieder Götter sind."[106]

Mit ergreifender Eindringlichkeit schildert das ägyptische „Kadesch-Gedicht" die seelische Not eines dieser Gottessöhne, der, seines ganzen Heeres nahezu beraubt, von unzähligen Feinden umringt ist und sich im

Gefühl völliger Vereinsamung und Verlassenheit an Amun, seinen göttlichen Vater, wendet:

„Was ist das nun, mein Vater Amun?
Hat denn ein Vater seines Sohnes vergessen?
Habe ich denn etwas ohne Dich getan?
Ich rufe zu Dir, mein Vater Amun.
Ich bin inmitten von Fremden, die ich nicht kenne.
Alle Länder haben sich gegen mich verbunden.
Und ich bin ganz allein
und kein anderer ist mit mir. […]
Ich bin hierher gekommen auf den Gedanken Deines Mundes,
Amun!
Und ich bin nicht von Deinen Gedanken abgewichen.“

Durch das Gebet findet der junge König neue Kraft und wagt es, den
Kampf gegen die riesige Übermacht aufzunehmen:

„Amun hört auf mich und kommt, wenn ich zu ihm rufe.
Er reicht mir seine Hand hin, ich jauchze; hinter mir ruft er:
‚Vorwärts, vorwärts! Ich bin mit dir, ich dein Vater.‘“[107]

Aus Ägypten ist wohl auch das Inthronisationszeremoniell für die
junge israelitische Monarchie und im Zusammenhang damit die Vorstellung von einer göttlichen Adoptivsohnschaft des Königs übernommen
worden. So wird in den Königspsalmen Jahwe als „Vater“ des Königs gesehen: „Mein Sohn bist du, heute habe ich dich gezeugt“ (Ps 2,7).
Im weiteren Verlauf der Geschichte Israels wird der Gedanke einer
„Vaterschaft“ Jahwes auf das ganze Volk ausgeweitet. Jahwe ist wie ein
Vater, der seinen „Sohn aus Ägypten ruft“ (Hos 11,1). In Ex 4,22–23 gibt
Gott Mose folgende Worte an den Pharao ein: „So spricht Jahwe: Israel ist
mein erstgeborener Sohn. Ich sage dir: ‚Lass meinen Sohn ziehen, damit
er mich verehren kann.‘ Wenn du dich weigerst, ihn ziehen zu lassen,
bringe ich deinen erstgeborenen Sohn um.“ In Dtn 14,1 warnt Mose
Israel vor Ritualen, die den Charakter des Götzendienstes tragen: „Ihr
seid Kinder des Herrn, eures Gottes. Ihr dürft euch für einen Toten nicht
wundritzen und keine Stirnglatzen scheren.“ Der Prophet Maleachi

klagt: „Haben wir nicht alle denselben Vater? Hat nicht der eine Gott uns alle erschaffen? Warum handeln wir dann treulos, einer gegen den anderen, und entweihen den Bund unserer Väter?" (Mal 2,10).
Nach dem Exil wird das Vater-Bild für Gott ins Universale ausgedehnt. Jahwe, der Schöpfer der Welt, erscheint als Vater aller Menschen: „Du bist, Herr, unser Vater. Wir sind der Ton, und du bist der Töpfer. Wir alle sind das Werk deiner Hände" (Jes 64,7).

Es ist nur konsequent gedacht, wenn die Universalität des Vater-Seins Gottes letztendlich dazu führt, in Jahwe auch den Gott zu sehen, der sich in ganz individueller Weise als Vater zeigt und den man daher in Nöten und Gefahren um Hilfe anrufen kann: „Herr, Vater und Gebieter meines Lebens, bringe mich durch sie (die Gegner) nicht zu Fall! Herr, Vater und Gott meines Lebens, überlass mich nicht ihrem Plan!" (Sir 23,1. 4). In nachexilischer Zeit bezeugt die häufige Einbeziehung der Metapher „Vater" (hebr.: ab-) bei der Namensgebung, dass der Einzelne in Jahwe seinen *persönlichen* Vater sieht: Eliab (= Gott ist Vater), Abiel (= Vater ist El), Abijah (= Vater ist Jahwe), Joab (= Jahwe ist Vater). „Dem einzelnen Mitglied der Gruppe wurde damit über die biologische Abstammung hinaus ein ganz persönliches Kindverhältnis zur Familienschutzgottheit zugesprochen. Wir gehen sicherlich nicht fehl in der Annahme, dass die gesamte Familien- und Sippengemeinschaft sich analog dazu in einem kindlichen Abhängigkeitsverhältnis zur väterlichen (und/oder mütterlichen?) Gottheit fühlte."[108] E. S. Gerstenberger vermutet, dass die Gott-Vater-Metapher in der nachexilischen Gemeinde möglicherweise in bewusster Distanzierung zu nationalen Metaphern wie König, Herr Zebaoth, aus gesellschaftlich-politischen Gründen aufgegriffen wurde: „Die alttestamentliche Theologie der Spätzeit orientiert sich damit an den kleinen, familiären Kultverhältnissen der Frühzeit, die zum Teil von der zentralisierten, monarchisierten Theologie der staatlichen Epoche überrollt und unterdrückt worden waren. [...] Biblischer Glaube ist – so müssen wir als Christen heute nach Jahrhunderten triumphalistischer Kirchengeschichte urteilen – im Wesentlichen Glaube innerhalb der unmittelbaren, mitmenschlichen Beziehungen. Er ist ganz besonders helfendes und befreiendes Angebot für die, die bedrängt sind. Gott wohnt bei den Geringsten und Verachtetsten, das will das ‚unser Vater' in den nachexilischen Texten ausdrücken."[109]

„Wie eine Mutter ihren Sohn tröstet"

Möglicherweise in Unkenntnis dieser zuletzt erwähnten Umstände
wird heute am Vater-Bild Gottes, wie es die Bibel überliefert und wie es
in der christlichen Tradition verankert ist, heftig Kritik geübt – vor allem
von Seiten der so genannten feministischen Theologie. „Vater", so wird
geltend gemacht, werde häufig gleichgesetzt mit „Herr" und „Herrscher".
Die Eigenschaften, die man Gott zuschreibt, seien „die Ergebnisse eines
dualistischen und hierarchischen Denkens bei Männern in hoch und tief,
gut und böse, Geist und Leib, Mann und Frau. [...] Bei diesem Denken
in Gegensätzen, in Ober- und Unterseite, sind vor allem Frauen die
Opfer geworden, die immer gerade dadurch, dass die Kernsymbolik des
Gottesbildes männlich ist, auf doppelte Weise (in Religion und Gesellschaft) jeder Möglichkeit entfremdet werden, selbst und persönlich
Mensch zu werden."[110]

Bei aller Kritik, die an manchen überzogenen und nicht selten geradezu antijudaistischen Tendenzen dieser theologischen Richtung geltend
gemacht werden kann, ist festzuhalten, dass es ihr unbestreitbares Ver-
dienst ist, auf die schon in den alttestamentlichen Schriften durchaus
vorhandene „weibliche" Seite des („männlichen") Gottesbildes aufmerksam gemacht zu haben. Dabei wird vor allem auf einen Text aus dem
Buch des Propheten Hosea hingewiesen:

„Als Israel jung war, gewann ich es lieb,
aus Ägypten rief ich meinen Sohn.
Doch wie ich sie rief, so liefen sie von mir weg.
Sie opferten den Baalen, den Bildern räucherten sie.
Dabei war ich es doch, der Ephraim gestillt hat,
indem ich ihn auf meine Arme nahm. [...]
Und ich war für die wie solche,
die einen Säugling an ihren Busen heben,
und ich neigte mich zu ihm, um ihm zu essen zu geben."
(Hos 11,1.2.3a.4a)[111]

Zu dieser Stelle schreibt Marie-Theres Wacker: „Die hier beschriebene
Sorge Gottes um Ephraim ist durchaus nicht von einem ,Vater' zu leisten,
sondern nur von der Mutter, die ihr Kind nährt, indem sie es stillt. Jah-

wes Bemühungen um den störrischen Sohn sind dem Alltag der Mutter, nicht des Vaters entnommen."[112]

Noch eine weitere Stelle im Hoseabuch verdient Aufmerksamkeit:

> „Aber mein Volk hält fest am Abfall von mir …
> Wie soll ich dich preisgeben, Ephraim?
> Dich ausliefern, Israel?
> Mein Herz kehrt sich gegen mich,
> mein Mitleid (mein Mutterschoß?) wallt auf.
> Nicht vollstrecke ich meinen glühenden Zorn,
> nicht will ich wiederum Ephraim verderben.
> Denn Gott bin ich und nicht ein Mann,
> in deiner Mitte ein Heiliger, und nicht gerate ich in Wut."
> (Hos 11, 7–9)

Gott zeigt ein „Herz" für das sündige Israel (Ephraim). Sein strafender Zorn wäre gerechtfertigt (zumindest nach damaligen pädagogischen Vorstellungen und Praktiken). Aber dagegen wendet sich sein „Mitleid". Der hebräische Ausdruck hieß an dieser (nicht gut erhaltenen) Stelle wahrscheinlich „Gebärmutter", „Mutterschoß". „„Mitleid"", so stellt O. Keel fest, „ist keine glückliche Übersetzung. Es ist eher ein Organ des Mitlebens als bloß des Mitleidens."[113] „Nicht also männlich-väterliche Strafautorität, die sich im vernichtenden Zorn am unfolgsamen Sohn entlädt, ist das tragende Analogon für den Gott Israels, sondern Herzensregung."[114] Bemerkenswert an dem Text (Vers 9) ist auch, dass Gott hier nicht – wie sonst in der Schrift üblich und wie es auch leider die Einheitsübersetzung tut – vom „Menschen", sondern gezielt vom „Mann" abgesetzt wird (vgl. allerdings Hos 2,18).[115]

Auch an anderen Stellen der Schrift werden weibliche Metaphern für Gott und sein Handeln verwendet. So wird im Buch Numeri darauf hingewiesen, dass Jahwe „dieses ganze Volk in seinem Schoß getragen und es geboren" habe (Num 11,12; vgl. Dtn 32,18). Direkt als Mutter Israels wird Jahwe bei Deutero-Jesaja angesprochen: „Kann denn eine Frau ihren Säugling vergessen, eine Mutter ihren leiblichen Sohn? Und selbst wenn sie ihn vergessen würde: ich vergesse dich nicht (Spruch des Herrn)" (Jes 49,15). Auch bei Trito-Jesaja (abgefasst im 5.–3. Jh. v. Chr.) wird das Mutter-Sein Jahwes nochmals ausdrücklich hervorgehoben: „Wie eine Mutter ihren Sohn tröstet, so tröste ich euch" (Jes 66,13).

Dass auch in die christlichen Glaubensbekenntnisse in Bezug auf Gott-„Vater" Formulierungen Eingang gefunden haben, die im profanen Sprachgebrauch für die Frau vorbehalten sind, wird häufig übersehen. So lehrt schon das Konzil von Nicaea (325): „(Wir glauben) … an den einen Herrn Jesus Christus, Gottes ein(zig)geborenen Sohn. Er ist aus dem Vater *geboren* vor aller Zeit."[116] Und die Kirchenversammlung von Toledo (675) spricht davon, dass der Vater es ist, „von dem der Sohn die *Geburt* und der Heilige Geist den Hervorgang empfingen".[117] Der Sohn ist „gezeugt oder *geboren* […] aus dem *Schoß* des Vaters."[118] Die Konsequenz ist einleuchtend: „Vielleicht autorisiert uns die Bibel bei genauerem Hinsehen doch, das ‚Vater unser im Himmel, geheiligt werde dein Name' gelegentlich durch ein ‚Mutter unser im Himmel, geheiligt werde dein Name' zu ersetzen. ‚Name' bezeichnet das, was uns von Gott begegnet. In der Frohen Botschaft von Gen 8,20ff., Hos 11,8ff. und Jes 49,15 begegnet uns eindeutig eine nach dem traditionellen Rollenverständnis mütterliche Gottheit, die Zuwendung und Liebe vor Recht ergehen lässt."[119]

Genau genommen unterscheidet sich freilich das „Mutter"-Sein Jahwes in Bezug auf sein barmherziges Handeln wenig von seinem „Vater"-Sein, wie es oben – vor allem im Hinblick auf sein nachexilisches Verständnis – kurz skizziert wurde. So gesehen ist es letztlich ziemlich unwichtig, ob Jahwe nun als liebender Vater oder als liebende Mutter dargestellt wird. Es kann nicht darum gehen, den „Vater"-Gott durch die „Mutter"-Gott zu ersetzen oder zu verdrängen.

Bei der Rede von Gott als „Vater" wie als „Mutter" handelt es sich um Analoga, um Bilder, die menschlicher Erfahrung und Anschauung entnommen sind und die keine andere Funktion haben, als den transzendenten Gott menschlicher Vorstellungskraft „näher" zu bringen. In Wahrheit ist Jahwe kein sexistischer Gott; sein biologisches Geschlecht spielt keine Rolle.[120] Doch für das richtige Verständnis der christlichen Trinitätslehre und für das Gottesbild überhaupt sind diese Erkenntnisse sehr wichtig. Nicht zuletzt auch für die christliche Frömmigkeitspraxis.

■ *Die Kabbala*

Erwähnenswert erscheint noch die Kabbala, eine jüdisch-mystische Tradition, die in unterschiedlichen Ausformungen im 12. und 13. Jahrhundert vor allem in Südfrankreich und Spanien weite Verbreitung fand.

Die Kabbala (vom Hebr.: das Empfangene, die Überlieferung) versuchte, Gott zu einer lebendigen und greifbaren Erfahrung werden zu lassen, indem sie an Elementen der Tradition (Schöpfung, Offenbarung, Erlösung) anknüpfte und sie mit Begriffen der griechischen, vor allem neuplatonischen Philosophie zusammenführte.

Eine gewisse Analogie zur christlichen Dreifaltigkeitslehre könnte in der kabbalistischen Vorstellung von den verschiedenen Identitäten Gottes zu sehen sein. Die Kabbala bekannte sich zu dem einen Gott und Herrn Israels und der Menschheit, dessen Wirken sie in der zehnfältigen Ausprägung der zehn „Urzahlen", der Sefirot, beschrieb. Es sind die zehn Schöpfungs-„Worte", die als in dem Einen Gott befindlichen Grundkräfte und Grundvorbilder alles Geschaffenen und neu zu Erschaffenden verstanden werden. Die Kabbalisten sprechen häufiger von den zehn Sefiroth als von drei Dreiergruppen, wobei sie die erste („Keter") als etwas betrachten, das in allen anderen enthalten ist. Die Namen der Sefirot werden üblicherweise in folgender Reihenfolge genannt[121]:

1. Keter (Krone),
2. Chokhma (Weisheit), 3. Bina (Einsicht), 4. Chesed (Gnade, Erbarmen),
5. Gewura (Gerechtigkeit), 6. Iferet (Schönheit), 7. Nezach (Sieg),
8. Hod (Pracht), 9. Jesod (Fundament), 10. Malkhut (Reich des Ewigen).

Die zehn (bzw. neun) Sefirot werden gesehen als Wesen und Instrumente Gottes, die in alles Geschaffene abbildhaft hineingelegt sind. Den Schwerpunkt der kabbalistischen Vorstellungen bildet die „Emanation", das Hervorkommen aller Formen der Geschöpflichkeit aus dem alles enthaltenden Einen Gott.

Im Buch „Bahír", einer fragmentarischen Sammlung verschiedener mystischer Schriftauslegungen aus dem 12. Jahrhundert, bekamen die Sefirot göttliche Eigenschaften. Dem ist es wohl auch zuzuschreiben, dass einige mittelalterliche christliche Interpreten der Kabbala die drei ersten Sefirot (Keter, Chokhma, Bina) trinitarisch deuteten. Die Kabbala selbst hat jedoch trotz dieser zehnfachen „Ausfaltung" Gott nie anders als den Einen und Einzigen verstanden.[122]

Auch einige Schüler des jüdischen Philosophen Franz Rosenzweig

(1886–1929) sprachen von „triadischen" Beziehungen, durch die Gott mit seinen Geschöpfen und vor allem mit der Menschheit kommuniziert.[123] Vorbild hierfür ist die triadische Beziehung zwischen Gott, Gottes Wort (der Tora) und Gottes Ansprechpartner (Israel).

In jüngster Zeit hat eine in den USA veröffentlichte „Jüdische Stellungnahme zu Christen und Christentum" mit dem Titel „Dabru Emet – Redet die Wahrheit" zu heftigen innerjüdischen Auseinandersetzungen geführt. Darin wird in acht Thesen eine jüdische Interpretation von Christen und Christentum vorgelegt. In unserem Zusammenhang ist vor allem die erste These von Bedeutung. Sie lautet: „Juden und Christen beten den gleichen Gott an." Eine größere Anzahl orthodoxer Juden bestritt sie heftig wegen des christlichen Glaubens an die Göttlichkeit Jesu und an die Trinität. So schrieb der Rabbiner David Berger, es sei notwendig, darauf hinzuweisen, dass „die Verehrung Jesu von Nazareth als eine Fleischwerdung oder als Teil Gottes nach jüdischem Gesetz und Theologie […] Götzendienst ist". Ein anderer Rabbiner, H. Goldberg, vertrat die Ansicht: „Diese Aussage hat keine Grundlage. […] Ein Jude kann Gott nicht durch Jesus verstehen. Ein Christ kann Gott nicht ohne Jesus verstehen. Es ist nicht der gleiche Gott."[124] Die noch anhaltende Diskussion zeigt, wie schwierig eine Verständigung zwischen Juden und Christen ist und wie das christliche Trinitätsdogma noch immer als „Dreigötterlehre" (miss)verstanden wird.

Gottes „Söhne"

Für die christliche Trinitätslehre ist das alttestamentliche Verständnis des Sohn-Seins des Menschen im Hinblick auf Gott, den „Vater", von besonderer Bedeutung.

Einen „Sohn Gottes" kennt bereits die ägyptische Mythologie. Der Titel ist dort „hunderttausendfach belegt – vor allem in der Ikonographie und in den Beischriften zu Darstellungen der Pharaonen, eine Dokumentation, die fast die gesamte ägyptische Geschichte hindurch dem Pharao und seinen Epigonen das Geborensein aus Gott attestiert".[125] Wahrscheinlich stellt diese Titulierung das Resultat eines langen Nachdenkens über die Beziehung zwischen der Gottheit und dem König in seiner herausgehobenen Stellung dar. Man glaubte wohl, mit dieser der sehr konkreten Alltagserfahrung entnommenen Metapher am ehesten das exklusive und intime Verhältnis zwischen Gott als „Vater" und dem König/Pharao als „Sohn" charakterisieren zu können. Israel übernimmt diesen Hoheitstitel. Auch hier ist „Sohn Gottes" zunächst der König (vgl. Ps 2,7): „Mein Sohn bist du. Heute habe ich dich gezeugt." Gegenüber den Königen anderer Länder nimmt Israels König eine herausgehobene Stellung ein. Er ist der „höchste unter den Herrschern der Erde" (Ps 89,28). Solche politisch völlig unrealistischen und überzogenen Formulierungen sind nur zu verstehen auf dem Hintergrund des religiösen Selbst- und Erwählungsbewusstseins Israels.

Doch auch das Volk selbst sieht sich als „Gottes erstgeborener Sohn" (Ex 4,22). In der deuteronomischen Gesetzessammlung wird ihm eingeschärft: „Ihr seid Söhne des Herrn, eures Gottes" (Dtn 14,1).[126] Das Buch Ijob spricht im Zusammenhang mit der Schöpfung der Welt und der Erschaffung des Menschen vom „Jubel aller Gottessöhne" (Ijob 38,7). Im Buch der Weisheit schließlich wird jeder Gerechte als „Sohn Gottes" tituliert (Weish 2,18; 5,5). Die Ausdehnung des Sohnestitels auf alle (gerechten) Menschen läuft also parallel zur Ausweitung des Vater-Titels Gottes auf die ganze Menschheit.

Nun lässt sich aber feststellen, dass zwischen dem Sohn-Sein des Königs und dem der übrigen Menschen einschließlich des Volkes Israel ein qualitativer Unterschied gemacht wird. Denn der König repräsentiert das Vater-Sein Gottes im Volk Israel und in der Welt. Darum trägt der König den Ehrentitel „Messias" – Gesalbter des Herrn (2 Kön 9,3). Er gilt – wie Jahwe (vgl. Ex 19,11–13) – als „unberührbar" und darf von niemandem angetastet werden (1 Sam 24,7). Er hat – wie Jahwe – das Volk zu führen und die Durchsetzung des Willens Gottes zu garantieren (2 Sam 5,2; Ps 101). Er soll – wie Jahwe, der „Vater" – für die Witwen und Waisen sorgen (vgl. Ps 68,6 mit Jes 1,23), für Recht und Gerechtigkeit eintreten (vgl. Ps 33,5 mit Ps 99,4) und die Armen und Gebeugten aufrichten (vgl. Ps 10,18 mit Ps 72,2). Darüber hinaus ist er der Mittler zwischen Jahwe und dem Volk; er segnet das Volk im Namen des Herrn (2 Sam 6,18), und er vertritt das Volk vor Jahwe (1 Kön 8).

Solchen hohen Anforderungen und Erwartungen waren die meisten Könige Israels nicht gewachsen. Nur allzu oft missbrauchten sie ihre Macht und gebärdeten sich als Quasi-Götter, nicht aber als Repräsentanten Gottes. Darum setzte schon früh eine harsche Kritik nicht nur an der Amtsführung des einzelnen Königs, sondern am Königtum insgesamt ein.

Diese Kritik hat ihren poetischen Niederschlag in der Jotam-Fabel gefunden (Ri 9,8–15). Nach Martin Buber ist sie die „stärkste antimonarchistische Dichtung der Weltliteratur".[127] Die Hoffnungen auf Frieden und Freiheit, auf Gerechtigkeit und Menschenwürde werden mehr und mehr auf einen zukünftigen Ideal-König übertragen, auf den kommenden Messias.[128] Da man offenbar mit der uneingeschränkten, unkontrollierten Macht des Königs schlechte Erfahrungen gemacht hatte, erhoffte man sich keinen absolutistischen Herrscher, sondern einen König, der seine Macht mit anderen teilt: „Der König soll in Zukunft nicht mehr oberster Träger aller Gewalten sein, so dass die vielen Amtsträger des profanen und religiösen Lebens nur eine von ihm abgeleitete Macht haben, sondern das Königtum soll eingebettet sein in eine Mehrzahl einander gleichgeordneter Ämter, die ihrerseits einer ihnen allen vorgegebenen Grundordnung, eben der Tora, verpflichtet sind."[129] Ein „Verfassungsentwurf" sieht vor, dass es neben dem Königsamt ein unabhängiges Rechtswesen, eine selbstständige Priesterschaft und ein von allen drei Ämtern zu respektierendes freies, charismatisches Prophetentum geben soll.[130] Darüber hinaus werden dem König ein bescheidener Lebenswandel unter weitestgehendem Abbau von Macht und Privilegien und die Verpflichtung zu absolutem, beispielhaftem Gehorsam gegenüber dem Willen Gottes eingeschärft.

Für die Zukunft wird ein neues, gewaltloses Ideal-Königtum erwartet (vgl. Jes 9, 1.2.4–6; 11,2–9; 32,15–18). Die Sehnsucht danach wird noch verstärkt durch die negativen Erfahrungen während der griechischen und römischen Besatzungszeit (187–63 bzw. 63 v.Chr.–330 n.Chr.). Sie lassen allerdings auch die Erkenntnis aufdämmern, dass diese Hoffnungen durch Menschen nie realisiert werden können. Gott selbst wird eingreifen müssen, wenn er sich nicht sein mit dem Volk Israel begonnenes Werk aus den Händen schlagen lassen will. Der Retter muss vom Himmel, von Gott kommen. Er muss eine Art „Engel Jahwes" sein, gleichzeitig aber auch „wie ein Mensch", um unter Menschen und mit Menschen wirken zu können.

Eine solche Gestalt begegnet erstmals im Buch Daniel, das wohl zur Zeit Antiochus' IV. Epiphanes (175–164 v.Chr.), des verhassten Oberbefehlshabers der griechischen Besatzungsmacht, entstanden ist. Da ist von einem „Menschensohn" die Rede, der „auf den Wolken des Himmels kommt" und dem „Herrschaft, Würde und Königtum gegeben werden" (Dan 7,13 f.). In parallel dazu erscheinenden, aber nicht in den offiziellen Kanon aufgenommenen Schriften, in den so genannten Apokryphen, wird dieser „Menschensohn" noch weiter hochstilisiert. Er steht direkt vor dem „Hochbetagten" (= Gott); er ist „auserwählt, bevor die Welt erschaffen wurde, und er wird in Ewigkeit vor Gott sein"; er sitzt auf dem „Thron der Herrlichkeit" und die „Summe des Gerichts wird ihm übergeben"; er ist der „Messias", der Gesalbte Gottes.[131]

Eine andere zeitgenössische Schrift, der 17. Psalm Salomos, sieht im Messias einen Mann, „fremd unserem Geschlecht", einen „von Gott ausgewiesenen König", der die „gottlosen Heidenvölker durch das Wort seines Mundes vernichten" wird.[132] Die Gestalt dieses Messias wird in kosmische Dimensionen gerückt. Er ist ein überirdisches, präexistentes Wesen, thronend an der Seite Gottes, mit quasi-göttlicher Macht und Vollmacht ausgestattet. Zu gegebener Zeit wird Gott ihn „in der Mitte seiner Auserwählten wohnen lassen".[133]

Es war eine Zeit hochgespannter Messias- und Heilserwartung, in die das Auftreten des Wanderpredigers Jesus aus Nazaret fiel. Und es lag nur allzu nahe, dass sich die Hoffnungen vieler Menschen auf eine Gestalt wie ihn konzentrierten und dass manche Aussagen der kanonischen und auch der beim Volk als heilig geltenden Bücher, der Apokryphen, auf ihn projiziert wurden.

Gottes „Geist"

In der hebräischen Sprache heißt das dem deutschen „Geist" entsprechende Wort „ruach", und es ist nicht männlichen, sondern – wie Chokmah und Schechinah – weiblichen Geschlechts. Allerdings: „Gemessen an der Häufigkeit des Vorkommens – die Angaben schwanken zwischen 60 und 80 Belegen – ist ruach als theologischer Begriff im AT nicht zentral. Dennoch ist es Israel gelungen, in der Reflexion auf seinen Weg mit Jahwe im ruach-Begriff wesentliche und unverzichtbare Erfahrungen zur Sprache zu bringen. Das Schwebende und die Unschärfe des Begriffes ruach, die allenthalben festzustellen ist, wird aufgewogen durch den Reichtum an Aspekten."[134]

Auch hier konnte Israel zurückgreifen auf die ägyptische Mythologie, auf den „Geistgott" Amun, den Hochgott von Theben, der häufig mit einer Federkrone dargestellt wird, weil man in ihm den Gott der Luft sieht, der Sphäre zwischen Himmel und Erde. „Geist" ist in Ägypten (wie auch in Israel) nicht etwas Abstraktes, sondern eine lebendige, Leben schaffende Wirklichkeit. Dieser Gott Amun ist im Verlauf der Geschichte immer mehr spiritualisiert und „noch intensiver als Geistgott betrachtet worden, so dass die Griechen im Zusammenhang mit ihrem Versuch, Bekanntes in der Glaubenswelt Ägyptens auszumachen, zu dem Ergebnis kamen, der Gott Amon sei am ehesten mit ‚pneuma' wiederzugeben".[135]

Die ältesten Urkunden des Volkes Israel legen dar, wie die „ruach" Gottes Menschen ergreift und in Verantwortung nimmt. Besonders häufig ist vom Geistwirken die Rede in der Zeit politischer Umwälzungen am Anfang der Volkwerdung Israels. Während Mose nach dem Zeugnis der Schrift von Jahwe selbst berufen wird (Ex 3; 4), ist es der Gottesgeist, der den begonnenen Prozess weitertreibt und in neue Bahnen lenkt. Die ruach-Jahwe kommt über Otniël und macht ihn zum „Richter", zu einem der charismatischen Führer, die in Zeiten der Not das Volk einen und ihm zu seinem Recht zu verhelfen suchen (vgl. Ri 3,10; 6,34; 11,29).

Eine neue Umwälzung steht ins Haus mit dem Übergang von der Richter- zur Königszeit. Wieder ist es der Gottesgeist, der nunmehr den ersten König Saul und danach David beruft (1 Sam 10,6; 16,13). In der bittersten Zeit Israels, in der politischen Katastrophe des Exils, ist es erneut der Gottesgeist, der in aller Hoffnungslosigkeit und Resignation den Umbruch in Aussicht stellt. Jahwe verheißt dem Propheten Ezechiel, dass er das Volk Israel aus allen Ländern sammeln und in das Land der Verheißung zurückbringen werde. Und nicht nur das. „Ich lege meinen Geist in euch und bewirke, dass ihr auf meine Gebote achtet und sie erfüllt" (Ez 36,24–27).

Auch vom kommenden und erwarteten Ideal-König wird ausgesagt, dass der Geist Jahwes sich auf ihn niederlassen werde (Jes 11,2). Der Empfang des Gottesgeistes ist grundsätzlich unverfügbar. Er ist freie Gabe Gottes. So wird zwar die Institution der siebzig Ältesten auf den ausdrücklichen Willen Jahwes zurückgeführt, den er gegenüber dem Mose äußert. Aber die Ältesten empfangen nicht direkt den Geist Gottes, sondern sie bekommen lediglich „etwas" vom Geist des Mose ab (Num 11,16f.). Einen institutionalisierten Geistbesitz gibt es in Israel nicht. Und das auch deswegen, weil der Gottesgeist in den jüngeren Schriften an manchen Stellen wie eine unverfügbare Person erscheint, die auftritt, um zu warnen (Neh 9,30), die man „betrüben" kann (Jes 63,10) und die „jeden Laut kennt" (Weish 1,7).

Der Gottesgeist ist es, der am Anfang der Schöpfung über den Wassern der Urflut schwebt – wie ein Vogelweibchen, das Leben ausbrütet (Gen 1,2). Er erweckt Totes zum Leben (Ez 37). Er überschreitet alle Grenzen, wenn er – nach der Verheißung des Propheten Joel (3,1) – ausgegossen wird „über alles Fleisch". Gerade dieser letzte Text lässt deutlich werden, dass die eigentliche Erfahrung des Gottesgeistes für jedermann noch aussteht. Letztes Ziel des Gottesgeistes ist es, die Menschen zur Erkenntnis Gottes und zum Einklang mit seinem Willen zu führen (Ez 7,14; 37,1–14; 39,28 f.).

Es sind sehr komplexe und vielschichtige Erfahrungen mit „Gott", die in den Schriften des Alten Testaments angesprochen werden. „Gott" – das ist keine statische, monotone Einförmigkeit, sondern eine höchst dynamische, „quicklebendige" (P. Lapide), manchmal fast verwirrende Vielgestalt. Jahwe – das ist keine fensterlose, verschlossene Monade, sondern ein offener und sich offenbarender Gott, der, wie der jüdische Religionsphilosoph Martin Buber sagt, „in schaffenden, offenbarenden, erlösenden Akten zu uns Menschen in eine unmittelbare Beziehung tritt und uns damit ermöglicht, zu ihm in eine unmittelbare Beziehung zu treten. [...] Gottes Sprache an die Menschen durchdringt das Geschehen in der Welt um uns her, alles Biographische und Geschichtliche, und macht es für dich und mich zu Weisung und Forderung."[136]

Was Martin Buber die „schaffenden, offenbarenden, erlösenden Akte" Gottes nennt, könnte, ohne größere Schwierigkeiten einer Umdeutung oder Umakzentuierung, als Tun des väterlich-mütterlichen Gottes, als Handeln der ruach-Jahwe und als Wirken des messianischen Idealkönigs, des „Sohnes Gottes", gedeutet werden – als drei verschiedene Weisen der Selbstmitteilung und des Erfahrbarwerdens ein und desselben Gottes. „Die Erhöhung Jesu zu göttlichem Rang konnte nur deshalb kognitive Dissonanzreduktion bewirken, weil die einer im jüdischen Monotheismus enthaltenen Dynamik entsprach."[137]

Christentum

Vater-Sohn-Geist in der Predigt Jesu

Für die Frommen des Alten Bundes ist Gott in seiner einzigartigen Vielfalt und Einheit die Fülle des Lebens. Das findet – unter anderem – in verschiedenen Dreierformeln seinen Ausdruck. Es wäre allerdings verfehlt, sich dabei punktuell an diesen hier und da auftretenden und keineswegs zwingend „trinitarisch" zu interpretierenden Stellen festzumachen oder gar die göttlichen Dreiergruppen als eine Art erhellenden Lichtblitz im trinitätstheologischen Halbdunkel der Schriften des Alten Bundes zu werten. Der Alttestamentler Norbert Lohfink vertritt zu Recht die Auffassung, es sei „völlig überflüssig, im Alten Testament nach Dreiheiten zu suchen, um in ihnen erste Spuren des Wissens um die Trinität zu finden. Die Offenbarung der Trinität ist im Alten Testament längst im Gange, aber gerade in der Struktur der Offenbarung selbst, in der Gottes Geschichte sich mit der Geschichte seiner Boten vermischt und hinzielt auf seine gemeinsame Geschichte mit dem von ihm geliebten Volk."[138]

Die „Geschichte seiner Boten" und die „gemeinsame Geschichte mit dem von ihm geliebten Volk" findet nach christlicher Überzeugung ihre Vollendung im öffentlichen Auftreten des Gottes-Boten Jesus von Nazaret (vgl. Mk 6,15; Lk 1,76; 24,19) und in der Ausgießung des Geistes Gottes über die Gemeinde (vgl. Apg 2,4; 5,32; 9,31 u. ö.).

„Abba – alles ist dir möglich"

Für jeden frommen Juden bestand die Aufgabe, die Vielfalt der Gotteserfahrungen – seiner eigenen und der des gesamten Volkes – immer wieder zu „einen". Das galt auch für den Juden Jesus aus Nazaret. Er „einte" die vielfachen Erfahrungen unter der Metapher „Vater". Jedenfalls haben es die Hörerinnen und Hörer seiner Predigt so wahrgenommen. Dabei hat sie offenbar noch zusätzlich die Art und Weise beeindruckt, wie er von diesem Vater-Gott sprach. Er verwendete nämlich dafür bevorzugt das aramäische Wort „abba" (= Papa, lieber Vater; vgl. Mk 14,36). Dieses Wort gehört in das Alltagsleben der Familie. Obgleich es im frühen Judentum durchaus nichts Außergewöhnliches war, Gott als „Vater" anzu-

sprechen[139], scheint die Art und Weise und vermutlich auch die Selbst-
verständlichkeit, mit der Jesus das tat, seinen Zeitgenossen aufgefallen zu
sein. Denn möglicherweise verwendete Jesus das Wort auch, wenn er in
seinen Gleichnissen von Gott sprach.[140] Er bekundete auf diese Weise
„die Liebe und die Zärtlichkeit seines Vaters, aber das schließt keineswegs
Respekt und Gehorsamsbereitschaft aus. Kindliches Vertrauen und Un-
mittelbarkeit zu Gott einerseits, Anerkennung seiner Autorität andererseits sind für Jesus keine Gegensätze. So besagt ‚abba' Wesentliches über
das Gottesbild Jesu wie über sein eigenes Sohnesverhältnis."[141] An einem
wie immer gearteten besonderen Verhältnis Jesu zu Gott ist sicher nicht
zu zweifeln.

In den Gleichnissen veranschaulicht Jesus – für Gebildete wie Ungebil-
dete leicht verständlich – seine Gotteserfahrung und verstärkt sie noch.
Gott versagt sich nicht dem dringenden Hilferuf der Menschen (vgl. Lk
11,5–8); er verhilft den Bedrängten zu ihrem Recht (vgl. Lk 18, 1–8); er
lässt die Niedergeschlagenen nicht im Stich (vgl. Lk 10, 29–37); er lädt
die Armen und Krüppel, die Blinden und Lahmen, ja „die Leute"
schlechthin zum großen Festmahl (vgl. Lk 14, 15–24); er schaut nicht auf
das Ansehen der Person, sondern auf ein ehrliches und bescheidenes
Herz (vgl. Lk 18, 9–14); er geht den Ausgeflippten voller Liebe entgegen
(vgl. Lk 15, 11–32); er kümmert sich sogar um die hoffnungslosesten
Fälle (vgl. Lk 15, 3–7). Er erwartet freilich auch Rechenschaft über die ge-
schenkten Talente (vgl. Mt 25,14–30). In einem Doppelgleichnis vergleicht Jesus schließlich ausdrücklich Gott mit einem Mann *und* einer
Frau: Gott ist wie ein guter und verständnisvoller Vater und wie eine um-
sichtige und fürsorgende Hausfrau (vgl. Lk 15, 8–10).

Auch sein eigenes Handeln bringt Jesus mit dem Wirken des väterlich-
mütterlichen Gottes in enge Verbindung. „Mit dem Finger Gottes" treibt
er die Dämonen aus (Lk 11, 20) – wie Jahwe, der „größer als alle Götter"
ist (Ex 18, 11). Er verkündet „den Gefangenen die Entlassung" (Lk 4, 18)
– wie Jahwe, der die „Gefangenen hinaus in das Glück" führt (Ps 68, 7).
Er schenkt „den Blinden das Augenlicht" (Lk 4, 18) – wie Jahwe, der „den
Blinden die Augen öffnet" (Ps 146, 8). Er setzt die „Zerschlagenen in Freiheit" (Lk 4, 18) – wie Jahwe, der sein Volk „freigekauft und mit starker
Hand aus Ägypten geführt" hat (Dtn 9, 26).

Die Evangelien wissen allerdings davon zu berichten, dass Jesus unterschieden habe zwischen „meinem" und „eurem" Vater (vgl. Joh 20, 17:

„Ich gehe hinauf zu meinem Vater und zu eurem Vater, zu meinem Gott und zu eurem Gott.“). Doch bei dieser Differenzierung handelt es sich wohl um die Spuren einer späteren christologischen Reflexion, die den Abstand zum Ausdruck bringen soll, der zwischen Jesus und den Jüngern besteht. Das zeigt sich beispielsweise bei einem Vergleich von Mk 3, 35 mit Mt 12,50: „Jeder, der den Willen *Gottes* tut, ist mir Bruder, Schwester und Mutter“ und „Jeder, der den Willen *meines Vaters im Himmel* tut, ist mir Bruder, Schwester und Mutter“. Noch klarer stellt das um 100 n. Chr. verfasste Johannesevangelium diese Differenz heraus: „mein Vater“ kommt hier 25-mal vor und das absolute „der Vater“ erscheint meist in Verbindung mit einem auf Jesus verweisenden „ich“ (z. B. Joh 14,24: „… der Vater, der mich gesandt hat“) oder mit einem ebenfalls absolut gebrauchten „der Sohn“ (z. B. Joh 3,35: „Der Vater liebt den Sohn“).

Auch an einigen Stellen der synoptischen Evangelien spricht Jesus von „eurem Vater“. So bei Mt 5,48 und Lk 6,36: „Seid vollkommen (bzw. bei Lk barmherzig), wie euer (himmlischer, Mt) Vater vollkommen (bzw. barmherzig) ist.“ Wahrscheinlich handelt es sich hier um eine „feste Wendung der Jüngerunterweisung Jesu“.[142] Daraus leitet sich dann konsequent für das gemeinsame Gebet der Jünger die Anrede „Unser Vater im Himmel“ (Mt 6, 9) ab.

„Niemand kennt den Vater, nur der Sohn“

„Der Sohn“

Wenn Jesus als „Gottesnamen“ bevorzugt die Metapher „Vater“ bzw. sogar „Abba“ wählte, so ist es nur konsequent, dass er sich selbst auch als „Sohn“, als *„der* Sohn“ verstand. Diese Bezeichnung findet sich zweimal in den synoptischen Evangelien:

■ „Jenen Tag und jene Stunde (der Parusie) kennt niemand, auch nicht die Engel im Himmel, nicht einmal der Sohn, sondern nur der Vater“ (Mk 13, 32). Das Wort könnte deswegen von Jesus selbst stammen, weil die Bezeichnung „der Sohn“ zwar eine Sonderstellung im Vergleich zu allen anderen Menschen andeutet, ihn aber auch von Gott abhebt und so jedenfalls keine abschließende, einfach zu übernehmende Formel – wie etwa „der Sohn Gottes“ – darstellt. Die hier in aller Deutlichkeit herausgestellte Begrenzung des Wissens Jesu, die sich in dem Wort ausdrückt, hat denn auch die christliche Gemeinde später in einige Verlegenheit gebracht.

■ „Mir ist von meinem Vater alles übergeben worden; niemand kennt den Sohn, nur der Vater, und niemand kennt den Vater, nur der Sohn und der, dem es der Sohn offenbaren will" (Mt 11, 27; Lk 10, 22). Das Wort findet sich auch in der Spruchquelle[143]. Ob es in dieser Form wirklich zu den (wenigen) genuinen Jesusworten gehört, ist allerdings fraglich. Denn Jesus hat nach dem Zeugnis der Evangelien sonst nie von sich als *„dem* Sohn" gesprochen. Sollte er es doch getan haben, so stellt sich die Frage, wie er sich in dieser „sehr existenziellen Selbstaussage" (H. Schürmann[144]) als *„der* Sohn" versteht. Offenbar nimmt er für sich in Anspruch, in exklusiver Weise den „Vater" zu kennen, weil sich zuvor der „Vater" dem „Sohn" zu erkennen gegeben hat. Nach biblischem Verständnis haben „Kennen" und „Erkenntnis" einen sehr weiten Bedeutungsumfang. Erkennen bleibt nicht auf den Verstand beschränkt. Das (oder der oder die) Erkannte beansprucht den Erkennenden ganzheitlich und existenziell.

Das gilt auch für die „Gotteserkenntnis". Gott erkennen und von Gott erkannt sein ist ein in der Bibel häufig wiederkehrender Begriff für die intime Beziehung zwischen Mensch und Gott (vgl. Hos 4,1; 6,6). So wirkt sich das Erkennen der Führung durch Jahwe aus in einem immer tieferen Erfassen der individuellen Gottverbundenheit: „Ich habe erkannt: Mir steht Gott zur Seite" (Ps 56, 10). Es verstärkt das Wissen, dass auch andere in den Erfahrungen des Volkes Israel die Macht Gottes erkennen können: „Sie werden erkennen: Mein Name ist Jahwe, der Herr" (Jer 16,21). Die volle Erkenntnis Gottes ist ein Geschenk, das nur wenigen zuteil wird – wie etwa dem Mose (Ex 33,13: „Lass mich deinen Weg wissen! Dann werde ich dich erkennen, und es wird sich bestätigen, dass ich deine Gnade gefunden habe."). Das Höchste, was vom erwarteten Messias gesagt werden kann, ist: „Der Geist des Herrn lässt sich nieder auf ihm: der Geist der Weisheit und der Einsicht, der Geist des Rates und der Stärke, der Geist der Erkenntnis und der Furcht des Herrn" (Jes 11,2). Und vom Gottesknecht wird gesagt: „Durch seine Erkenntnis wird er, der Gerechte, mein Knecht, vielen Gerechtigkeit schaffen, und ihre Verschuldungen wird er tragen" (Jes 53,11).

Gott kennen heißt auch: Von ihm erkannt werden. Erkennen durch Gott bedeutet Erwählung durch Gott: „Seht, das ist mein Knecht, den ich stütze; das ist mein Erwählter, an ihm finde ich Gefallen. Ich habe meinen Geist auf ihn gelegt. Er bringt den Völkern das Recht" (Jes 42,1). Als Fazit bleibt festzuhalten: „Das ‚Erkennen' des Sohnes durch den Vater kann nur heißen, dass Gott ihn auserwählt und legitimiert hat, und umgekehrt besagt das ‚Erkennen' des Vaters durch den Sohn, dass der Sohn allein den Vater wahrhaft anerkennt und aus der Gemeinschaft mit dem Vater lebt."[145]

Aufgrund dieser für die synoptischen Evangelien ungewöhnlich hohen Christologie erscheint es doch fraglich, ob es sich um ein genuines Jesuswort handelt und ob das Wort nicht eher als Gemeindebildung anzusetzen ist. F. Hahn vertritt die Ansicht, hier dürfte eine „ganz eigenständige Konzeption der Urgemeinde vorliegen (in dem absoluten Wortgebrauch von ‚der Vater' und ‚der Sohn', N.S.). [...] Man wird den Schluss ziehen müssen, dass die Bezeichnung ‚der Sohn' vornehmlich aus dem für Jesus charakteristischen ‚abba' gewonnen worden ist."[146]

„Sohn Gottes"

Die meisten Exegeten nehmen an, dass Jesus sich niemals selbst als „Sohn Gottes" bezeichnet hat. Das hätte für ihn wegen der engen Beziehung dieses Titels zur Messias-Prädikation erhebliche politische Komplikationen gebracht. Jesus konnte es allerdings nicht verhindern, dass dieser Begriff schon zu Lebzeiten von Außenstehenden auf ihn angewendet wurde. In den neutestamentlichen Schriften wird Jesus so tituliert, um seine herausragende Stellung zu beschreiben. Dabei konnten die neutestamentlichen Schriftsteller anknüpfen an die alttestamentlichen Vorstellungen vom König, der bei seiner Inthronisation zum „Sohn Gottes" eingesetzt wird.

Zuerst ist es wohl der als jüdischer Theologe ausgebildete Paulus, der den Titel „Sohn Gottes" auf Jesus anwendet. Der Apostel sieht Jesus als Nachkommen Davids, „der dem Geist der Heiligkeit nach eingesetzt ist als Sohn Gottes in Macht seit der Auferstehung von den Toten" (Röm 1,4; vgl. Apg 2,36). Wenn Paulus von der Sendung des Sohnes spricht (Röm 8,3ff.), dann ist anzunehmen, „dass das Senden des Sohnes vor dem Hintergrund der Sendung der Propheten vor ihm verstanden werden muss" (vgl. Jes 6,8).[147] Denn Jesus, den Gott sandte, als die Zeit „erfüllt war", ist „geboren von einer Frau und dem Gesetz unterstellt" (Gal 4,4). Wie der alttestamentliche Gottesknecht (vgl. die sog. Gottesknechtslieder bei Deuterojesaja: Jes 42,1–7; 49,1–9; 50,4–9; 52,13–53, 12), den Gott schon im Mutterleib berufen, den er erwählt und an dem er Wohlgefallen gefunden hat (Jes 49,1; 42,1), der misshandelt und zum Schlachten geführt wurde (Jes 53,7) und der die „Sünden der vielen" (Jes 53,12) trug, so hat Gott auch diesen seinen eigenen „Sohn" nicht verschont, sondern „ihn für alle hingegeben" (Röm 8,32). „‚Sohn Gottes' ist Jesus als der menschlichste der Menschen, der ebendamit auch den dunklen Begriff ‚Gott' ins Menschliche übersetzte. Von daher wird es wohl verständlich, dass die Bezeichnung ‚Sohn Gottes' eine überragende Bedeutung bekam, wenn sie auch durch die metaphysische Interpretation eine sehr einseitige Ausprägung erfuhr. Denn der Akzent der mitmenschlichen Solidarität Jesu, der in diesem Begriff ebenfalls liegt – Paulus spricht vom ‚Erstgeborenen unter vielen Brüdern' (Röm 8,29; vgl. auch Hebr 2,11 ff.) –, kam dabei doch entschieden zu kurz" (J. Blank[148]).

Die später als der Römerbrief verfassten *Evangelien* legen die Einsetzung zum „Sohn Gottes" an den Beginn der öffentlichen Tätigkeit Jesu und lassen in den Taufperikopen (Mk 1,9–11; Mt 3,13–17; Lk 3,21–22) eine Stimme aus den Himmeln sprechen: „Das ist mein geliebter Sohn, an dem ich Gefallen gefunden habe." Hier klingt nicht nur Ps 2,7 an („Er sprach zu mir: ‚Mein Sohn bist du. Heute habe ich dich gezeugt.'"), sondern auch das erste Lied vom Gottesknecht: „Seht, das ist mein Knecht, den ich stütze; das ist mein Erwählter, an ihm finde ich Gefallen" (Jes 42,1). Josef Ernst resümiert: „Man wird sich den Werdegang der ‚Sohn-Gottes-Prädikation' […] so vorstellen müssen, dass zunächst das Auferstehungsgeschehen der theologische Ausgangspunkt gewesen ist und als solcher immer verstanden wurde. Im Zuge einer Rückbesinnung und Einbeziehung der Vita Jesu wurde dann auch die ganze Tätigkeit Jesu unter dieses Prädikat und unter seinen Anspruch gestellt. So lag es nahe, bis zur Taufe Jesu, die Anfang der öffentlichen Tätigkeit ist, zurückzugehen, und von dort aus, in dem Maße, wie man die Kindheit einbezog, auch auf den Anfang des irdischen Lebens in der Geburt zurückzublicken."[149] Das für seine Jüngerinnen und Jünger offenbar auffällige

Sohnesverhältnis Jesu ging nicht wesentlich über das hinaus, was in den Überlieferungen des Volkes Israel als „Sohn Gottes" bezeichnet wurde.

Verweisen ließe sich auch auf die Theologie des Johannesevangeliums – rund 50 Jahre später verfasst als die Paulusbriefe. Johannes erkennt in Jesus den von Gott Gesandten, der „durch seine Herkunft Gott näher steht als jeder andere und Gott auch eng verbunden bleibt".[150] Aber nirgends ist davon die Rede, dass Jesus mit Gott wesensgleich sei. Dafür können auch nicht jene Stellen im johanneischen Schrifttum herangezogen werden, in denen Jesus als (ein) „Gott" bezeichnet wird (Joh 1,1; 1 Joh 5,20), denn an anderen Stellen ist ebenso deutlich der Unterschied zu Gott herausgestellt. Der johanneische Jesus sagt von sich: „Der Vater ist größer als ich" (Joh 14, 28); und er bekennt, dem „Sohn" sei es *gegeben, das Leben in sich zu haben*" (Joh 5,26). „Die Doppeldeutigkeit, die dadurch entsteht, sollte klar daran erinnern, dass derjenige, der Jesus Gott nennt, genauso sehr und vielleicht noch mehr in Bildern spricht wie derjenige, der ihn Lamm, Weg, Wahrheit, Leben, Licht, Weinstock und Brot nennt."[151]

Alttestamentlich-orientalisches Denken weiß die metaphorische Redeweise richtig zu deuten. Bilder werden als (Ab-)Bilder einer in ihnen sich darstellenden oder zur Darstellung gebrachten Realität verstanden, nicht aber als die Realität selbst. Das gilt für die Metaphern „Vater" für Gott und „Sohn Gottes" für den König und das Volk Israel im Alten Testament nicht weniger als für die auf Jesus bezogenen Bezeichnungen „Gott" und „Gottes Sohn" im Neuen Testament. Dennoch besitzen (Ab-)Bild und Ebenbild die gleiche Würde und Autorität wie die hinter ihnen stehende Wirklichkeit, die sie repräsentieren. „So kann ich ihn (Jesus, N.S.) das Antlitz oder Gesicht Gottes, aber auch Wort oder Sohn Gottes nennen. Mit all diesen Bildbegriffen ist für mich das einzigartige Verhältnis Gottes zu Jesus und Jesu zu Gott ausgedrückt: seine Bedeutsamkeit als Gottes Offenbarer" (H. Küng[152]).

Der holländische Exeget Bas van Jersel fasst die Ergebnisse seines Beitrags über den „„Sohn Gottes' im Neuen Testament" so zusammen:

„Der Sohn Gottes ist der von Gott Gesandte, der letzte Bote, der aber auf eine andere Weise gesandt ist und einer anderen Ordnung angehört, als diejenigen, die ihm vorangingen. Er gleicht Gott mehr und ist auch mehr mit ihm verbunden als jeder andere, obwohl er dennoch oder vielleicht gerade deswegen nicht verschont wird und man ihm das Leben nimmt. Gott rächt und bestätigt ihn aber: Er wird in der neuen Heilsordnung Gottes der Eckstein."[153]

„Nicht ihr werdet reden, sondern der Heilige Geist"

Jesus selbst hat – jedenfalls nach dem Zeugnis der drei ältesten Evangelien – kaum vom heiligen Geist gesprochen.

Das Wort im Matthäusevangelium: „Wenn ich die Dämonen durch den Geist Gottes austreibe, dann ist das Reich Gottes schon zu euch gekommen" (Mt 12,28) wird bei Lukas in einem anderen Wortlaut überliefert: „Wenn ich durch den Finger Gottes die Dämonen austreibe ..." (Lk 11,20). Nach dem einhelligen Urteil der Exegeten bringt Lukas die ursprüngliche Fassung des Jesuswortes. Auch das bei Mk 13,11 bzw. Mt 10,20 zitierte Logion „(in der Verfolgung und vor Gericht) ... werdet nicht ihr reden, sondern der Heilige Geist" ist kein genuines Jesuswort. Es stellt – wie der ganze Abschnitt Mk 13,5–13.24–27 – eine Weiterführung von Jesusworten über das Ende des Tempels dar, entstanden im Wesentlichen aus der Bibellektüre der Urgemeinde und gründend auf dem alttestamentlich-jüdischen Verständnis des Gottesgeistes, der in Notzeiten den Menschen für besonders wunderbare Reden geschickt wird (vgl. Weish 7,7).

Das Wort von der „Sünde wider den Geist, den heiligen" (Mk 3,29; Mt 12,32; Lk 12,10) ist wahrscheinlich ebenfalls erst eine nachösterliche Bildung. Es geht wohl zurück auf ein Wort, das sich in der Spruchquelle findet: „Wer ein Wort gegen den Menschensohn sagt, dem wird vergeben werden; wer aber etwas gegen den heiligen Geist sagt, dem wird nicht vergeben werden."[154] Das will besagen: Was vor Ostern, als der Menschensohn, der irdische Jesus, noch lebte, entschuldbar war, das ist in der Zeit nach der Auferweckung, nach der machtvollen Bezeugung des Geistes Gottes, nicht mehr entschuldbar.

Auch das Wort vom vertrauensvollen Beten, in dem – nach Lukas – der Heilige Geist als Gabe verheißen wird, enthält ursprünglich wohl keinen Hinweis Jesu auf den Geist. Denn in der vermutlich ältesten Fassung bei Matthäus lautet es: „Wenn nun schon ihr, die ihr böse seid, euren Kindern gebt, was gut ist, wie viel mehr wird euer Vater im Himmel denen Gutes geben, die ihn bitten" (Mt 7,11; Lk 11,13). Die lukanische

Fassung („... denen den Heiligen Geist geben") ist vermutlich eine spätere Verdeutlichung und Spiritualisierung des ursprünglichen Jesuswortes. Lukas sieht nämlich in der von ihm verfassten Apostelgeschichte den Heiligen Geist als die Gabe Gottes an (Apg 2,38).

Trotz dieses Befundes bezeugen die synoptischen Evangelien allerdings einhellig, dass Jesus von Gottes heiligem Geist erfüllt war. Schon Empfängnis und Geburt werden als geistgewirkt gesehen (vgl. Lk 1,35; 2,26). Bei der Taufe im Jordan kommt der Geist auf Jesus herab in Gestalt einer Taube (Mk 1,10; Mt 3,16; Lk 3,23). Interessant ist hier allerdings die Wortwahl im griechischen Urtext. Markus, das älteste Evangelium, lässt „den Geist" auf Jesus herabsteigen, bei Matthäus ist es „der Geist Gottes", und Lukas verwendet „der Geist, der heilige". Erst die späteren apokryphen Evangelien sprechen von „dem heiligen Geist".[155] Die Taube als Symbol des Geistes ist im Alten Testament nicht bekannt, wohl aber als Metapher für Schönheit, Reinheit und Liebe, als Bild für die Liebenden selbst: „Schön bist du, meine Freundin, ja, du bist schön. Hinter dem Schleier deine Augen wie Tauben. [...] Einzig ist meine Taube, die Makellose, die Einzige ihrer Mutter, die Erwählte ihrer Gebärerin" (Hld 4,1; 6,9). Im vorderorientalischen Raum galt die Taube als Lieblingsvogel und als Bote der jeweiligen Mutter-, Fruchtbarkeits- und Liebesgöttin: der syrisch-babylonischen Iˇstar, der assyrischen Mylitta und der semitischen Astarte. Offenbar lassen die Evangelisten in die Erzählung von der Taufe Jesu das Symbol der Taube einfließen, um damit jenes Liebesverhältnis anzudeuten, das zwischen Jesus und dem Vater bestand.

Möglicherweise klingt auch noch von der Noach-Geschichte her bekannte Bild von einer Taube mit dem Ölzweig im Schnabel an, die davon Kunde gibt, dass die Erde wieder bewohnbar (Gen 8,8.11.12) und dass der Fluch von ihr genommen ist (Gen 8,22). So kann Jesus sein öffentliches Wirken in Galiläa beginnen, „erfüllt von der Kraft des Geistes" (Lk 4,14).

Beim so genannten Taufbefehl am Ende des Matthäusevangeliums (Mt 28,19: „Geht zu allen Völkern, und macht alle Menschen zu meinen Jüngern; tauft sie im Namen des Vaters und des Sohnes und des Heiligen Geistes...") handelt es sich sicher nicht um ein genuines Jesuswort. Es ist heute verbreitete Auffassung, „dass Matthäus wenigstens den trinitarischen Taufbefehl aus der Tradition, näherhin der liturgischen Tradition seiner Gemeinden, übernommen hat".[156]

Im Gegensatz zu den Synoptikern lässt das vierte Evangelium den johanneischen Christus öfter vom (Heiligen) Geist sprechen. Jesus verheißt den Geist als Beistand. Der Vater wird ihn senden. Er wird den Jüngern die Offenbarung Gottes immer tiefer erschließen und sie zu weltüberwindend-missionarischem Zeugnis befähigen (vgl. Joh 14,26; 15,26 f.). Der Geist bewirkt geradezu eine Neuschöpfung, eine neue Geburt (Joh 3,5 f.). Zwar wird auch der Glaubende sterben, aber was der Geist in ihm aufgebaut hat, wird nicht zerstört, sondern von Gott vollendet werden (Joh 11,24 ff.). Hier wird aus der Perspektive der Wende vom ersten zum zweiten nachchristlichen Jahrhundert theologisch-christologisch jenes neue Denken und Handeln zu deuten versucht, das sich in den Gemeinden verbreitet hatte – oder was man zumindest als Frucht der Übernahme des Lebensentwurfs Jesu erwartete und erhoffte. Wenn der Geist Gottes am Werk ist, dann geschieht Großes. Dabei braucht man die eigentliche Ursache gar nicht zu erfahren, denn „der Wind[157] weht, wo er will; du hörst sein Brausen, weißt aber nicht, woher er kommt und wohin er geht" (Joh 3,8).

In der Apostelgeschichte hat Lukas in äußerst kunstvoller Komposition aufzuzeigen versucht, dass der gleiche Gottesgeist, der in Jesus am Werk war, auch die Apostel ergriffen hatte und sie dazu befähigte, Ähnliches, ja Gleiches zu tun. Wie auf Jesus bei der Taufe so kommt auf die Apostel an Pfingsten der Geist herab. Und dann beginnt – von Lukas in erkennbare Parallele gesetzt – der Geist bei Petrus unter den Juden und bei Paulus unter den Heiden zu wirken. Beide heilen einen Gelähmten (Apg 3,1–10; 14,8–10); beide wecken Tote auf (Apg 9,36–41; 20, 7–12); beide befreien „Geplagte von unreinen Geistern" (Apg 5, 18; 16,16–18); beide werden wunderbar aus dem Kerker errettet (Apg 12,6–10; 16, 24–32). Das messianische Heilshandeln des geisterfüllten Jesus setzt sich fort im Werk seiner geisterfüllten Jünger. In der mit Jesus angebrochenen Heilszeit ist der Geist nicht nur über einzelne Gottesmänner und Propheten ausgegossen, sondern „über alles Fleisch, auch über Knechte und Mägde" (vgl. Jes 11,2; Joel 3,1 f.) Nun ist es so weit, dass Jahwe nicht nur als der „Vater Israels" (Jes 31,9), sondern als der „Vater aller" (Eph 4,6) offenbar geworden ist.

Der Eintritt des Christentums in die griechische Denkwelt

Wenn sich auch in den religiösen Traditionen des Volkes Israel keine Hinweise finden lassen, die den Gedanken an einen „Gott in drei Personen" nahe legen, wenn Jesus ganz offensichtlich von einer wie immer gearteten göttlichen Dreifaltigkeit nichts wusste und daher keine trinitarischen Formeln verwendete, wenn also das christliche Bekenntnis zu einem dreifaltigen Gott biblisch nicht begründbar ist, stellt sich die Frage, wie es dann überhaupt Eingang in das Christentum gefunden hat.

Den entscheidenden Ausschlag dazu gab das Eintreten des Christentums in die hellenistische Welt.[158]

Ein anderes Gottesverständnis

Ging es im Denk- und Sprachraum der jüdisch-vorderorientalischen Tradition vor allem darum, zu erzählen oder deutend zu beschreiben, *was* „Gott" (oder Jahwe oder El) *getan* und wie er sich den Menschen in vielfacher Weise immer wieder mitgeteilt hat, so steht jetzt die Frage im Mittelpunkt, *wer* dieser Gott wohl in seinem innersten Wesen eigentlich sein mag. Es ging nicht mehr nur um das *Handeln* Gottes, sondern um das *Sein* Gottes.

Die Theologie des Alten Testaments kannte Jahwe als den einen und einzigen Gott, der mit dem Volk einen Bund geschlossen hat, der für die Menschen da und ihnen nahe ist. Ganz anders sehen es die aufgeklärten Griechen. Der Platonismus kennt nur einen streng jenseitig gedachten Gott, der als oberstes Prinzip die letzte Ursache alles Seins ist. Er steht über aller raumzeitlichen Ordnung und ist eine für Menschen unerreichbare und unwandelbare „Geist"-Wirklichkeit. Durch ein Handeln in und an der materiellen Welt würde er seine Einfachheit und Unveränderlichkeit verlieren. Deshalb bedarf er eines zweiten Prinzips, das zwar auch göttlich, aber niederen Ranges ist. Diesem Prinzip, dem „Demiurg" (vom Griech.: Handwerker, Künstler, Meister), kommt die Aufgabe der Weltschöpfung und -erhaltung zu. Die Philosophen der Stoa[159] nannten dieses Prinzip „Logos"[160] und sahen darin eine den gesamten Kosmos durchdringende, zugleich geistige und materielle Kraft, die alles innerweltliche Geschehen vollständig bestimmt. Die Schule der Neuplatoniker[161] bestimmte den „Logos" als wirksame Kraft, die alle Wesen bestimmt und ihnen Gestalt und Bewegung verleiht. Durch sie hat Gott die Welt gegründet. Nach dieser Kraft ist alles geschaffen.

Es konnte nicht ausbleiben, dass die im griechischen Raum lebenden Diasporajuden mit dieser Philosophie in Berührung kamen und von ihr beeinflusst wurden. Manche von ihnen sprachen Jahwe nun eine Jenseitigkeit im Sinne der griechischen Philosophie zu: Unveränderlichkeit des Seins und Nichthandeln. Damit aber konnte Jahwe nicht mehr als Schöpfer der Welt und als Lenker der Geschicke des Volkes Israel gesehen werden. Ein im ägyptischen Alexandria lebender Jude namens Philon (ca. 25 v. Chr. bis 50 n. Chr) übernahm daher, gleichsam als Vermittlung zwischen jüdischer Theologie und hellenistischer Philosophie, die griechische Gestalt des „Logos" und umschrieb ihn als ein Zwischenwesen, durch das der jenseitige Gott mit der Welt in Verbindung tritt. Der „Logos", so meinte Philon, ist allerdings nicht Gott, sondern (nur) „Sohn Gottes", sein „erstgeborener Sohn", nach dessen Bild und durch den er die Welt, seinen „jüngsten Sohn", erschuf, erhält und regiert. Durch den Gott sich offenbart. Durch den der Mensch zu Gott aufsteigen kann. Manchmal nannte Philon den „Logos" sogar einen „zweiten Gott".[162] Die Anhänger der Lehre Philons waren sich allerdings nicht sicher, ob er den „Logos" als ein eigenständiges, von Gott getrenntes Wesen sah oder ob er ihn als eine bloße, scheinbar selbstständig wirkende Eigenschaft Gottes betrachtete.

Ein anderes Christusverständnis

Ein weiterer wichtiger Aspekt ist die Frage nach dem Wesen der Gestalt Jesu. Bereits in den Evangelien ist von Markus zu Johannes hin ein klarer Trend zu einer „christologischen Karriere des Jesus von Nazareth" (P. Hoffmann[163]) erkennbar. Möglicherweise resultiert dieser Trend aus den Erfahrungen bei der Missionspredigt. Es war ja für Paulus und die anderen Glaubensverkünder nicht ganz einfach, ihren Adressaten klar zu machen, warum ein armseliger Wanderprediger aus einem unbekannten Ort in der galiläischen Provinz, der während der zwei oder drei Jahre seines Auftretens nur mäßigen Erfolg hatte und keine größere Zahl von Anhängern für sich gewinnen konnte, warum ein Mensch, der als Aufrührer und Unruhestifter von den Römern höchst unrühmlich am Kreuz umgebracht wurde, nun eigentlich „Herr der Herrlichkeit" (vgl. 1 Kor 2,8) sein soll. Schon den Juden konnte man mit einem gekreuzigten Messias nicht imponieren. Den Griechen erst recht nicht. Für den hellenistischen Menschen lässt sich die Botschaft von Jesu universaler Heilsmittlerschaft aufgrund der Vorgaben platonischer Philosophie nur mit Hilfe des Gedankens seiner göttlichen Herkunft plausibel machen. Ein leidensfähiger, „menschlicher" Jesus als „Gott" bzw. „Gottes Sohn" ist kaum vermittelbar. Nicht etwa das „göttliche Wesen" Jesu und eine tendenzielle Vergöttlichung bereiten dem griechischen Denken Probleme, sondern der historische Jesus, sein konkretes Menschsein, vor allem sein Todesgeschick.

So bahnt sich fast notwendig mehr und mehr die Tendenz zu einer Erhöhungschristologie an. Aus dem verkündigenden Jesus wird der verkündigte Christus. Der „Bruder der Geringsten" (vgl. Mt 25,40.45) avanciert zum „Hohenpriester, der sich zur Rechten des Thrones der Majestät in den Himmel gesetzt hat" (Hebr 8,1). Der „Diener aller" (Lk 22,27; Mk 9,35) wird zum „Herrn der Herren und der König der Könige" (Offb 17,14; 19,16). Aus dem Mann aus Nazaret wird ein quasi-göttliches präexistentes Wesen.

■ Bereits in den Paulusbriefen, die mehr oder minder ausschließlich für Christinnen und Christen geschrieben wurden, die vom griechischen Denken beeinflusst waren, zeigt sich diese Tendenz. Ein Zeugnis dafür gibt der bekannte Christus-Hymnus des Philipperbriefes:

„Er (Christus) war Gott gleich
hielt aber nicht daran fest, wie Gott zu sein,
sondern er entäußerte sich,
und wurde wie ein Sklave
und den Menschen gleich.
Sein Leben war das eines Menschen;
er erniedrigte sich
und war gehorsam bis zum Tod,
bis zum Tod am Kreuz.
Darum hat ihn Gott über alle erhöht
und ihm den Namen verliehen,
der größer ist als alle Namen,

damit alle im Himmel, auf der Erde und unter der Erde
ihr Knie beugen vor dem Namen Jesu
und jeder Mund bekennt:
‚Jesus Christus ist der Herr' –
zur Ehre Gottes, des Vaters."
(Phil 2,6–11)

Es ist hier nicht der Ort, auf die komplizierte und noch keineswegs allseits befriedigend beantwortete Frage nach der Entstehungsgeschichte
dieses Hymnus einzugehen.[164] Seine Gedanken könnten inspiriert sein
von der alttestamentlichen Weisheitsspekulation, nach der die Weisheit
„im Himmel wohnt" (Sir 24,4). Gott teilt den Thron mit ihr (Weish
9,10). Zu denken wäre auch an die „Präexistenz" aller Menschen in
Jahwe, dem ewigen „Ich-bin-da-für …" (die Menschen).[165] Darüber hinaus sprach rabbinische Theologie wichtigen Größen der Heilsgeschichte
Präexistenz vor der Erschaffung der Welt zu – dem Gesetz und dem
Namen des Messias.[166] „Der Hauptzug des jüdischen Denkens geht
dahin, alles Geschaffene und Vergängliche, alles Sein und Geschehen in
den Gedanken Gottes zu begründen."[167] Nicht auszuschließen sind auch
Einflüsse der Gnosis, die mit dem Mythos vom Urmensch-Erlöser eine
Gestalt kennt, die ihre göttliche „obere" Geistwelt verlässt, um die Seelen
der Menschen, die aus der Lichtwelt in die „untere" Welt, in die Materie
abgesunken sind, zu sammeln und zu erlösen. Keine der Aussagen gibt
freilich etwas her für die Bestimmung einer „Wesensgleichheit" Jesu mit
Gott, dem Vater. Sie würde in deutlicher Spannung stehen zu dem pau-
linischen Gedanken, dass Jesus das „Ebenbild Gottes" ist (2 Kor 4,4. 6).[168]
Soviel dürfte feststehen: Es handelt sich bei dem Hymnus um ein
„dem Apostel vorgegebenes Überlieferungsstück"[169], und wir haben „hier
die älteste neutestamentliche Aussage von der Präexistenz Christi vor
uns. […] Für den christlichen Dichter ist der Präexistente jener, der sich
in unnachahmlicher Weise in ein konkretes menschliches Schicksal bis
zum Tiefpunkt des Todes hinein erniedrigte, um von Gott als Lohn für
den Gehorsam zum Kosmokrator erhöht zu werden."[170] Die Erhöhung
zu Gott ist nicht die Folge des vorgeburtlichen Seins bei Gott bzw. die
Gottgleichheit, sondern die Folge des Kreuzesgehorsams: „… darum hat
ihn Gott erhöht." Die Erhöhung des Gekreuzigten wird als „Durchfüh-
rung des monotheistischen Glaubens verstanden. Der eine und einzige

Gott, neben dem alle anderen Götter ‚nichts' sind, hat durch seinen einzigen Sohn und Gesandten alle anderen Mächte und Gewalten (d. h. alle anderen Götter und numinosen Mächte) unterworfen und besiegt. Jesus hatte als Irdischer wie als Erhöhter das Mandat, den monotheistischen Glauben konsequent durchzuführen und durchzusetzen."[171]

■ Einen Schritt weiter geht rund 50 Jahre später das Johannesevangelium mit seinem Logos-Hymnus (Joh 1,1–18). Die Tendenz zu einer Vergöttlichung des irdischen Jesus erreicht hier ihren Höhepunkt, wenngleich der Evangelist an anderer Stelle betont, dass der „Vater größer" sei als Jesus (Joh 14,28), dass Jesus „nichts von sich aus tun" kann (Joh 5,19), dass ihm der Vater das Leben „gegeben" hat (Joh 5,26), dass Jesus vom Vater „gesandt" ist (Joh 5,23; 6,44; 6,38 f.; 9,7), dass Jesu Lehre vom „Vater" stammt (Joh 7,1628; 8,42) und dass Jesus zum „Vater" betet (Joh 11,41 f.; 12,27 f.[172]).

Das Johannesevangelium bildet eine Synthese aus zwei Entwicklungen, die aufeinander zuliefen:

– Auf der einen Seite die paulinische Überlieferung von einer Präexistenz des erhöhten Jesus.
– Auf der anderen Seite die synoptische Überlieferung vom machtvoll agierenden irdischen Jesus, der „zunehmend von der Hoheit des Erhöhten durchdrungen wird, ohne dass es in den synoptischen Evangelien zu einem Glauben an die Präexistenz Jesu kommt.

Im Evangelium verschmelzen beide Entwicklungsstränge. Die Herrlichkeit des Erhöhten schimmert überall durch das Wirken des Irdischen hindurch. Jesus erscheint als ein über die Erde wandelnder Gott."[173]
Den Prolog des Evangeliums baut der Evangelist auf der spätbiblischen und unter dem Einfluss griechisch-hellenistischer Philosophie weiterentwickelten Lehre von der Präexistenz der göttlichen Weisheit auf (vgl. Weish 6,22–8,18), die hier „Logos" (= Wort, Konzept, Plan) heißt. Johannes übernimmt den von Philon von Alexandrien (ein Zeitgenosse von Jesus und Paulus) geprägten Begriff „Logos" (= Wort, Konzept, Plan) und wendet ihn auf Jesus an: „Im Anfang war der Logos, und der Logos

war bei Gott, und der Logos war Gott." Johannes verwendet hier allerdings eine differenziertere Wortwahl, als es in den üblichen deutschen Übersetzungen geschieht. Beim ersten Wort „Gott" („… der Logos war bei Gott") setzt er den im griechischen Sprachgebrauch üblichen Artikel „ho" vor „theós" (= Gott), beim zweiten Wort „Gott" („… der Logos war Gott") verwendet er den Artikel nicht. Genau genommen müsste also übersetzt werden: „… (der Logos war) göttlichen Wesens, göttlich, etwas Göttliches."

Philon denkt – im Gefolge Platons – die Transzendenz Gottes so radikal, dass Gott mit der Welt und den Menschen nichts mehr direkt zu tun hat. Der ferne Gott braucht einen Mittler, um mit der Welt Kontakt aufnehmen zu können, den Logos[174]. Dieser Logos kann seine Funktion nur deshalb wahrnehmen, weil er als „Sohn" das Abbild Gottes, des Vaters ist (vgl. auch Kol 1,12–20). Als Abbild Gottes hat er wiederum eine doppelte Funktion: Er ist das Urbild, nach dem Welt und Mensch geschaffen werden, und er ist das Werkzeug, mit dem Gott die Welt und den Menschen erschafft.

Die Übertragung des Logos-Begriffs auf Jesus bekennt allerdings die Überzeugung – und hier geht Johannes über die Spekulation des Philon hinaus –, dass jener „Logos", der von den Philosophen als anonymer Mittler zwischen Gott und Welt postuliert wurde, der konkrete, historische Mensch Jesus von Nazaret ist. Jesus wird jedoch nicht mit Gott auf die gleiche Stufe gestellt. Er steht Gott näher als jeder andere Mensch, ist aber gleichzeitig Gott unter- oder beigeordnet. Nirgends – weder bei Paulus noch bei Johannes – wird Jesus mit dem bestimmten Artikel „der" (Gott) bezeichnet.

In beiden Texten, im Hymnus des Philipperbriefes und im Prolog des Johannesevangeliums, kündigt sich ein Christus-Verständnis an, das für die Gottesvorstellung nachhaltige Konsequenzen haben muss. Nicht mehr die Funktion Jesu steht im Mittelpunkt des Interesses, sondern das Sein, das Wesen, die Existenz. Sollte nämlich Jesus in seinem präexistenten, vorgeburtlichen Sein schon immer der göttlichen Sphäre zugehört haben, dann müsste er neben Gott oder unter ihm einen herausragenden „Platz" haben, der ihn von allen anderen (Menschen-)Wesen grundlegend unterscheidet. „Weil er (Jesus, N.S.) für die ersten Christen unbestreitbar neben Gott steht, muss er selbst ein Gott sein!"[175]

Die Frage nach dem Wesen des Gottesgeistes

Eine Reflexion über die Eigenständigkeit des (Heiligen) Geistes findet kaum statt und setzt erst im 4. Jahrhundert voll ein. Bis dahin geht die Diskussion nahezu ausschließlich um die Frage nach dem Verhältnis Jesu, des „Sohnes", zu Gott, dem „Vater".

Schon in den jüngeren Schriften des Alten Testaments zeigt der Gottesgeist manchmal Eigenschaften, wie sie einer menschlichen Person zukommen (vgl. Weish 1,7; Neh 9,30; Jes 63,10). Eine Fortschreibung dieser Entwicklung spiegelt sich vor allem im Johannesevangelium. Es bezeichnet den Geist meistens als „Paraklet". Das ist ein griechisches Wort und heißt eigentlich „der Herbeigerufene", der Beistand vor dem Gericht, der für jemanden helfend und schützend eintretende Fürsprecher.[176] Dieser Paraklet erscheint häufig als ein Unruhestifter, der sich nicht zur Ruhe bringen lässt, der beharrlich die Worte Jesu in Erinnerung ruft und der dazu anleitet, sie immer besser und immer gründlicher zu verstehen (vgl. Joh 14,26). Er ist wie eine innere Stimme, die dazu anstachelt, das neue Gebot der Liebe zu leben, nicht in einengender, gesetzlicher Kasuistik, die immer nur auf das Verbotene schaut und deren Beweggrund zum Handeln mehr die Angst als die Liebe ist (vgl. Joh 15,9–17). Er wird erfahren als ein geheimnisvoller Tröster, der in den Stunden der Anfechtung und Verfolgung Kraft verleiht, der bei allem der Gemeinde entgegenschlagenden Hass nicht verbittert macht, sondern daran denken lässt, dass es Jesus ebenso gegangen ist (vgl. Joh 15,18–16,15). Er ist einer, der die Mauern des Sichversagens und Sichverschließens, des Misstrauens und Unglaubens als eine Grundhaltung der Verweigerung gegenüber dem Anruf Gottes entlarvt (vgl. Joh 16,8–13). Er bringt verfestigte Einstellungen und versteinerte Ordnungen ins Wanken, und er schenkt jenen Frieden, den die Welt nicht geben kann (vgl. Joh 14,27; 16,33).

Zunehmend wird die Frage diskutiert: Ist diese Geist-Erfahrung lediglich das Gewahrwerden einer besonderen Gabe oder Begabung, die den Menschen von Gott geschenkt wird? Sind die Auswirkungen der Erfülltheit mit „heiligem Geist" nur zurückzuführen auf Begeisterung und Enthusiasmus für die Sache Jesu? Oder ist hier mehr am Werk? Und wenn ja: Ist es die Erfahrung eines eigenen göttlichen Gebers?

Eine „kirchenamtliche" Antwort auf diese Fragen lässt gut 300 Jahre auf sich warten.

Ein langer Weg zur Lehre von einem dreifaltigen Gott

Das christliche Dogma von einem drei-faltigen Gott ist im Grunde eine Frucht der Christologie. Es steht im engen Zusammenhang mit der Frage: Wer ist dieser Jesus? In welchem Bezug steht er zu Gott, seinem „Vater", der sich als Jahwe im „Alten" Bund geoffenbart hatte? Und wer oder was ist der „Geist", von dem die Propheten sprachen und den Jesus seinen Jüngerinnen und Jüngern verheißen hatte? Dabei konnte wegen des für jeden Juden unumstößlichen Grunddogmas der Einzigkeit Gottes zunächst gar keine Rede davon sein, Jesus in irgendeiner Weise auf eine Stufe mit dem einen und einzigen Gott zu stellen oder gar, unter Einbeziehung der Erfahrungen mit dem Geist Gottes, eine wie immer geartete „Dreifaltigkeit" in Gott hineinzutragen. Erst mit dem Eintreten des Christentums in die hellenistische Denkwelt waren derartige Überlegungen überhaupt möglich.

Aporien eines strengen Monotheismus

Die jüdische Tradition bekennt sich zu dem einen und einzigen Gott. Während des Babylonischen Exils, in einer Situation völliger politischer Ohnmacht, deckt Deutero-Jesaja die Nichtigkeit aller Götter auf (Jes 40–55) und lässt Jahwe seine Einzigkeit verkünden: „So spricht der Herr, Israels König, sein Erlöser, der Herr der Heere: Ich bin der Erste, ich bin der Letzte, außer mir gibt es keinen Gott" (Jes 44,6). Im Buch Deuteronomium findet sich dann die vermutlich älteste monotheistische Aussage: „Jahwe ist der Gott, kein anderer ist außer ihm" (Dtn 4,35.39).

Doch schon im Exil und in vermehrtem Maße danach wird das Dilemma deutlich, in das ein strenger Monotheismus unweigerlich führt: Wenn Jahwe der eine und einzige Gott ist, dann ist er allein für alles verantwortlich – auch für das Böse. Das Böse lässt sich nicht mehr auf andere (böse) Götter oder Dämonen abschieben. „Ich bin der Herr, und sonst niemand. Ich erschaffe das Licht und mache das Dunkel, ich bewirke das Heil und erschaffe das Unheil. Ich bin der Herr, der das alles vollbringt" (Jes 45,6f.). Zwar wird versucht, der Gefahr einer „Dämonisierung" Jahwes dadurch entgegenzuwirken, dass man stellenweise einen Widersacher Gottes, einen „Satan", einführt, den man aber, um der Einzigkeit Gottes willen, nicht als Gegen-Gott qualifizieren kann. Er wird stattdessen als eine Gestalt vorgestellt, die dem himmlischen Hofstaat der

Gottessöhne zugeordnet und damit Jahwe untergeordnet bleibt (Ijob 1,6–12; 2,1–11).

In engem Zusammenhang mit der Frage nach dem Ursprung des Bösen und als weitere Aporie eines strengen Monotheismus steht die Frage nach der menschlichen Freiheit: Wenn Gott der alleinige, allmächtige Herrscher ist und wenn er alles bestimmt, ist er dann auch für das Versagen des Menschen verantwortlich? Gibt es dann noch so etwas wie eine freie Willensentscheidung und eine Verantwortlichkeit des Menschen?

Der Neutestamentler Gerd Theißen vertritt in einem bemerkenswerten Beitrag die Ansicht, dass in diesen beiden Aporien die Wurzeln des christlichen Trinitätsglaubens zu suchen sind[177]: Die ersten Christen gelangten – nicht zuletzt aufgrund der Ostererfahrungen – mehr und mehr zu der Überzeugung, dass der Mann aus Nazaret nicht ein gewöhnlicher Mensch ist, sondern dass Gott selbst in ihm „Fleisch geworden" ist (Joh 1,14). Und sie folgerten daraus: Weil Gott das Leid der Menschen und der gesamten Kreatur nicht abschaffen kann (sonst müsste er die ganze Schöpfung vernichten), hat er sich mit Leid und Tod so radikal und so nachhaltig solidarisiert, dass er sich in Jesus Christus selbst dem Leiden und dem Tod unterwarf. In ihm hat Gott Anteil (An-*Teil*!) genommen am Schicksal der Menschen, ja der gesamten Schöpfung. In ihm ist Gott „Fleisch" (= Materie, nicht „nur" Mensch!) geworden. In ihm leidet er mit seiner Schöpfung. Ein solches Denken führt in letzter Konsequenz zu einer „Aufwertung" des Menschen Jesus zu einer Gottheit. „Gott teilt mit dem Menschen einerseits Leid und Tod, andrerseits Macht und Verantwortung. Und dies geschieht durch zwei Instanzen neben Gott: durch den Sohn, der den Tod erlitten hat, und durch den Heiligen Geist, der dem Menschen Freiheit gibt. […] So kommt es, dass im Christentum Gott in dreifacher Weise erfahren wird – und alle drei Erfahrungen als gleichwertig gelten: Die Erfahrung Gottes als Schöpfer der Welt, als Sohn in Jesus von Nazareth und als Geist in der erneuerten Ebenbildlichkeit des Menschen."[178]

So gesehen bedeutet die Aufwertung des Sohnes und des Geistes zu einem göttlichen Status nicht ein Aufgeben des Monotheismus, sondern eine Entfaltung der vielschichtigen, (nicht nur) urchristlichen Gotteserfahrungen. Mit der Aufwertung des „Sohnes" und des „Geistes" wird versucht, eine Aporie aufzulösen, die sich aus einem konsequent zu Ende gedachten Monotheismus ergibt und die schon dem frühen Judentum erhebliche Denkschwierigkeiten bereitete. Die Frage ist allerdings, ob ein trinitarischer Monotheismus tatsächlich das Problem löst und ob er nicht die eine Aporie nur durch eine andere, nicht minder bedrängende vertauscht: Die Frage, wie sich der Trinitätsglaube mit einem strengen Monotheismus verträgt.

Christologische Spurensuche

Es sind vor allem zwei extreme Positionen, die in den frühen christlichen Gemeinden immer wieder zu heftigen christologischen Auseinandersetzungen führen: Das einseitige Hervorheben der menschlichen und das einseitige Hervorheben der göttlichen Seite. Es ist hier nicht der Ort, alle christologischen Streitigkeiten der ersten Jahrhunderte im Detail darzulegen. Dennoch sollen die wichtigsten Stationen wenigstens kurz skizziert werden. Dabei ist zu berücksichtigen, dass die zu Tage tretenden „Irrlehren" meist nur indirekt durch die Polemik „rechtgläubiger" Schriften bekannt sind. Die Grenze zwischen dem, was die „Irrlehrer" wirklich lehrten, und dem, was ihnen die Gegner anhängten, ist nicht immer leicht zu ziehen. Außerdem werden die christologischen Streitigkeiten in zunehmendem Maß von persönlichen Rivalitäten, von kirchen- und reichspolitischen Interessengegensätzen überschattet.[179]

■ Im hellenistisch geprägten Christentum wird Jesus als der Logos verehrt, der „Fleisch geworden" ist (vgl. Joh 1,15). Ignatius von Antiochien[180] weiß sich noch nicht recht zu entscheiden zwischen dem Bekenntnis zur Gottheit Christi und seiner Unterordnung unter Gott, den Vater. So bezeichnet er zwar Jesus als einen „Gott in Menschengestalt"[181] oder als „unseren Gott, Jesus, den Christus"[182], spricht aber gleichzeitig von dessen Unterordnung unter den Vater[183]. Justin[184] sieht den Logos als „von Gott gezeugt" und gibt zu, dass „der Erzeugte der Zahl nach ein anderer als der Erzeuger" ist.[185]

■ Eine andere Position vertreten die Anhänger des „Doketismus", einer Lehre, nach der Jesus nur einen „Scheinleib" besaß und lediglich wie ein Mensch „erschien". Jedenfalls habe das, wenn man dem Bischof Irenäus von Lyon (ca. 140–202) glauben darf, ein gewisser Satornil im syrischen Antiochien gelehrt.[186]

■ Jene Gebiete, die vom Mittelmeer bis zum Euphrat reichten, bleiben der jüdischen Tradition stärker verhaftet. Für sie ist Jesus „Sohn Gottes", weil er sich in seinem Handeln vor Gott „bewährt" und weil ihn der Vater wegen seines Gehorsams bis zum Kreuz als „Sohn" adoptiert hatte. Der hier vertretene so genannte Adoptianismus hebt die menschliche Seite Jesu hervor. Er ist eine „Christologie von unten". Dabei kann er sich auf den Evangelisten Lukas berufen, der in seiner Apostelgeschichte den Petrus am Pfingstfest predigen lässt: „Gott hat ihn zum Herrn und Messias *gemacht*, diesen Jesus, den ihr gekreuzigt habt" (Apg 2,26). Auch Paulus spricht im Römerbrief davon, dass Jesus „dem Geist der Heiligkeit nach *eingesetzt* ist als Sohn Gottes in Macht seit der Auferstehung von den Toten" (Röm 1,4). Im Gefolge dieser Christologie ist eine gewisse Tendenz zum „Subordinatianismus" erkennbar: Der Sohn ist dem Vater untergeordnet, er ist ihm nicht gleichrangig.

■ Dieser Ansicht stellt sich eine andere Schule, die „Alexandrinische Schule" diametral entgegen und vertritt eine „Christologie von oben". Ihr prominentester Vertreter ist Bischof Athanasius (295–373). Im Vordergrund seiner christologischen Reflexionen steht die Menschwerdung des Logos mit der nahe liegenden Gefahr der Vernachlässigung des wirklichen Menschseins Jesu.

Wie nicht anders zu erwarten kommt es zum Konflikt, als der aus der Antiochenischen Schule stammende, aber in Alexandrien lehrende Presbyter Arius († 336) öffentlich seine Ansichten vertritt und damit vor allem in den unteren Bevölkerungsschichten viele Anhänger findet. Leider kennen wir seine Ansichten nur durch die Schriften des Athanasius, der sein schärfster Widersacher war. Seit etwa 315 trägt Arius seine Lehre vom Logos als „herausragendem Geschöpf" und „Schöpfungsmittler" vor: „Gott ist nicht immer Vater gewesen; es gab eine Zeit, da er noch nicht Vater war; erst danach ist er Vater geworden. Der Sohn ist nicht immer gewesen. Alle Dinge sind aus dem Nichts geschaffen; alle Dinge sind Geschöpfe und Werke, auch das göttliche Wort selbst ist aus dem Nichts erschaffen; es gab eine Zeit, da es nicht war. Es war nicht, bevor es geschaffen wurde."[187] Arius vertritt die alleinige Gottheit des Vaters, wie sie in seiner syrischen Heimat gelehrt wurde. Allerdings räumt er – wohl im Hinblick auf seine Wirkungsstätte in Alexandrien und die dort vertretene Christologie – ein, dass es einen präexistenten Logos gab, durch den die Welt geschaffen wurde und der in Jesus Mensch geworden war. Aber der Logos war – und damit steht er im Gegensatz zu dem damals noch nicht zum Bischof ordinierten Athanasius – nicht Gott, sondern Geschöpf: Wegen dieser Lehre enthebt ihn sein zuständiger Bischof Alexandros des Amtes, vermutlich auf Betreiben des karrierebewussten Athanasius. Trotzdem verbreitet sich die Lehre des Arius sehr rasch im Römischen Imperium und führt besonders in den östlichen Landesteilen überall zu heftigen Konflikten. Kaiser Konstantin sieht wegen dieser „doch recht banalen Frage"[188] die Einheit des Reiches bedroht und beruft für das Jahr 325 ein allgemeines Konzil in seine Sommerresidenz nach Nikaia ein. Der Kaiser, der den Vorsitz führt, setzt mit Druck und Geschick nach schwierigen und teilweise höchst emotional geführten Auseinandersetzungen eine Einigung durch. Die arianische Christologie wird als Irrlehre verurteilt und das Konzil nimmt seine Zuflucht zur Begriffssprache der hellenistischen Philosophie. Es definiert, der Sohn (Logos) sei „gezeugt, nicht geschaffen, *wesens-eins* (ho*mo*-ousios) mit dem Vater". Damit ist der Sohn mit dem Vater seinsmäßig auf die gleiche Ebene gestellt. An die heilsmittlerische Funktion Jesu wird kaum noch erinnert („… durch ihn ist alles geworden"), es geht dem Konzil allein um das „Wesen".

Mit dieser Entscheidung verlässt das Konzil den semitisch-vorderorientalischen, „konkreten" Sprachstil und flüchtet sich in die Abstraktion. Für die Beschreibung der Beziehung zwischen Jesus und Gott bedient es sich einer Vokabel, die alles und nichts aussagt: „ousía" – Wesen. Auch im Deutschen ist mit „menschliches Wesen" etwas völlig anderes gemeint als mit „Wesen des Menschen".

Das griechische Wort „ousía" kann bedeuten:

- „Sein" – im Gegensatz zum Nicht-Sein,
- „Da-Sein" – das, was konkret vorhanden ist, was man sehen und anfassen kann,
- „Wesen" – ein „Etwas", das bei aller Veränderung seiner äußeren Erscheinungsform als das Eigentliche, als das immer Bleibende „dahinter" steht (z. B. das „Ich" des Menschen, das trotz des Wandels der äußeren Erscheinungsform im Verlauf des Lebens durchgängig dasselbe bleibt),

■ „Wesenheit" – das Charakteristische, Auszeichnende, unverwechselbar Unterscheidende, das einem konkreten „Etwas" dauerhaft und bleibend eignet.

Das Konzil gibt keine Auskunft, was es mit „ousía" und dem daraus abgeleiteten „homo-oúsios" („wesens-eins" bzw. „wesens-gleich") meint. Darüber hinaus ist zu fragen, ob der Mensch überhaupt dazu in der Lage ist, die „ousía", das „Wesen" Gottes, zu erkennen, geschweige denn es zu bestimmen. Kann der Mensch das „Wesen" Gottes überhaupt „sachlich korrekt" definieren? Welche Erkenntnismittel besitzt er dafür? Und wie ist das „gleich" (homo-) zu verstehen? Sind Vater und Sohn „wesens-selbig"? Dann wären sie *numerisch* ein Wesen. Das aber will das Konzil gerade nicht zum Ausdruck bringen. Oder sind sie „wesens-*gleich*"? Dann ist an eine *gattungsmäßige* Identität zu denken (Vater und Sohn gehören zur „*Gattung*" Gott, wie ein irdischer Vater und ein irdischer Sohn zur Gattung Mensch gehören). Dann wären Gott-Vater und Gott-Sohn der Zahl nach verschieden, also zwei. Das will das Konzil genau so wenig zum Ausdruck bringen. Was aber soll dann gesagt werden? Hier bewegt sich „alles in der dünnen Luft einer bloßen theologischen Metaphysik".[189]

Das Problematische an dieser Entwicklung besteht in der Tatsache, dass die Wege zu einer ganzheitlichen, nicht nur rationalen, sondern auch emotional-affektiven, mystischen Gottes- und Christuserfahrung mit der philosophischen Frage nach dem „Wesen" mehr und mehr versperrt werden. Von Gott und seinem *Wirken* im Volk Israel und in der Gestalt des Mannes aus Nazaret wird nicht mehr einladend und für eigene Entdeckungen und Erfahrungen Mut machend erzählt. An die Stelle der Erzählung treten die Lehre und der Begriff, nicht selten als pure Schlagwörter missbraucht. Die Erfahrungen des Anfangs werden in den Hintergrund gedrängt. Und damit verlieren auch die Begriffe ihre Anschauung. „Das Einmaligste, das unbegreiflich hohe, einmalige Mysterium, das über mein Schicksal entscheidet und das der Welt, an dem schlechthin alles hängt im Himmel und auf Erden, weil es das Schicksal Gottes selbst aussagt und darein das Schicksal der Welt aufnimmt, dieses Geheimnis soll ich ausgesprochen vernehmen in dem Begriff, der zu den allgemeinsten der formalen Ontologie gehört. [...] Man fühle erst das lastende Gewicht der Dunkelheit, ehe man schnell mit einer Antwort aufwartet." So empfindet es Karl Rahner.[190] Und Walter Kasper beklagt,

„dass sich die abstrakten begrifflichen Formen verselbständigten und ihren interpretierenden Bezug auf die Geschichte Gottes durch Christus im Heiligen Geist verloren. Der lebendige Geschichtsglaube der Schrift und Tradition drohte so in abstrakten Formeln zu erstarren, die zwar sachlich korrekt sind, die aber, wenn sie von der Heilsgeschichte isoliert werden, für den existentiellen Glauben unverständlich und funktionslos werden."[191] Kasper meint allerdings – und das erscheint für einen Theologen der inzwischen zum Kurienkardinal avancierte, bemerkenswert –, dass das christologische Dogma „gar nicht den Anspruch erhebt, die adäquate Kondensierung der biblischen Lehre zu sein, dass also von ihm her Platz für weitere christologische Bibeltheologie bleibt".[192]

Die Wirkungsgeschichte nach Nikaia zeigt jedoch, dass der kirchenamtlich vor- und festgeschriebene Terminus „ousía" keineswegs die beabsichtigte begriffliche Klarheit geschaffen hatte. Denn die christologischen Auseinandersetzungen gehen weiter. Die Anhänger des Arius legen vermittelnde Interpretationen vor: Christus ist dem Vater wesens-*ähnlich* (ho*moi*-oúsios). Diese Ansicht wird aber auf dem 1. Konzil von Konstantinopel (381) verurteilt.

Und schon melden sich andere zu Wort mit neuen Fragestellungen.

- ■ Bischof Apollinaris von Laodicea († um 390) lehrt, der ewige Gottessohn habe zwar einen menschlichen *Leib* angenommen, nicht aber eine menschliche *Seele*, daher gebe es letztlich nur *eine* göttliche „Natur" Jesu (so genannter „Mono-physitismus").
- ■ Patriarch Nestorius von Konstantinopel (ca. 381–451) begreift die Einheit von Gott und Mensch in Jesus Christus eher willentlich-„moralisch" (also nicht im Sinne personhafter Einigung). Seine Christologie kann als „Trennungschristologie" bezeichnet werden (oder auch als Nestorianismus).
- ■ Im Gegensatz zu Nestorius betont Cyrill von Alexandrien († 444) die enge *seinshafte* Einheit in Christus (Einigungschristologie). Er verwendet die Formel einer „personhaften Einigung beider Naturen", spricht aber auch von der „*einen* Natur des fleischgewordenen Wortes Gottes", womit er dem Monophysitismus nahe kommt.

431 macht sich das *Konzil von Ephesus* die Vorstellung des Cyrill maßgeblich zu Eigen und verurteilt ausdrücklich die Behauptungen des Nestorius. Doch der Streit ist noch immer nicht beendet.

- Theodoret von Cyrus (ca. 393–460) versucht, die strenge Einigungschristologie des Cyrill mit der Trennungschristologie des Nestorius zu
  verbinden.
- Der Mönch Eutyches von Konstantinopel (ca. 370/378–454) behauptet, dass es nach der Vereinigung von Gottheit und Menschheit in
  Jesus Christus nur eine Natur gibt (Monophysitismus).
- 449 schreibt Papst Leo I. an den Bischof von Konstantinopel (Flavian)
  einen dogmatischen Brief, der mit der Unterscheidung von „Natur"
  und „Person" in Christus die Formel von Chalkedon vorbereitet.
- Auf der so genannten „Räubersynode" von Ephesus (449) bemüht sich
  Dioskoros, der Patriarch von Alexandrien († 454), nochmals um eine
  Rettung des Monophysitismus

451 versucht das von Kaiser Markian einberufene *Konzil von Chalkedon* eine ausgewogene Linie zwischen Trennungs- und Einigungschristologie zu finden. Es bringt die christologischen Auseinandersetzungen der
frühen Kirche zu einem gewissen Abschluss:

> „In der Nachfolge der heiligen Väter also lehren wir alle überein-
> stimmend, unseren Herrn Jesus Christus als ein und denselben
> Sohn zu bekennen: derselbe ist vollkommen in der Gottheit und
> derselbe ist vollkommen in der Menschheit; derselbe ist wahrhaft
> Gott und wahrhaft Mensch aus vernunftbegabter Seele und Leib;
> derselbe ist der Gottheit nach dem Vater wesensgleich und der
> Menschheit nach uns wesensgleich, in allem uns gleich außer der
> Sünde (vgl. Hebr 4,15); derselbe wurde einerseits der Gottheit nach
> vor den Zeiten aus dem Vater gezeugt, andererseits der Menschheit
> nach in den letzten Tagen unsertwegen und um unseres Heiles
> willen aus Maria, der Jungfrau und Gottesgebärerin, geboren; ein
> und derselbe ist Christus, der einziggeborene Sohn und Herr, der in
> zwei Naturen unvermischt, unveränderlich, ungetrennt und unteil-
> bar erkannt wird, wobei nirgends wegen der Einung der Unter-
> schied der Naturen aufgehoben ist, vielmehr die Eigentümlichkeit
> jeder der beiden Naturen gewahrt bleibt und sich in einer Person
> und einer Hypostase vereinigt; der einziggeborene Sohn, Gott, das
> Wort, der Herr Jesus Christus, ist nicht in zwei Personen geteilt
> oder getrennt, sondern ist ein und derselbe, wie es früher die Pro-

pheten über ihn und Jesus Christus selbst es uns gelehrt und das
Bekenntnis der Väter es uns überliefert hat."[193]

Das Konzil übernimmt nochmals philosophische Begriffe für den Versuch einer Beschreibung der Beziehung von Jesus und dem Vater: „Person" (griech.: prósopon, lat.: persona), „Hypostase" (griech.: hypóstasis,
lat.: subsistentia, Äquivalent für prósopon – wohl im Hinblick auf die
Theologie Cyrills von Alexandrien eingeführt[194]) und „Natur" (griech.:
phýsis, lat.: natura).

Exkurs:
Der Begriff „Person"
Das (lateinische) Wort „persona" kommt vermutlich vom etruski-
schen „phersu" und bedeutet Maske. Der Ursprung des Maskentragens ist wohl darin zu suchen, dass die alten Jäger sich in Tiere ver-
kleideten, um die Beute anzulocken oder Feinde zu verscheuchen.
Häufig wird – in späterer Zeit – die Maske zu Kulttänzen oder Dä-
monenaustreibungen verwendet. Sie identifiziert den Träger mit
einem anderen (höheren) Wesen. Sie löscht die Existenz des Mas-
kierten aus und macht ihn zu dem, dessen Maske er trägt. So
spricht der ägyptische Dämonenaustreiber zum Dämon: „Nicht ich
spreche zu dir, Isis spricht zu dir."[195] Der Maskenträger „spielt"
nicht, sondern wird verwandelt; so ermöglicht er die Epiphanie des
Gottes oder der Göttin. Den Toten gab man Masken mit ins Grab,
damit sie die Dämonen abhalten können. Auch in der antiken Tra-
gödie trugen die Mimen grundsätzlich Masken vor dem Gesicht,
durch deren Mundöffnung sie „hindurchtönten". Häufig, aber etymologisch nicht zutreffend, wird deshalb „persona" von dem lateinischen Wort „per-sonare" (= hindurchtönen) abgeleitet.
Das entsprechende griechische Wort für Person heißt „prósopon"
(wörtlich: das, dem man sich gegenübersieht); es kann die Bedeutung Maske oder auch Gesicht haben. In der griechischen Übersetzung des Alten Testaments, der so genannten Septuaginta, wurde
„prósopon" häufig verwendet, um das „Antlitz Gottes" zu bezeichnen – so etwa in dem bekannten aaronitischen Priestersegen: „Der
Herr segne dich und behüte dich. Der Herr lasse sein Angesicht
über dich leuchten und sei dir gnädig. Der Herr wende sein Ange-

sicht dir zu und schenke dir Heil" (Num 6,24–26). Diese Übersetzung und der antike Brauch des Maskentragens mit dem dazugehö-
rigen Verständnis mag dazu geführt haben, dass in der alten Kirche
gelegentlich von den drei „prósopa" (prósopa = Plural von prósopon) Gottes gesprochen wurde. Ein solcher Sprachgebrauch führte
schon damals zu Missverständnissen. Der Ausdruck konnte nämlich verstanden werden im Sinne des kultischen Gebrauchs, so dass
Gott hier in diesem „prósopon" (= Gesicht) tatsächlich und wirklich zugegen ist; er konnte aber auch falsch verstanden werden im
Sinne von Maske: „Gott tut nur so als ob; in Wirklichkeit steckt
etwas ganz anderes dahinter." Beide Interpretationen beinhalten
freilich den Hinweis auf ein dialogisches, kommunikatives Geschehen.

Etwa im 3. Jahrhundert tritt im griechisch sprechenden Osten des
Römischen Reiches an die Seite von „prósopon" ein anderer Be-
griff, der mehr das Statische, Grundsätzliche betont: „hypóstasis"
(wörtlich: das Darunterstehende; lat.: substantia). Im klassischen
Griechisch besagt das Wort nichts anderes als die Wirklichkeit im
Unterschied zum Scheinbaren. Im Neuen Testament findet sich das
Wort im Hebräerbrief und wird in der deutschen Einheitsübersetzung mit „Wesen" wiedergegeben: „(Jesus Christus) ist der Abglanz seiner (Gottes) Herrlichkeit und das Abbild seines Wesens"
(Hebr 1,3). Im 3. Jahrhundert nimmt „hypóstasis" – allerdings keineswegs einheitlich – die Bedeutung von „konkrete, individuelle,
unabhängige Wirklichkeit" an.[196] Wegen dieser Bedeutung setzen
einige griechische Theologen das Wort „hypóstasis" synonym neben
„ousía".

Der Begriff „Natur"
Etymologisch weniger schwierig, stattdessen aber theologisch
höchst bedenklich erscheint die Anwendung des Begriffs „Natur"
im Hinblick auf die Formel von den „zwei Naturen" in Jesus, der
göttlichen und der menschlichen. Das griechische Wort „phýsis"
(von phýo = zeugen, schaffen, geworden sein) und das lateinische
„natura" (von nasci = geboren werden) meinen beide die von einer
Geburt herrührende, gewordene und gewachsene Eigenart des Lebendigen. In einem weiteren Sinn kann unter „Natur" die Wesens-

art jedes Seienden, wie sie ihm von seinem Ursprung her zukommt, verstanden werden. Der Begriff umfasst so die Gesamtheit aller Wesen, die eine werdende Natur haben. Es ist sicher zulässig und zutreffend, dem Menschen Jesus von Nazaret eine *menschliche* „Natur" zuzusprechen. Aber ist es auch zulässig und zutreffend, von einer *göttlichen* Natur in ihm zu sprechen? Wird hiermit nicht Gott indirekt in das Werden hineingezogen?

Die Begriffe, die eine „Klärung" der christologischen Frage bringen sollten, mögen damals zu einer halbwegs einheitlichen Sprachregelung geführt haben. Klarheit brachten sie nicht. Aus der Sicht heutiger Theologie ist nicht zu verkennen, dass das christologische Dogma notwendigerweise zeitbedingte Einseitigkeiten und Blickverengungen im Gefolge hatte[197]:

■ Die verwendeten Begriffe (v. a. „Person" und „Wesen") waren schon auf dem Konzil nicht eindeutig geklärt, so dass jede theologische Schule daraus schöpfen konnte, was ihr dienlich erschien.
■ Die Christologie des Konzils ist eine „herabsteigende" Christologie: Das ewige Wort Gottes steigt zu unserer Wirklichkeit herab. Damit ist die Tendenz zu einer übertriebenen Vergöttlichung des Menschen Jesus von Nazaret gegeben.
■ Das Konzil bringt eine statische Beschreibung der Gestalt Jesu mit Hilfe philosophischer Kategorien. Die biblische Dynamik des Wirkens Jesu und seines Heilshandelns treten in den Hintergrund. Der Schwerpunkt der Besinnung wird auf den Augenblick der Menschwerdung verlegt. Es unterbleibt die Berücksichtigung und Würdigung der Geschichte und des Geschickes Jesu.
■ Die Rede von den „zwei Naturen" drückt eine Unterscheidung nach Art einer statischen Nebeneinanderstellung aus und birgt damit die Gefahr des Dualismus: Göttliche und menschliche Natur werden nicht ineinander, sondern nebeneinander gedacht. Darüber hinaus nährt sie auch das Missverständnis, als könne man Göttliches und Menschliches unter denselben Begriff fassen.
■ Die Gottesvorstellung des Konzils trägt unvermeidlich die Züge damaligen griechisch-philosophischen, nicht hebräisch-biblischen Denkens: Die göttliche Wirklichkeit wird erfahren als hoch erhaben über die

menschliche Situation und als dieser Situation entgegengesetzt. Gottes Wesen wird als ewig, allmächtig, unveränderlich, unabhängig, leidensunfähig und unbeweglich beschrieben – mit den bekannten negativen Folgen bis in die Gegenwart hinein.

■ Die Unterscheidung zwischen „Gottheit" und „Menschheit" in Jesus erweckt den Eindruck, als könne man mit Bestimmtheit sagen, was an Jesus „göttlich" und was „menschlich" gewesen sei.

Die Wirkungsgeschichte des Konzils von Chalkedon und seiner dort verabschiedeten Christologie hat gezeigt, dass der Mensch Jesus von Nazaret sehr nahe (zu nahe?) an Gott herangerückt wurde – zum Nachteil für den bedrängenden und herausfordernden Anspruch seiner Botschaft.

> „Einseitige Vergöttlichung Jesu, d. h. ihn ausschließlich auf Gottes Seite verweisen, heißt in der Tat, einen historisch lästigen Menschen und Spielverderber und eine gefährliche Erinnerung an eine provozierende, lebendige Prophetie aus unserer Geschichte beseitigen – auch eine Art, Jesus als Propheten Schweigen aufzuerlegen!"

So sieht es der flämische Theologe Edward Schillebeeckx.[198] Ein Jesus, der aller Erdenschwere entrückt ist, hat den Menschen „hier unten im irdischen Jammertal" nicht viel zu sagen. Wer allzu hoch oben sitzt, ist vom konkreten Alltagsgeschehen zu weit entfernt. Sein Anspruch ist nicht mehr vernehmbar. Der riesige Abstand „verdünnt" seine Einflussnahme.

Zu Recht hat Karl Rahner schon 1954 die Fragte gestellt:

> „Ist das chalkedonische Dogma und das wenige, was darüber hinaus noch in der Dogmengeschichte für die Schulchristologie gewonnen wurde, eine Verdichtung und Zusammenfassung ohne Rest für alles das, was wir in der Schrift von Jesus dem Christus und dem Sohn hören beziehungsweise hören können? [...] Wer diese Frage bejahen würde, der würde leugnen, dass die Schrift die unerschöpfliche Quelle der Wahrheit über Christus ist." Das vom Konzil formulierte christologische Dogma darf nicht den Anspruch erheben, „die adäquate Kondensierung der biblischen Lehre zu sein, dass von

ihm her kein Platz für weitere christologische Bibeltheologie bleibt".[199]

Die Christologie muss dem falschen Dilemma zwischen einer „Jesu-logie", die in Jesus den Gottesbezug ausblendet und in ihm nur ein vor-bildhaftes Modell humanen Lebens sieht, und einer überhöhten Christo-logie, wie sie Edward Schillebeeckx kritisiert, zu entgehen suchen. Das wird nicht zu erreichen sein ohne gründliche Rückbesinnung auf die Bibel und ohne die Überprüfung christologischer Aussagen durch histo-risch-kritische Methoden. Dabei müsste aufgezeigt werden, wie und in-wiefern auch schon die Sätze der christlichen Tradition gewissermaßen „von unten", aus Erfahrung, entstanden sind und dass auch die mythi-schen, scheinbar über jenseitige Zusammenhänge informierenden chris-tologischen Aussagen nichts anderes sind als Versuche der jeweiligen Kulturen, mit den Mitteln ihres Denkens und ihrer Sprache die Heils-bedeutung Jesu zum Ausdruck zu bringen. Keine Christologie ist „kon-textfrei", keine kann allein aufgrund ihrer besonderen Inkulturation eine Art Primat gegenüber anderen besitzen.

Grundlage aller Bekenntnisinhalte ist die Heilssehnsucht und Heils-erfahrung von Menschen.[200] Auf diesen Ursprung zurückgeführt könn-ten vielleicht Kriterien sichtbar werden, die es ermöglichen, Chiffren zu finden, um die „Sache" der damaligen Christologie in die Gegenwart zu übersetzen. Daher suchen Theologen heute (ähnlich wie in der Zeit bis zum Konzil von Chalkedon) in der Richtung eines „Kontextualisierungs-modells", um bei Wahrung der verbindlichen christologischen Tradition den Bedürfnissen heutiger Menschen nach kultureller Identität ent-gegenzukommen. Denn das Evangelium von Jesus, dem Heilsboten für alle Menschen, ist seinem Wesen nach „transkulturell".[201]

Auseinandersetzungen um die Frage nach der Gottheit des Heiligen Geistes
Die theologische Diskussion in den ersten drei Jahrhunderten war nahe-zu ausschließlich in Beschlag genommen von christologischen Aus-einandersetzungen. Es bestand zunächst kein Bedarf an einer Erhebung des Heiligen Geistes zur dritten göttlichen Person. Vor allem das säch-liche Geschlecht des griechischen Wortes „to pneuma" (für „Geist") er-schwerte es, den (Heiligen) Geist auf eine Stufe mit dem Vater und dem Sohn zu stellen. Im Aramäischen, der Sprache der ersten Judenchristen,

und im Hebräischen ist der Geist sogar weiblichen Geschlechts (aram.: rucha, hebr.: ruach). In die meisten gnostisch eingefärbten Glaubenssysteme ist diese weibliche Form als Achamoth und vor allem als Sophia (griech. = Weisheit) übernommen worden. So findet sich in den Thomas-Akten, einer in Ostsyrien (Edessa) zu Anfang des 3. Jahrhunderts entstandenen apokryphen Schrift, eine Herabrufung des Geistes bei der Taufe, bei der der Geist wiederholt als „Mutter" angeredet wird („Komm, du erbarmungsvolle Mutter", „Komm, du geheimnisvolle Mutter", „Komm, du Mutter der sieben Häuser").[202] Die um die Mitte des 2. Jahrhunderts im Rhônedelta lebenden Anhänger des Gnostikers Marcos, die Marcosier, kannten zwei Weihehandlungen: eine „niedere", die Taufe, und eine „höhere", die „Erlösung". Bei dieser wurden die zur Weihe Zugelassenen an ein Wasser geführt und darin mit der Formel untergetaucht „Auf den Namen des unerfasslichen Vaters des Weltalls, auf die Wahrheit der Mutter von Allem, auf den in Jesus Herabgekommenen, zur Einigung und Erlösung und Gemeinschaft der Mächte".[203]

Möglicherweise war sich schon der Verfasser des Johannesevangeliums dieser „Geschlechtsproblematik" bewusst und führte deswegen neben dem „Logos"-Begriff für Christus auch den (männlichen) Begriff „Paraklet" (griech. = Anwalt, Tröster) für den Heiligen Geist ein. Dieser Begriff war zum einen weit besser für eine „Personifizierung" des Gottesgeistes geeignet, zum anderen kam er den religiösen Bedürfnissen stärker entgegen.

Nur wenige Theologen widmeten dem (Heiligen) Geist größere Aufmerksamkeit. Zu ihnen gehören Dionysius, Bischof von Rom (259–268), Tertullian von Karthago (ca. 160–220) und Origenes (ca. 185–253/254)

■ Dionysius, Bischof von Rom, wehrte sich in einem Brief an seinen Namenskollegen Dionysius, Bischof von Alexandrien, dagegen, dass es Leute gebe, welche „die (göttliche) Monarchie, gleichsam in drei Kräfte, getrennte Wesen, drei Gottheiten zerteilen und auseinander reißen und sie so auflösen. [...] Denn es ist notwendig, dass das göttliche Wort mit dem Gott aller Dinge vereinigt sei und dass auch der Heilige Geist stets in ihm bleibe und wohne: so muss durchaus also die göttliche Dreifaltigkeit in Einem, das heißt, in dem allmächtigen Gott aller Dinge, gleichsam wie in einer Spitze zusammenlaufen und zusammengefasst werden."[204]

■ Tertullian legte in seiner dogmatisch-polemischen Schrift „Adversus Praxeam" ausführlich und klar seine Gedanken zum Verhältnis von (Gott) Vater, Sohn und Geist dar und verwendete dabei erstmals den Begriff „trinitas"[205] sowie weitere Begriffe, die später in der Christologie und Trinitätstheologie Verwendung fanden (substantia, persona [wahrscheinlich als „Rolle" des Schauspielers verstanden]). Tertullian verstand die Trinität von der Heils-„Ökonomie" (= Schöpfung) her: Erst mit der Schöpfung und der danach folgenden Entwicklung entfaltet sich die Trinität.

■ Origenes verlegte die von Tertullian „ökonomisch" – das heißt heilsgeschichtlich, nach „außen", im Hinblick auf das Wirken am Menschen – bestimmte Trinitätsauffassung in Gott hinein. Er stellte sich die Frage, wieso der Logos und der Geist wirklich Gott sein können, wenn sie einen Anfang in der Zeit haben. „Der Schritt zu einer immanenten Trinitätsauffassung ist hier zwar erstmals gegangen worden, aber es wird deutlich, dass das Erbe der ökonomischen Auffassung noch weiterhin wirkmächtig ist: Logos und Geist sind so eng mit ihren ökonomischen Funktionen zusammengedacht, dass letztere an der Transponierung der ersten in die Ewigkeit Gottes teilhaben."[206]

Durch die christologischen Wirren um den Arianismus, der die Einheit des Reiches und der Kirche in erheblichem Maße gefährdete, trat die Diskussion um die Gottheit des Geistes eher in den Hintergrund. Auf dem Konzil von Nikaia war vom (Heiligen) Geist nur am Rande die Rede. Er wurde in dem dort formulierten Glaubensbekenntnis gleichsam nur „nebenbei" erwähnt: „… und an den Heiligen Geist."

Nach dem Konzil aber gab es einige Theologen, die nun auch dieser Frage mehr Aufmerksamkeit schenkten. So betont Papst Damasus (366–384) in einem nur noch fragmentarisch erhaltenen Brief, dass wir „in allem den Glauben des Konzils von Nikaia ohne Wortverdrehung oder Sinnverfälschung unverletzlich festhalten" und „an die Dreifaltigkeit eines gleich ewigen Wesens glauben und in nichts den Heiligen Geist trennen, sondern ihn mit dem Vater und dem Sohn vollkommen in allem, der Kraft, Ehre, Erhabenheit und Gottheit, mitverehren".[207]

Das (2. Ökumenische) Konzil von Konstantinopel (353) formulierte ein Glaubensbekenntnis, das gegenüber dem Bekenntnis des Konzils von Nikaia im Hinblick auf die Aussagen über den Heiligen Geist erweitert wurde. Vom ausgehenden 17. Jahrhundert an wird es unter dem Namen „Nicaeno-Constantinopolitanum" überliefert, so als ob es nur eine Fortentwicklung bzw. Erweiterung des Glaubensbekenntnisses von Nikaia wäre. In diesem Bekenntnis wird vor allem auf die Göttlichkeit des Heiligen Geistes hingewiesen: „… und an den Heiligen Geist, den Herrn und Lebensspender, der aus dem Vater hervorgeht, der mit dem Vater und dem Sohne mitangebetet und mitverherrlicht wird, der durch die Propheten gesprochen hat."[208] Damit waren die Gottheit des Geistes und in der Konsequenz auch eine explizite Trinitätskonzeption gesamtkirchlich festgeschrieben

Einen maßgeblichen Anteil am Zustandekommen des Konzils und an den dort verabschiedeten Formulierungen hatte Basilius von Caesarea. Einige Jahre zuvor (375) hatte er nämlich einen ausführlichen Traktat „Über den Heiligen Geist" verfasst, in dem er die Göttlichkeit des Heiligen Geistes und seine Eigenständigkeit betonte.[209] Er stützte sich hierbei auf den so genannten Taufbefehl Jesu (Mt 28,19) und das dem Geist immer mitgegebene Adjektiv „heilig" und meinte, dass zwischen dem Geist, dem Vater und dem Sohn eine Wesensgemeinschaft bestehe. Karl-Heinz Ohlig macht in diesem Zusammenhang auf einen interessanten Gesichtspunkt aufmerksam. „Basilius hatte sich erst als junger Mann taufen lassen: die Taufe mit ihrer triadischen Formel stellte für ihn ein starkes Initiationserlebnis dar: ‚Dieser Taufe entsprechend legen wir ein Glaubensbekenntnis ab, und dem Glaubensbekenntnis entspricht unsere Doxologie, indem wir mit dem Vater und dem Sohne zugleich den Heiligen Geist verherrlichen, weil wir überzeugt sind, dass er nicht außer der göttlichen Natur steht.'"[210]

An dieser Stelle ist zu bedenken, dass für die erste apostolische Zeit die trinitarische Taufformel („… im Namen des Vaters und des Sohnes und des Heiligen Geistes") keineswegs allgemein bekannt war. Selbst Eusebius von Caesarea († 339) besaß in seinen vor dem Nicaenischen Konzil verfassten Schriften offenbar keine Kenntnis einer solchen Taufformel; denn er führte in Bezug auf die Stelle Mt 28,19 immer nur folgenden Wortlaut an: „Gehet hin und unterweiset alle Völker in meinem Namen, und lehrt sie alle meine Gebote halten." Auch Origenes habe die trinitarische Fassung der Stelle „vielleicht nicht anders anerkannt". Von den griechischen Vätern „kennen sie nur solche, die mit einer westlichen Kirche in Verbindung standen, wie Justinus und Irenäus."[211]

Die Taufhandlung erfolgte zunächst „im Namen Jesu" (vgl. Apg 2,38).
Das kann bedeuten: „,im Auftrag', ,in der Vollmacht', aber auch ,durch
den Namen', ,auf Grund des Namens'. Entscheidend ist der grundlegende und wesentliche Bezug zur Person Jesu Christi und deren Heils-
bedeutung."[212] Es ist denkbar, dass der Täufling auch ein kurzes Bekenntnis zum „Kyrios Jesus" sprach (vgl. Röm 10,9). Aufgrund dieser
Ausgangslage erscheint die Frage gerechtfertigt, ob das in späterer Zeit
übliche dreimalige Untertauchen, verbunden mit der dreimaligen Frage
„Glaubst du an Gott, den Vater, …den Sohn, … den Heiligen Geist?" das
Ergebnis einer entwickelten oder sich entwickelnden Trinitätstheologie
ist oder ob nicht umgekehrt der dreigliedrige Tauf*akt* (das *drei*malige
Untertauchen ins Wasser) auch ein Anlass war für das Aufkommen des
Bekenntnisses zu einem dreifaltigen Gott. Dem dreimaligen Untertauchen sollte ein dreimaliges Bekennen entsprechen. Es lag nahe, dieses
Wort in einer differenzierten Form als ein *drei*maliges Bekenntnis zu gestalten – zum Vater (der den Sohn gesandt hat), zum „Sohn" Jesus (dem
von Gott, dem Vater, gesandten Heilsbringer) und zum Heiligen Geist
(den der Sohn als Tröster und Helfer verheißen hat). Damit war freilich
noch nicht an eine Dreifaltigkeit der „Personen" oder eine Dreieinheit
des „Wesens" dieser angerufenen Drei gedacht. Im Laufe der Zeit erlang-
ten die den Taufakt begleitenden und deutenden Worte mehr und mehr
Eigenständigkeit und wurden zu einer theologisch noch unaufgearbeite-
ten Glaubens- und Bekenntnisformel. Schließlich entwickelte sich, ange-
regt durch diese Dreifachhandlung und Dreierformel, ein Reflexions-
prozess über die Beziehungen der drei Genannten zueinander und über
die vielfältigen Offenbarungsweisen Gottes. Die Trinitäts*theologie* wäre
dann (auch) als eine Konsequenz aus der Tauf*liturgie* zu sehen, erwach-
sen aus dem „Drang" zur Dreizahl der Handlungen und der Worte und
aus dem Bedürfnis, die dreimalige Anrufung Gottes unter je verschiedenen Heilsaspekten bzw. „Namen" (Vater, Sohn, Heiliger Geist) zu einer
Einheit zusammenzuführen. Die Taufpraxis und die dabei verwendete
trinitarische Formel könnten sich als eine Art normative Kraft ausge-
wirkt haben.

Die Lehre vom Heiligen Geistes als eigenständiger göttlicher „Person"
wurde ohne nennenswerte Auseinandersetzungen angenommen. Lediglich in Syrien, in jenen Gebieten also, die noch stärker der jüdisch-
christlichen Tradition verhaftet waren, stieß sie auf Ablehnung. Man be-

schimpfte die Theologen, die von der Trinität Gottes sprachen, als Tritheisten.[213] Aber das änderte nichts daran, dass sich das Trinitätsdogma auch dort allmählich durchsetzte und für die gesamte Kirche in Ost und West verbindlich wurde.

Erst einige hundert Jahre später entzündete sich an einem einzigen Wörtchen, am „filioque" („… an den Heiligen Geist, der aus dem Vater *und dem Sohne* hervorgeht") ein heftiger Streit. Im „Nicaeno-Constantinopolitanischen" Glaubensbekenntnis (381) fehlte dieser Einschub. Er wurde zunächst im 6. Jahrhundert vereinzelt auf fränkischen und spanischen Synoden vorgenommen und erst 1014 offiziell durch Papst Benedikt VIII. auf Druck des Kaisers Heinrich II. eingefügt. Das „filioque" spielte beim Auseinanderbrechen der Kirchengemeinschaft zwischen Ost und West im Jahre 1054 eine gewisse, wenn auch nicht entscheidende Rolle. Immerhin wird in den Ostkirchen bis heute die Hinzufügung dieses Wörtchens ohne ökumenische Zustimmung als „Sünde wider die Liebe und die Einheit" betrachtet.[214]

Von einem echten Schisma kann man wohl erst seit 1204 sprechen, als Konstantinopel von christlichen Kreuzfahrerheeren geplündert wurde. Erst da wurde die Spaltung zwischen den Kirchen in ihrer ganzen Härte sichtbar.

Die Problematik einer bildlichen Darstellung der Trinität

Ein kurzer Blick in die Ikonographie zeigt, wie problematisch der Versuch erscheint, die Trinität bildlich darzustellen. In den römischen Katakomben an der Via Latina befindet sich eine Darstellung, die den Besuch der drei Männer bei Abraham (Gen 18,1–16) typologisch auf die Dreifaltigkeit bezieht. Ähnlich werden auch die drei Jünglinge im Feuerofen (Dan 3) und die drei Ranken, die der Mundschenk des Pharao im Traum erblickt (Gen 40,9f.), gedeutet.

Bekannt sind Symbole wie das Dreieck mit dem wachenden Auge Gottes in der Mitte, die drei ineinander verschlungenen Ringe, die Verdreifachung von Tiermotiven (Hasen, deren Ohren ein Dreieck bilden) oder Pflanzen (dreiblättriges Kleeblatt).

Verbreitet sind Darstellungen der Taufe Jesu im Jordan: Jesus im Wasser stehend, über ihm der Geist als Taube schwebend und in der Höhe

Gott Vater. Weiterhin auch der so genannte „Gnadenstuhl": Gottvater hält das Kreuz mit dem Sohn (oder den Schmerzensmann ohne Kreuz), darüber schwebt die Taube. In Vallepietra bei Anagni (Latium) befindet sich in einer aus dem 12. Jahrhundert stammenden Kapelle, die der Santissima Trinità geweiht ist, ein Wandfresko mit einer Trinitätsdarstellung vermutlich aus der Anfangszeit italienischer Malerei: drei steif nebeneinander gereihte bärtige Köpfe, die wie Drillinge aussehen.[215] Möglicherweise dienten hierfür germanische oder gallische Darstellungen dreiköpfiger Riesen als Vorlage oder ein Schnitzbild des Zeus Herkeios im Athenatempel auf der Burg von Argos: Es hatte drei Augen, das dritte mitten auf der Stirn.[216]

Erst 1745 wurden solche Darstellungen durch Papst Benedikt XIV. verboten. Dennoch pilgerten zumindest bis zum Ende des 19. Jahrhunderts alljährlich zum Dreifaltigkeits- bzw. Trinitatisfest (Sonntag nach Pfingsten) „große Scharen von Bergbewohnern" zu diesem „Wallfahrtsort".[217]

In Devotionalienläden wurden früher manchmal Glasbilder angeboten, die je nach Blickrichtung – von vorn, schräg von rechts, schräg von links – Vater, Sohn und Geist wiedergaben. H. Usener berichtet von einer Darstellung, die „zwar die vollkommene Gleichheit des Gesichts, der Haare, der Gewandung fest(hält), aber (sich) dadurch (unterscheidet), dass jede Person an der Brust ein unterscheidendes, von goldenen Strahlen umgebenes Attribut trägt, der hl Geist die Taube, der Vater das offene Auge im Dreieck, der Sohn das Lamm Gottes, der Vater in der Linken außerdem ein Scepter hält und der Sohn die Nägelmale an Händen und Fuss zeigt." Diese in Deutschland hergestellte und vervielfältigte Darstellung „trägt den Namen des Künstlers ‚Leiber' und den Vermerk ‚Imprimi permittitur. Ordinariatus episcopalis Limburgensis' („Darf gedruckt werden, Bischöfliches Ordinariat Limburg", N.S.), muss also als eine offizielle Darstellung der Dreieinigkeit gelten".[218] Ähnliche Abbildungen waren in Spanien und Frankreich weit verbreitet.

Die Darstellungen zeigen, dass zumindest in der Volksfrömmigkeit eine Vorstellung der Dreifaltigkeit existierte (und existiert), die als Drei-Götter-, zumindest aber als Zwei-Götter-Glaube (Vater und Sohn) zu kennzeichnen ist.

Der „Drang" zur Trinität

Herkunft und Wirkung der Trinitätsspekulationen sind zum Teil verständlich durch die vielfachen Analogien zum Dreischritt, die sich unserer Erfahrung immer wieder in den Dingen zeigen. Karl Jaspers erwähnt unter Berufung auf Augustinus eine Fülle solcher Triaden:

> „In der Seele: Sein, Erkennen, Leben (esse, intelligere, vivere), – Sein, Wissen, Lieben (esse, nosse, diligere) – Gedächtnis, Erkenntnis, Wille (memoria, intelligentia, voluntas) – Geist, Kunde, Liebe (mens, notitia, amor). – In der Beziehung zu Gott: Gott ist Licht unseres Erkennens, Träger unserer Wirklichkeit, das höchste Gut unseres Handelns, – er ist Grund der Einsicht, Ursache des Daseins, Ordnung des Lebens (ratio intelligendi, causa existendi, ordo vivendi), – er ist Wahrheit der Lehre, Ursprung der Natur, Glück des Lebens (veritas doctrinae, principium naturae, felicitas vitae). – In allem Geschaffenen: Bestehen, Unterschiedensein, Übereinstimmen (in quo res constat, quo discernitur, quo congruit), – Sein, Wissen, Wollen (esse, nosse, velle), – Natur, Erkenntnis, Gebrauch (natura, doctrina, usus). – In Gott selbst: Ewigkeit, Wahrheit, Wille (aeternitas, veritas, voluntas-caritas)."[219]

Die Theologiegeschichte bis zum Abschluss des Trinitätsdogmas zeigt einen merkwürdigen „Drang" zur Dreizahl. Zunächst scheint es eher nach einem „Binitarismus", nach einer „*Zwei*faltigkeitslehre" auszusehen. Denn im Mittelpunkt aller theologischen Spekulationen steht die Frage, in welchem inneren Zusammenhang und in welcher wechselseitigen Beziehung Gott, der „Vater", und Jesus, der „Sohn", zueinander stehen. Die Frage nach der Gottheit des Geistes spielt zunächst eine untergeordnete Rolle. Aber diese „Binität" erschien vielen Theologen und wohl auch dem einfachen Volk nicht recht befriedigend. Denn nicht die „Zwei", sondern die „Drei" ist eine Gotteszahl. So rückte der etwas in Vergessenheit geratene „Heilige Geist" als drittes Element wieder stärker ins Blickfeld.

In neuerer Zeit ist man verstärkt auf die Rolle der altägyptischen Theologie für das Zustandekommen eines tragfähigen „Modells" der gegenseitigen Zuordnung von Gott Vater, Gott Sohn und Gott Heiligem Geist aufmerksam geworden. Als Sachwalter ägyptischer Tradition konnten nämlich die Patriarchen von Alexandrien, Athanasius und Kyrillos, auf einschlägige Modelle des „Dreiseins in Einem" zurückgreifen, als es darum ging, in den Debatten der Kirchenversammlungen das Verhältnis der zweiten göttlichen Person zur ersten und auch zur dritten in ein Vorstellungsbild hineinzutragen und in Worte zu fassen.[220]

Mit der Vorstellung von einem „trinitarischen Gott" fand die uralte Menschheitsüberlieferung von der Drei als einer Zahl der Differenzierung und der Einheit auch in der christlichen Gottesvorstellung Eingang. Es gelang damit (zumindest wurde das angestrebt), die jüdische Tradition eines Monotheismus, der sich im Handeln Jahwes als weltoffen und geschichtsnah („ökonomisch") zeigte, und eines hellenistischen Monismus, der Gott als streng jenseitig und weltfern verstand, zusammenzubringen. Um Jesus, den in der Zeit menschgewordenen Gottessohn („... wahrhaft Mensch"), auch „gattungsmäßig" zum Gott werden zu lassen, musste sein „Gottsein" präexistent und in Gott hinein verlagert werden („... wahrhaft Gott"). Um den Heiligen Geist, der „gesprochen hat durch die Propheten", als wahrhaft eigenständiges göttliches Wesen erscheinen zu lassen, musste er in Gott unmittelbar verortet werden („... der aus dem Vater hervorgeht"). Und um die „Zwei" („Sohn" und „Heiliger Geist") unmissverständlich als Einheit mit dem „Vater" zu sehen, musste die gattungsmäßige Einheit („Gott") aller drei in das Glaubensbekenntnis aufgenommen werden („Wir glauben an den *einen* Gott ..."). Gregor von Nyssa (ca. 335–394) hat den auf diese Weise gewonnenen „Kompromiss" deutlich erkannt und ausgesprochen. Er vertrat die Ansicht, dass die Trinitätslehre „die Mitte zwischen beiden Meinungen" (dem jüdischen Monotheismus und dem hellenistischen Monismus) sei. „Behalten wir aus der jüdischen Lehre die Einheit der Natur, aus der heidnischen aber bloß die Unterscheidung der Personen, so ist auf beiden Seiten die Gottlosigkeit durch die entsprechenden Heilmittel geheilt."[221]

So gesehen gewinnt die Dreizahl Symbolwert. Sie ist weniger numerisch als die Summe von eins und eins und eins zu verstehen, sondern eher qualitativ als Einheit, die das Unterschiedene zusammenführt. Ein symbolisch-qualitatives Verständnis der Dreizahl in der Trinitätslehre erscheint theologisch erheblich aussagekräftiger als die verkrampften Spitzfindigkeiten der (scholastischen) Trinitätsspekulation mit ihrem Versuch, eine numerisch-quantitative Interpretation gegenüber der Gefahr des Tri-Theismus zu retten.

Was soll man schon mit Formulierungen anfangen, wie sie etwa in der doch offensichtlich um das Verständnis aller Gläubigen bemühten Präfation des katholischen Dreifaltigkeitsfestes zu finden sind: „Mit deinem eingeborenen Sohn und dem Heiligen Geist bist du (der angesprochene Gott-Vater, N.S.) der eine Gott und der eine Herr, nicht in der Einzigkeit einer Person, sondern in den drei Personen des einen göttlichen Wesens[222] (Eine andere, früher übliche Übersetzung lautete hier: [...] in der Dreifaltigkeit des einen Wesens, N.S.) [...] So beten wir an im Lobpreis des wahren und ewigen Gottes: die Sonderheit in den Personen, die Einheit im Wesen und die gleiche Fülle in der Herrlichkeit.“

Der Katholische Erwachsenenkatechismus vermeidet die in den theologischen Handbüchern abgedruckten diffizilen Unterscheidungen. Er zitiert einen Ausschnitt aus der Dreifaltigkeitspräfation und schreibt im Anschluss dazu: „Dieses Bekenntnis zum dreieinigen Gott ist ein tiefes Geheimnis, das kein geschaffener Geist von sich aus zu entdecken oder jemals zu begreifen vermag. Es ist das Geheimnis einer unergründlichen und überströmenden Liebe: Gott ist kein einsames Wesen, sondern ein Gott, der aus der Überfülle seines Seins heraus sich schenkt und mitteilt, ein Gott, der in der Gemeinschaft von Vater, Sohn und Geist lebt und der darum auch Gemeinschaft schenken und begründen kann. Weil er Leben und Liebe in sich ist, kann er Leben und Liebe für uns sein. So sind wir von Ewigkeit her in das Geheimnis Gottes einbezogen. Gott hat von Ewigkeit her Platz für den Menschen. Letztlich ist das Bekenntnis zum dreifaltigen Gott eine Auslegung des Satzes: ,Gott ist Liebe‘ (1 Joh 4,8. 16b).“[223] Auffälligerweise ist hier weder von „Person“ noch von „Wesen“ noch von „Natur“ die Rede. Stattdessen taucht *drei*mal („Zufall“?) das Wort „Geheimnis“ auf. Könnte man es nicht damit belassen? Und wäre nicht der Hinweis auf die biblische Aussage „Gott ist die Liebe“ Klärung genug?

Es sollte in diesem Zusammenhang nicht vergessen werden, was das Zweite Vatikanische Konzil im Hinblick auf die Erklärung der Schrift den Exegeten anmahnt: „Um die Aussageabsicht der Hagiographen zu ermitteln, ist neben anderem auf die literarischen Gattungen zu achten; denn die Wahrheit wird je anders dargelegt und ausgedrückt in Texten von in verschiedenem Sinn geschichtlicher, prophetischer oder dichterischer Art, oder in anderen Redegattungen [...] Will man richtig verstehen, was der heilige Verfasser in seiner Schrift aussagen wollte, so muss man

schließlich genau auf die vorgegebenen umweltbedingten Denk-, Sprach-
und Erzählformen achten, die zur Zeit des Verfassers herrschten, wie auf
die Formen, die damals im menschlichen Alltagsverkehr üblich waren."[224] Zu diesen Denk- und Erzählformen gehört auch die im Geistes-
leben des vorderorientalischen und des griechischen Raumes verbreitete
Zahlensymbolik. Es ist noch nicht ausreichend geklärt, „wieweit die Verfasser des Alten Testaments und der neutestamentlichen Schriften mit jüdischem Hintergrund [...] bewusst die Gesetze der jüdischen Zahlensymbolik beachteten".[225] Diese Frage wäre auch an die Trinitätslehre zu
stellen.

Vielleicht könnte eine veränderte, biblisch begründete Sprachregelung
dazu beitragen, Missverständnisse aus dem Weg zu räumen.

Die unterschiedlichen Gotteserfahrungen der Stämme des Volkes Israel ließen jeweils ein anderes „Angesicht" Gottes (vgl. Ex 33,20; 1 Chr
16,11) erkennbar werden. Dieser Gott erschien nicht als eine einzige
immer gleiche „Größe", sondern stets „neu" und überraschend „anders".
Sein „Name" – Jahwe: „Er-ist-da" – musste jeweils mühsam ausgemacht
und gleichsam neu buchstabiert werden. So wurde Jahwe erfahren – *wie*
ein Vater, *wie* ein König, *wie* ein Herr, *wie* ein mächtiger und grausamer
Kriegsheld, *wie* ein Sippen- und Familienoberhaupt, *wie* ein rätselhafter
Unbekannter, *wie* eine liebende Mutter, *wie* die personifizierte Weisheit,
wie eine „Geistin", *wie* Feuer, Blitz und Erdbeben, *wie* ein sanftes Säuseln
eines zarten Windes, *wie* eine Donnerstimme im Schall der Posaunen,
wie ein leise mahnender Ruf im Inneren des Menschen.

In all diesen unterschiedlichen Erfahrungen bemühte sich das Volk
dennoch, den einen und *einzigen* Gott „Jahwe" zu erkennen, besser: wieder zu erkennen. Gott musste „geeinigt" werden. Ein „einigendes" Bekenntnis, das die Bildrede von „Vater", „Sohn" und „(Heiliger) Geist"
und das damit gegebene mögliche Missverständnis einer Dreipersönlich-
keit Gottes in unserem heutigen Sinne (Person als Individuum) vermeidet, gleichzeitig aber die überkommene „Drei"-Zahl der Gotteserfahrungen beibehält, könnte so aussehen:

Gott-vor-uns – Gott-mit-uns – Gott-in-uns
Gott ist Jahwe, der „Ich-bin-da", weil er trotz aller Unterschiede seiner
Erfahrbarkeit immer derselbe bleibt: Er ist die Quelle allen Lebens, der
Schöpfer und Erhalter der Welt, der vor seinem Volk Herziehende und

inmitten seines Volkes Wohnende, der die Seinen Liebende und für sie Sorgende, der immer wieder in allem Vorangehende und der schließlich alles in seine geöffneten, liebenden und erwartenden Hände Aufnehmende und Vollendende:

■ Gott ist *Gott-vor-uns* (in doppeltem Sinn als Ursprung und Ziel).

Christinnen und Christen glauben und bekennen, dass dieser „Gott-vor-uns" sich den Menschen in besonderer und einzigartiger Weise genähert hat in Jesus, dem Mann aus Nazaret. In ihm ist Gott zum Bruder aller Menschen geworden; er hat Leib und Leben, Not und Tod mit ihnen geteilt; er begegnet in jedem Geringsten (Mt 25,40.45) und ist so bei ihnen „alle Tage bis zum Ende der Welt" (Mt 28,20):

■ Gott ist *Gott-mit-uns*, der „Immanuel" (Jes 7,14).

Gott ist das unsichtbare Lebensprinzip alles Geschaffenen und Gewordenen. Er ist nimmer erlahmende Triebkraft und Ansporn. Er ist Anwalt der Unterdrückten und Entrechteten, weiterführender Lehrer der Suchenden und Fragenden (Joh 14,26), Stimme der Bedrängten und Entmutigten (Lk 12,12), Tröster der Leidenden und Sterbenden. Er ist die alles und alle verbindende Gemeinschaft und Liebe (Röm 5,5):

■ Gott ist *Gott-in-uns* (1 Kor 2,10).

Gott ist „drei"-faltig: „In ihm leben wir, bewegen wir uns und sind wir" (Apg 17,28). Auf unzählige Weisen ist er im Leben erfahrbar. Unendlich ist die Zahl der Variationen, in denen er sich offenbart, in denen er das Geheimnis seines Wesens etwas lüftet, in dem er wie durch einen Schleier wahrzunehmen ist. Aber Gott ist trotz dieser vielfältigen Erfahrungsweisen nicht eine Vielheit, die sich zerfranst und unübersichtlich wird. Er ist erfahrbar als eine Vielheit, die sich in ihrer Offenbarung wieder zur Einheit schließt:

■ Als „Drei"-faltiger ist der eine und einzige Gott: *Gott vor uns, Gott mit uns, Gott in uns.*

Gott Vater – Gott Sohn – Gott Heiliger Geist
Vor diesem Verständnishintergrund ließe sich auch ein neuer Zugang zu
den traditionellen Bildern „Vater", „Sohn" und „Heiliger Geist" in der
christlichen Trinitätstheologie gewinnen:

■ All jene Erfahrungen mit Gott, die in ihm ein zeugendes und/oder
schaffendes, ein führendes und sorgendes, ein tragendes und halten-
des, ein leitendes und richtungweisendes, ein umfassendes und ber-
gendes Prinzip offenbar werden lassen, werden gleichsam gebündelt in
dem Bild-Symbol

   „(Gott) Vater".

■ All jene Erfahrungen mit Gott, die in ihm (wie in Jesus von Nazaret)
das Kleine und Unscheinbare, das Hilfsbedürftige und Niedrige, das
Ohnmächtige und Ausgelieferte, das mit uns Menschen gleichsam
„unten" und „nebenan" auf einer Ebene Stehende offenbaren, werden
gebündelt in dem Bild-Symbol

   „(Gott) Sohn".

■ All jene Erfahrungen mit Gott, die in ihm etwas überraschend anderes
und Beunruhigendes, etwas Aufbrechendes und Vorwärtstreibendes,
etwas im Menschen selbst Lebendiges und Wieder-lebendig-Machen-
des offenbar werden lassen, werden gebündelt in dem Bild-Symbol

   „(Gott) Heiliger Geist".

Islam

Der eigentliche Name Gottes ist unbekannt

Der Islam entstand zu Beginn des 7. Jahrhunderts nach Christus mit dem
Berufungserlebnis Muhammads. Durch vielfältige Kontakte (jüdische
Kolonien, christliche Siedlungen, Kaufleute, Söldner) hatte er Elemente
des Judentums und des Christentums kennen gelernt. Muhammad fühlte

sich dazu berufen, den nach seiner Auffassung verfälschten Monotheismus dieser beiden Religionen in reiner und ungetrübter Form zu verkünden. Seine fragmentarischen Gedanken dazu hatte er – entsprechend den heiligen Schriften der hebräischen und der christlichen Bibel – in einem von seinen Begleitern und Freunden zusammengestellten Buch, dem Koran, aufzeichnen lassen.

In „Allah", dem Gottesnamen des Islam, steckt das im gesamten semitischen Sprachraum verbreitete Wort „el" (bzw. „il"). Die ursprüngliche Bedeutung ist unsicher, meist wird das Wort abgeleitet von der Wurzel „wl" (= stark sein, vorne sein). Es bedeutet also soviel wie „Macht", „Herrlichkeit", „Erhabenheit". Der Name „Allah" setzt sich zusammen aus dem arabischen Artikel „al" und der alten Gottesbezeichnung „il". „ilah" erscheint als emphatische Steigerung des Ausdrucks „il". Die Verbindung des Artikels „al" mit „ilah" ergibt „Allah". „Allah" bedeutet also „der einzige Gott", kein anderer.

Wer die arabische Sprache versteht, wird sich vermutlich wundern, wenn er heute bei arabischen Christen nach der Bekreuzigungsformel „Im Namen des Vaters, des Sohnes und des Heiligen Geistes" den Zusatz „ein einziger Gott" zu hören bekommt. Damit soll offensichtlich der islamischen Umgebung versichert werden, „dass es sich auch bei dem dreieinen Gott um eben den Einen handelt. Die Überlieferung der theologischen Doktrin der Trinität hat sich offenkundig in der Situation der Abgrenzung von der Form des islamischen Monotheismus akzentuierter modelliert."[226] Denn es heißt im Koran: „Wahrlich, das sind Ungläubige, die sagen: Allah sei Christus, der Sohn der Maria. Sagt ja Christus selbst: ‚O ihr Kinder Israels, dient Allah, meinem und euerem Vater.' Wer Allah irgendein Wesen zugesellt, den schließt Allah vom Paradies aus, und seine Wohnung wird das Höllenfeuer sein, und die Gottlosen werden keinen Helfer haben. Das sind Ungläubige, die sagen: ‚Allah ist der dritte (einer) von dreien'; denn es gibt nur einen einzigen Gott. Enthalten sie sich nicht, so zu sprechen, wird diese Schriftbesitzer schwere Strafe treffen" (Sure 5,73.74). An anderer Stelle steht. „Ihr Schriftbesitzer, überschreitet nicht die Grenzen euerer Religion und sagt nichts anderes von Allah, als was wahr ist. Wahrlich, der Messias Jesus, der Sohn Marias, ist ein Gesandter Allahs, und das Wort, das er Maria niedersandte, eine Erfüllung Allahs und sein Geist. Glaubt daher an Allah und seinen Gesandten, sagt aber nichts von einer Dreiheit. Vermeidet das, und es wird besser um euch stehen. Es gibt nur einen einzigen Gott. Fern von euch sei, dass er einen Sohn habe!" (Sure 4,172).

Muhammad sieht in Allah den einen und einzigen, personalen Gott. Neben ihm gibt es keinen Gott. Er ist ewig, der Erste und der Letzte. Er kennt weder Grenzen noch Zusammensetzung aus Teilen. Zu seinen Eigenschaften zählen Weisheit und All-Macht, All-Erhabenheit und Leben, Güte und Barmherzigkeit. Allah hat die Welt geschaffen, er führt sie einem Ziel zu, und er handelt in und an seiner Schöpfung. Er meint es gut mit seinen Geschöpfen. Mit ihm kann der Mensch in einen Dialog treten. In der völligen Hingabe an Allah, im „Islam", findet er zu Friede und ewiger Erfüllung. Den Gesandten Allahs und ihrer Botschaft hat der Mensch Glauben entgegenzubringen. Auch Jesus ist ein Prophet. Muhammad aber ist der letzte, und sein Gesetz hebt alle früheren Gesetze auf, soweit sie mit ihm nicht übereinstimmen.

In einer Broschüre des Instituts für Internationale Schulbuchforschung findet sich zum Thema „Gott" Folgendes:

„Sachgemäß ist es zu sagen:

- Der Begriff Allah (zusammengesetzt aus dem arabischen Artikel *al-* und *iláh* = Gott) bedeutet DER Gott und ist das arabische Wort für Gott schlechthin. Auch arabische Bibelübersetzungen verwenden für ‚Gott' die Bezeichnung ‚Allah'.
- Allah als der *eine* und *einzige* Gott (= Monotheismus) ist die zentrale Grundlage des islamischen Glaubens.
- Der Koran vertritt die Überzeugung, dass alle Gesandten und Propheten ein und denselben Gott verkünden. Allah/Gott ist nach koranischer Überzeugung identisch mit dem Gott der Thora und des Evangeliums. […]

Ebenso hält der Koran Allah für den einzigen Gott aller Religionen, die von einem Gott verkünden. Dieses Phänomen ist als ‚inklusive Absolutheit' bezeichnet worden (G. Mensching).

- Charakteristisch für das islamische Gottesverständnis sind die Namen und Eigenschaften, die den einzigen Gott seinem Wesen und Handeln nach zugeordnet werden. Man spricht von den ‚hundert schönsten Namen Allahs', die in Nominalform in Koran und Sunna vorkommen.

Darüber hinaus lassen sich weitere Namen und Eigenschaften aus der Vielfalt seiner Manifestationen ableiten.

■ Folgende Wesensmerkmale werden besonders hervorgehoben und sind daher für das Gottesverständnis des Islam wichtig: ‚der Lebendige‘, ‚der Beständige‘, ‚der Erhabene‘, ‚der Wollende‘, ‚der Weise‘, ‚der Wissende‘.

■ Als Handelnder wird Gott folgendermaßen beschrieben: ‚Schöpfer und Erhalter‘, ‚Gestalter‘, ‚Lebensgewährer und Lebensnehmer‘.

■ Gottes Beziehungen zu seinen Geschöpfen sind nach islamischem Verständnis vor allem von zwei Haupteigenschaften bestimmt: Der Barmherzigkeit, zu der er sich als der Allmächtige Gott nach dem Koran selbst verpflichtet hat (vgl. Sure 6,12 und 6,54), und der daraus resultierenden Gerechtigkeit."[227]

Der Islam kennt 99 Namen Allahs. Deswegen besitzt auch die von vielen gläubigen Muslimen verwendete Gebetsschnur 3 × 33 (= 99) Perlen. Der eigentliche Name Allahs ist den Menschen allerdings unbekannt. Denn nach orientalischer Auffassung bedeutet, den Namen eines Dinges oder eines Menschen zu kennen, auch Macht über ihn zu besitzen und über ihn verfügen zu können. Man bemüht sich aber, diesen eigentlichen Namen zu umschreiben. Obwohl der Islam in besonderer Weise auf die Einheit und Einzigkeit Gottes bedacht ist und sich deshalb auch besonders scharf gegen die christliche Trinitätslehre wendet, wird in diesen Umschreibungen doch etwas von der Vielfalt der Erfahrungen und damit von der Vielgestalt der dahinter liegenden Wirklichkeit „Gott" erkennbar.

In der Verfassung der Türkischen Republik, die seit 1982 in Kraft ist, wurde der „Unterricht in Religionskultur und Moral" zum Pflichtfach in sämtlichen Lehranstalten der Grund-, Mittel- und Oberschulen (Gymnasien) erhoben. Weil es nicht uninteressant ist zu wissen, wie das Christentum in den öffentlichen Schulen der heutigen Türkei dargestellt wird, soll hier exemplarisch wiedergegeben werden, was im Lehrprogramm für das erste Schuljahr der „Oberschule" (= 9. Klasse) unter dem Abschnitt „Die christlichen Glaubenslehren" geschrieben steht:

„Der christliche Glaube beruht in erster Linie auf der Trinitätslehre, wobei von Vater, Sohn und Heiligem Geist gesprochen wird. Die Trinität ist ein sehr schwer zu erklärendes Thema. Bei der Darstel-

lung dieses schwierigen Themas werden von den Christen zwei
Punkte hervorgehoben:
Der erste: Gott ist es, der das Weltall erschaffen und erhalten hat. Er
ist es, der Jesus gesandt hat. Jesus hat während seines irdischen Le-
bens zu ihm gebetet. Jesus ist wie sein Vater-Gott eine lebendige
Person. Außerdem ist auch der Heilige Geist eine Person wie Jesus,
denn er gibt Kraft und Anleitung. In dieser Hinsicht beten die
Christen bei ihren Gebeten drei verschiedene Personen an.
Der zweite: Die Christen glauben, dass diese drei verschiedenen Personen sich in einem Wesen, in einer Gottheit vereinen. Wenn jemand Knecht Gottes wird, ist er Knecht dieser drei Personen. Zum
Beispiel wird die Taufe im Namen dieser drei Personen, die in einem
Namen zusammengefasst sind, gespendet. Das Lob wird im Namen
eines Gottes den Dreien dargebracht: ‚Ehre sei dem Vater, dem Sohn
und dem Heiligen Geist wie es das ganze Weltall von Anbeginn
getan hat, es jetzt tut und es bis in Ewigkeit tun wird. Amen!‘
Die Arbeitsaufteilung in der Trinität ist folgenderweise bestimmt
worden: Der Vater erschafft, der Sohn rettet, der Heilige Geist hei-
ligt.“[228]

Die Ausführungen zeigen, dass die Bemühungen westlicher Theologie,
mit geschickter Formulierungskunst und Distinktion das Geheimnis des
„einen Gottes in drei Personen“ aufzuhellen und zu „erklären“, offensichtlich an dem noch immer dabei verwendeten Person-Begriff schei-
tern und zu Missverständnissen führen (müssen). Denn was hier als
„christliche Glaubenslehre“ ausgegeben wird, ist tatsächlich nichts anderes als reiner Tritheismus.

Der Koran und die islamische Tradition hüllen trotz aller wortreichen
Rede das Mysterium Gottes in einen undurchdringlichen Schleier. In seiner unendlichen Lebensfülle übersteigt Gott alle Möglichkeiten menschlicher Sprache, ihn adäquat zu benennen. Er ist „vielnamig“, weil er namenlos ist. Da die Reihe der Gottesnamen unabschließbar bleibt, sind alle
Versuche des Benennens ein Ausdruck der Hoffnung, dass am Ende aller
menschlichen Wege und Bemühungen der volle Name Gottes offenbar
werden wird: „Stückwerk ist unser Erkennen, wenn aber das Vollendete
kommt, vergeht alles Stückwerk. [...] Jetzt erkenne ich unvollkommen,
dann aber werde ich durch und durch erkennen“ (1 Kor 13,9.10.12).

IV. „Drei"-faltigkeit des Absoluten in der griechischen Philosophie

Platon

Maßgeblichen Einfluss auf die allmählich entstehende Theologie der jüdisch-christlichen Tradition – und hier insbesondere auf das Nachdenken über Gott selbst – übte, wie schon oben erwähnt, die Philosophie Platons (428/427–348/347 v. Chr.) aus.

Platon geht von der Binsenwahrheit aus, dass der Mensch mit seinen fünf Sinnen nur die Welt des Werdens und Vergehens erkennen kann. Sie bildet gleichsam ein Mittleres zwischen dem geistigen Sein und dem Nichts. Nur der Vernunft (nous) gelingt es, durch die sinnenfälligen Dinge hindurchzudringen in die Welt der Ideen, die Platon als geistige Formgestalten sieht. Die höhere „Ideenwelt" (kosmos noätós) ist in Gott verankert. Die „Ideen" sind das allein wahre und wirkliche Sein. Sie sind aller sinnlichen Wahrnehmung entzogen und keinem Wandel unterworfen. Sie sind nur der geistigen Einsicht zugänglich. Sie haben außerhalb und „oberhalb" der Dinge ihren ewigen Bestand und bilden den eigentlichen Sinngehalt der Welt und des Lebens. Durch die Teilhabe an ihnen wird das niedere, materielle Sein erst ermöglicht. Die „Ideen" sind in den Dingen anwesend – wie das Urbild im Abbild. Die vergänglichen, materiellen Dinge nehmen an den „Ideen" teil.

Platon lässt die Frage offen, wie das Verhältnis der „Ideen" zueinander zu bestimmen ist, und vor allem: wie die „Ideen" auf die „Idee der Ideen", auf das absolute Gute, Schöne und Wahre bezogen sind, auf das also, was sie überhaupt erst zu „Ideen" macht.

Vom eigentlichen Sein erfährt der Mensch nur etwas im konkret vorhandenen Seienden, in den Dingen der Welt. Diese sind in dreifacher Weise bestimmt:

- Die seienden Dinge „partizipieren" am Sein durch die „Ideen" (und diese wiederum an der „Idee der Ideen", dem absoluten Sein).

■ Die seienden Dinge stellen die „Ideen", das Sein, aber nicht adäquat dar, sondern immer nur analog, ähnlich.

■ Dennoch machen die seienden Dinge aufmerksam auf das „hinter" ihnen sich verbergende und sich in ihnen zugleich in analoger Weise offenbarende Sein. In den Abbildern wird das Urbild erkennbar.

Analogie-, Partizipations- und Urbild-Abbild-Gedanke gehören zu den wesentlichen Merkmalen der platonischen Philosophie.

Die *Analogie* (vom Griech.: Verhältnis, Entsprechung) verdeutlicht Platon am Modell einer Linie, die in zwei ungleiche Abschnitte unterteilt ist. Der kleinere davon stellt den sichtbaren, der größere den unsichtbaren Bereich der „Ideen" dar. Die beiden Abschnitte sind ihrerseits nach derselben Proportion unterteilt: Die Unterabschnitte des Sichtbaren stehen für die körperlichen Dinge und ihre jeweiligen Schatten, die Abschnitte des Unsichtbaren für die „Ideen" und ihre mathematischen Sachverhalte.[229] Damit will Platon verdeutlichen: Sichtbares und Unsichtbares sind aufgrund ihres Seins ebenso voneinander geschieden wie Schatten und Spiegelungen von den wirklichen Dingen. Aber wie die Dinge sich in ihren Schatten abbilden, so erscheint im Sichtbaren das Unsichtbare, im Seienden das Sein.

Diese *Partizipation* des Seienden am Sein (griech.: méthexis) verbindet die getrennten Seienden zur Einheit im Sein. Das Vereinzelte und Differente erscheinen eingefügt in ein einziges Ganzes, wobei Einzelnes und Ganzes in ihrer jeweiligen Eigenart und Differenz gewahrt bleiben. Genau genommen bringt der Partizipationsgedanke zum Ausdruck, dass das Ganze (die Einheit) erst dann als Ganzes gegeben ist und erkannt werden kann, wenn das Einzelne dabei nicht verschwindet, sondern gerade in sein Eigenes gelangt. „Wenn es außer dem Schönen an sich noch irgendetwas anderes Schönes gibt, so ist dieses nur deshalb schön, weil es an dem Schönen an sich teilhat."[230]

Der *Urbild-Abbild-Gedanke* besagt schließlich, dass das Urbild, das Sein, zwar anders als alles übrige Seiende und insofern „jenseitig" (epékeina[231]) ist. Dennoch hängt alles andere davon ab. So ist das Urbild, das Sein, in gewisser Weise im Abbild, im Seienden, anwesend. Nur so ist überhaupt ein „Aufstieg" aus den Dingen zu den „Ideen", aus dem vereinzelten Seienden zum absoluten Sein möglich. Um hier mit Goethe zu sprechen:

„Wär' nicht das Auge sonnenhaft,
die Sonne könnt' es nicht erblicken;
läg' nicht in uns des Gottes eigene Kraft
wie könnt' uns Göttliches entzücken!"[232]

Der „Aufstieg" zum Eigentlichen, zum Reich der Ideen, zum Sein, ist das unstillbare Bedürfnis der (unsterblichen) menschlichen „Seele", genauer: des „Eros". Den Eros versteht Platon als die intuitiv suchende und begehrende („platonische") Liebe zum Guten, Wahren und Schönen. Wenn die Seele das Seiende in einer Art Wieder-Erinnerung (anámnesis) an die in einer Vorexistenz bereits geschauten Ideen auf die hier und jetzt vorgegebenen und anwesenden „Ideen" durchschaut, regt sich in ihr der Eros, zu den ewigen Wesenheiten aufzusteigen. So nimmt die „Seele" eine gewisse Zwischenstellung zwischen dem Sein und dem Seienden ein. Platon nimmt eine Dreiteilung der Seele an[233]:

■ Die Vernunft- oder Geist-Seele (logistikón) ist mit Denken begabt und zur Lenkung der anderen „Seelenteile" berufen.
■ An unterster Stelle steht die triebhafte Begierden-Seele (epithymätikón).
■ Zwischen beiden vermittelt der Wille, die muthafte „Seele" (thymoeidés).

Platon vergleicht die Menschenseele mit einem Zweigespann und dessen Wagenlenker. Der Wagenlenker ist die Vernunft. Die beiden ungleichen und nur schwer zu einheitlichem Tun anzuleitenden Pferde sind das edle und das mutige Pferd des Willens und das unedle und widerspenstige Pferd der Begierde.[234]

Als höchstes und letztes Ziel menschlichen Lebens betrachtet Platon die „Verähnlichung mit Gott, soweit nur irgend möglich, d. h. heilig zu werden und gerecht aufgrund von Einsicht und Weisheit".[235]

Den drei Seelenteilen entsprechen die drei Stände des Staates: die regierenden Philosophen (Lehrstand), die Krieger (Wehrstand) und der Nährstand. Die Analogie des Aufbaus beruht auf der Gemeinsamkeit des Zieles: Seele und Staat sollen die Idee des Guten im Sichtbaren verwirklichen. Jedem der drei Stände des Staates ist darum eine Tugend zugeordnet:

- dem Stand der Philosophen die Einsicht und Weisheit,
- dem Stand der Krieger die Tapferkeit und der Mut,
- dem Nährstand die Selbstzucht und Besonnenheit.

Das Zusammenspiel und die Harmonie aller drei Stände bewirkt die Gerechtigkeit.

Die Harmonie des Kosmos ist der Weltseele übertragen.[236] Platon vertritt die Ansicht, dass sie unmittelbar vom Weltbildner, vom Demiurg, geschaffen wird. Er ordnet das All nach dem idealen Vorbild des „vollkommenen Lebewesens", weil er gut und neidlos ist und weil er will, dass alles ihm ähnlich wird. Durch die Weltseele lässt die „Vorsehung" die Welt zu einem beseelten und mit Vernunft begabten Lebewesen werden. Platon versucht, mit diesem Mythos zum Ausdruck zu bringen, dass der sichtbare Kosmos am Guten, Schönen und Wahren teilhat, dass er als Abbild einer idealen Ordnung erscheint und in allen seinen Teilen auf sein ideales Vorbild bezogen ist. Diese Ordnung liegt dem menschlichen Erkennen offen, weil das kosmische Gesetz zugleich das des menschlichen Geistes ist.

> „Die Dreiheit ist seit Plato geläufig geworden: Bei ihm ist im Sein des Guten die Einheit des Guten, Wahren, Schönen gedacht (Symposion), anders ist die Dreiheit von Gott (dem Demiurgen), der ewigen Ideenwelt, auf die er blickt, und des Kosmos des Werdens, den er hervorbringt."[237]

Aristoteles

Aristoteles (384–322 v. Chr.) war ein Schüler Platons. Dennoch hat er in schöpferischer Selbstständigkeit ein philosophisches System entwickelt, das bei aller Verschiedenheit die grundlegende Verbindung mit seinem Lehrer Platon nicht verleugnet. Während nach Platon der Aufstieg zum Ewigen sich in einem Prozess der Wieder-Erinnerung an die in einer Vorexistenz bereits geschauten Ideen vollzieht, geht Aristoteles von einer Betrachtung der sinnenfälligen Dinge aus. Aristoteles wendet sich dem konkreten Einzelding zu. Denn es ist für ihn die einzige Tür, die sich dem menschlichen Verstand bietet, um zur Wahrheit zu gelangen: „Das Allgemeine ergibt sich immer aus den Einzeldingen."[238]

Aristoteles gründet die Wahrheit des menschlichen Erkennens nicht auf eine transzendente, von den Erfahrungsdingen geschiedene Ideenwelt (wie bei Platon), sondern auf die in den Dingen enthaltenen Formen. Die Erkenntnis des allgemeinen Wesens geht aus von den sinnlich wahrnehmbaren Dingen, die der menschliche Verstand gleichsam durchleuchtet. In diesem Durchleuchtungsprozess wird das Wesen des Dinges erkannt, und die allgemeinen Ideen werden geschaut. Der Verstand findet somit die allgemeinen Ideen nicht in sich vor, noch erschafft er sie. Er findet sie in den Einzeldingen. Die Sinneserfahrung spielt im Erkenntnisprozess die entscheidende und unersetzliche Rolle: „Es ist offenkundig, dass wir das Allererste mit Hilfe der Erfahrung erkennen müssen."[239] Nichts ist im Geist des Menschen, was nicht zuerst in seinen Sinnen war. Der Weg der menschlichen Erkenntnis vollzieht sich von außen nach innen, von der Sinneserfahrung zur geistigen Durchleuchtung, vom konkreten und individuellen Einzelding zum allgemeinen Wesen, zur Idee.

Nach Aristoteles vermag die Kraft des menschlichen Verstandes auch das Göttliche nur aus den sichtbaren Dingen zu erkennen: „Aus zwei Quellen ist der Gedanke an die Gottheit den Menschen gekommen, aus den seelischen Erfahrungen und dem Anblick der Gestirne."[240] Der Satz erinnert an den berühmten Ausspruch von Immanuel Kant: „Zwei Dinge erfüllen das Gemüt mit immer neuer und zunehmender Bewunderung und Ehrfurcht, je öfter und anhaltender sich das Nachdenken damit beschäftigt: der bestirnte Himmel über mir und das moralische Gesetz in mir."[241]

Für Aristoteles nimmt die „erste Philosophie" (später „Metaphysik" genannt) den höchsten Rang unter den Wissenschaften ein. Sie ist die Grundlage aller Wissenschaft, weil sie das thematisiert, was für jede Wissensform unerlässlich ist: den Begriff des Seienden, insofern es ist. Die erste Philosophie fragt nach den letzten und obersten Ursachen des vereinzelt und different Seienden: „Seiendes wird in vielfacher Bedeutung ausgesagt, aber in Beziehung auf Eines und auf *eine* Natur."[242]

Ausgangspunkt allen Fragens ist für Aristoteles immer die Bewegung, die sich auf das Unbewegte hin bewegt, das Unvollendete, das sich auf die Vollendung erstreckt, das Veränderliche, das nach dem Unveränderlichen strebt. Für diesen Vorgang sucht er nach der letzten, in den Vorgängen selbst nicht zu findenden und nicht sichtbaren Ursache: Alles Bewegte wird von einem anderen bewegt. Am Anfang aller Bewegung muss ein erster, unbewegter Beweger stehen. Dieser letzte unbewegte Beweger ist für Aristoteles die in aller Bewegung und Veränderung letztlich angestrebte, einzig in sich selbst ruhende, geschlossene Seinsweise, die nicht mehr in etwas anderes übergehen oder aus sich an etwas anderes herantreten muss. Dieses absolute Sich-selbst-Genügen und Bei-sich-selbst-bleiben-Können ist das eigentliche Urbild dessen, was unter „Vollendung" oder dem „Göttlichen" (theion) verstanden werden kann.

Aristoteles kennt somit keinen transzendenten, weltüberlegenen Gott. Auch keinen jenseitigen Weltenschöpfer. Die Welt ist ewig, und in ihrer ewigen Bewegtheit strebt sie zu ihrem Bewegungszentrum, das die göttliche, sich selbst genügende Lebensbewegung des Geistes ist. Höchstes Glück und die höchste Vollendung des (unvollendeten) menschlichen Geistes ist die „Theorie", die Schau des (vollendeten) Geistes selbst. In ihr verschwindet alle Einzelheit, alle Veränderung, alle „Bewegung".

Damit diese „Theorie" gelingen kann, müssen „Praxis" und „Poiesis" (vom griech. poieín = machen) neben die Metaphysik treten.

- ■ „Theorie" ist die Schau des Geistes selbst, die philosophische Kontemplation, die intellektuelle Aufmerksamkeit des Erkennens und Denkens.
- ■ „Praxis" ist der Selbstvollzug des individuellen Lebens auf die Verwirklichung aller in ihm angelegten Möglichkeiten hin. Sie bleibt an Raum, Zeit und individuelle Materie gebunden.
- ■ „Poiesis" ist das Schaffen und das in ihm sich vollziehende und weiterzugebende Verständnis.

Plotin

Der bedeutendste Vertreter einer philosophischen „Dreifaltigkeitslehre" war der Neuplatoniker Plotin (ca. 204–270 n. Chr.). Er darf wohl neben Platon und Aristoteles als der größte und wirkungsmächtigste Philosoph der Antike betrachtet werden. Besonderen Einfluss übte er auf Augustinus, den Bischof von Hippo, aus, der manche seiner Gedanken übernahm und weiterentwickelte.[243]

Plotin nimmt an, dass es über dem Kosmos, der in sich ein höchst komplexes Gebilde darstellt, drei „Ur-Hypostasen" gibt:

- das Eine (griech.: to hen),
- der Geist (griech.: ho nous),
- die Seele (griech.: hä psyche).[244]

Das „Eine" versteht er als absolutes unpersönliches Prinzip. Es ist unaussprechlich. Aus Furcht, es in die Vielfältigkeit hineinzuziehen, können und dürfen ihm deshalb keine Prädikate zugelegt werden. Dieses Eine ist „der Grund der Wesenheit und des Seienden".[245] Es ist „Umfang und Maß aller Dinge".[246] Und weil Seiendes immer nur in der Vielfalt existieren kann, darf das Eine nicht als etwas Seiendes angesprochen werden. Es ist „jenseits des Seins".[247]

Im „Einen" hat der Geist seinen Ursprung.[248] Von diesem Geist sagt Plotin, dass es einen „vor dem Weltall feststehenden Geist gibt, von dem aus und dem gemäß dieses Weltall ist. Wenn es also vor allen Dingen einen Geist (nous) gibt und er das Prinzip aller Dinge ist, so ist er nicht durch Zufall." Der Geist hat „alle Dinge geschaffen, indem er unbewegt und ruhend etwas von sich selbst in die Materie hineingab".[249]

Eine ähnliche Aussage macht Plotin von der Seele, der Psyche: „Die Allseele hat alle Lebewesen geschaffen, indem sie ihnen Leben einhauchte, alle Wesen, welche die Erde und das Meer ernähren, die in der Luft leben oder die als göttliche Gestirne am Himmel stehen. [...] Sie ist anderer Natur als alle Dinge, die sie ordnet und bewegt und zum Leben erschafft."[250]

Geist (nous) und Allseele (psyche) werden als „schaffende" Prinzipien dargestellt. Bei genauerer Prüfung der Texte ergibt sich jedoch, dass trotz der Gleichheit des Prädikats „schaffen" eine Differenzierung hinsichtlich des Objektes besteht: Vom Geist sagt Plotin, dass aus ihm die Worte, die „Logoi", hervorströmen. Der Geist ist es, durch den die Sinnenwelt geformt wird. „Der Geist muss die schöpferische Kraft des Alls sein, er könnte nicht erst die Wesen denken, die noch nicht sind, damit er sie erschaffe. Jene müssen vor der Welt bestehen, sie können nicht Abbild von einem anderen sein, sondern Archetypen, Erstwirklichkeiten und Wesen des Geistes."[251]

Die „Psyche" erschafft das Materielle nach den Ideen, die sie vom Geist empfängt: „Der Geist [...], der oben bleibt, entsendet (seinen Einfluss) auf folgende Weise in die Welt durch die Psyche. Die Psyche, die mehr in seiner Nähe ist, richtet sich nach der Idee, die von dorther kommt. Sie teilt diese den unter ihr befindlichen Wesen mit."[252]

In den Schriften Plotins gibt es immer wieder Stellen, die seine Bewunderung für die Schönheit der Welt und die in ihr waltende Ordnung zum Ausdruck bringen, in der „auch das Kleinste sich zum Ganzen schickt"[253], in der alle Dinge „wie Teile eines Organismus zu einer Einheit zusammengefügt" sind[254], in der jeder Mensch „zur Harmonie des Ganzen beiträgt, indem er seine eigene Melodie spielt, mag diese auch gering, schlecht oder unvollkommene sein"[255]. Für Plotin ist der Weg zum „Einen" weder das wissenschaftliche Erkennen noch das reine Denken, sondern die Intuition. Plotin geht es letztlich nicht um Erkenntnis, sondern um „Theoria", um mystische Gottesschau.

Gemeinsames und Unterscheidendes bei den drei Philosophen

1. Alle drei Philosophen sind darum bemüht, eine möglichst innige Verbindung zwischen dem absoluten, ungeschaffenen Sein und dem relativen, geschaffenen Seienden zu erkennen und zu benennen.
2. Alle drei bemühen sich, die Vielfalt des Seienden zu einer Einheit zusammenzuführen, die sie im „Reich der Ideen" (Platon), im „höchsten unbewegten Beweger" (Aristototeles) oder im „Einen" (Plotin) sehen.
3. Alle drei scheuen sich, dem Absoluten, dem Göttlichen, in irgendeiner Weise einen „Person"-Charakter zuzuschreiben, weil sie befürchten, es damit in die weltlich-menschliche Sphäre hineinzuziehen. Auch wenn gelegentlich die Bezeichnung „Gott" (theós) auftaucht, ist sie eher als Gattungsbezeichnung im Sinne von „das Göttliche" zu verstehen. Plotin ist in seinen Vorstellungen vielleicht am klarsten und denkt das Höchste Wesen als attributloses, namenloses, apersonales „Es" (*das Eine, to hen*), allerdings nicht ohne Hinordnung auf alles andere außer ihm.
4. Grundsätzlich sind bei allen drei Philosophen große Zurückhaltung und ein sehr behutsames Vorgehen im Reden vom Göttlichen erkennbar.
5. Unübersehbar ist (auch bei Aristoteles) die Tendenz, das „Geistige" höher zu bewerten als das Körperliche, Materielle – wohl vor allem deswegen, weil sie in ihm eine größere Ähnlichkeit zu dem als rein geistig verstandenen höchsten Sein sehen.

6. Eine ausgesprochene Tendenz zur Bevorzugung der Dreizahl ist erkennbar – bei Platon mit seinen drei Seelenteilen (Vernunft-Seele,
muthafte Seele, triebhafte Begierden-Seele) und seinen drei Ständen
(Lehrstand, Wehrstand, Nährstand), bei Aristoteles mit seiner Dreiteilung „Theorie", „Praxis", „Poiesis" und bei Plotin mit den drei „Ur-Hypostasen" (das Eine, der Geist, die Seele).

7. Es ist kaum anzunehmen, dass der im 3. Jahrhundert n. Chr. lebende
Plotin mit seinen drei „Ur-Hypostasen" von der christlichen Dreifal-
tigkeitsspekulation beeinflusst war. Und umgekehrt: Es ist kaum denkbar, dass seine Philosophie direkt oder indirekt Auswirkungen auf das
Zustandekommen des Trinitätsdogmas gehabt hätte.

Karl Jaspers kommt zu dem Schluss:

„Man mag die Unterschiede herausheben: etwa daß die Ideen bei
Plato und Plotin ein selbständiges Reich, im christlichen Denken
Gedanken Gottes seien. Man mag eine Dreiheit des Übersinnlichen
in sich (das Eine, die Ideen, die Weltseele, diese drei Plotinischen
Hypostasen, – oder: Vater, Logos und Heiliger Geist) unterscheiden
von der Dreiheit, die die Welt einschließt. Man mag auf die Gleichnisse hinweisen, durch die die Beziehungen der Drei gedacht werden (Zeugung des Sohnes, Hauchung des Geistes, Ursprung der
Welt im Überfließen oder Ausfließen des Seins ohne Verlust des
Seins, als Schöpfung aus Nichts, als Hervorbringung durch planvol-
le Gestaltung). Man mag die Kategorien betonen, in denen die Beziehungen der drei Personen (Gleichheit, Unterordnung, Nebeneinander, Ineinander) gedacht werden (und dann eben die bloße Beziehung für die leichteste, unbeschwerteste, also für die der Sache
angemessene Kategorie halten). Es hilft alles nichts: keine Vorstel-
lungs- und Denkweise hat einen Vorzug, manche haben eine eigentümliche Sprachkraft, alles in allem handelt es sich um Kombina-
tion und Permutation der Begriffe und Gleichnisse, mit denen
Abendländer sich anderthalb Jahrtausende beschäftigt haben, um,
in der Form eines denkenden Erkennens, die Meditation des Geheimnisses zu vollziehen, oder um sich wild mit der rabies theolo-
gorum (wütender Eifer der Theologen, N.S.) zu bekämpfen. [...] Es
ist ein historisch denkwürdiges Phänomen: diese wie eine große

Musik gehörten Weisen formalen Transzendierens, die in dem Ge-
halt des ganzen Seins wieder zu erklingen scheinen. Alle Kategorien,
alle sachlichen und sinnlichen Erscheinungen dienen als Material.
Die Aufgabe war gestellt [...]: das Orchester der Gedanken zum
einheitlichen Spiel zu bringen, aus all den verschiedenen Instru-
menten es im durchsichtigen Aufbau eines Werkes zum Einklang zu
bringen, die eine Melodie in unerschöpflichen Abwandlungen zu
spielen, darin die logische Dramatik (bis zu den Geisteskämpfen
um die Mittel und Grundmotive dieses Spiels) zu finden und dann
wieder die Höhepunkte der Ruhe in stillen, vollendenden Sätzen zu
haben."[256]

V. Der Kosmos

Im folgenden Kapitel soll die trinitarische Spurensuche fortgesetzt werden im Hinblick auf den Kosmos, auf die Welt im Großen und im Kleinen.

„Alle Fülle als Eins" (Meister Eckehart)

In der Predigt 22 macht sich der mittelalterliche Theologe, Philosoph und Mystiker Meister Eckehart (ca. 1260–1327) Gedanken über einen Satz aus dem Epheserbrief: „Ein Gott und Vater aller, der über allem und durch alles und in allem ist" (Eph 4,5). Im Brief an die Gemeinde in Ephesus geht es um die Einheit der Kirche, die durch den Glauben an den einen Herrn und die eine Taufe geeint ist. Den Christen ist der Auftrag gegeben, diese Einheit zu bewahren. Denn die Einheit der Kirche weist auf den einen Gott.

Doch Eckehart löst den Satz völlig aus seinem Zusammenhang heraus.[257] Er sieht die Einheit Gottes stärker aus theologischer und philosophischer Perspektive: „Wenn er (der Verfasser des Epheserbriefes) sagt: ‚ein Gott', so meint er damit, dass Gott Eins ist in sich selbst und gesondert von allem. Gott gehört niemandem an, und niemand gehört ihm an; Gott ist Eins." Und etwas später sagt er: „‚Ein Gott': darin, dass Gott Eins ist, ist Gottes Gottheit vollendet. [...] Einheit hat allein Gott. Gottes Eigenart ist die Einheit; daraus entnimmt Gott, dass er Gott ist, er wäre sonst nicht Gott. Alles, was Zahl ist, das hängt vom Einen ab, und das Eine hängt von nichts ab. Gottes Reichtum und Weisheit und Wahrheit sind ganz und gar Eins in Gott; es ist nicht nur Eins, es ist Einheit."[258]

Unter „Eins" versteht Eckehart ganz offensichtlich nicht eine „einsame" Eins, die getrennt ist von der Zwei und der Drei und den Vielen. Denn er unterscheidet zwischen „Eins" und „Einheit". „Einheit" bedeutet mehr als „Eins". Einheit schließt die Vielheit nicht aus. Im Gegenteil! Einheit kann auch in unendlich vielfältiger Fülle gegeben sein. Die „Eins" und die „Zwei" und die „Drei" – sie alle sind von der Einheit des einen

Zahlensystems umschlossen. „Einheit" bedeutet Reichtum, „Eins" hingegen Armut und Negation; denn der „Eins" fehlt die „Zwei" oder „Drei". Gewiss, die „Eins" ist in der „Zwei" oder der „Drei" enthalten. Aber sie *ist* eben nicht die „Zwei" oder die „Drei".

Für Meister Eckehart ist die Gottheit Gottes in der Einheit vollendet. Gott ist „Einheit" – keine Armut, sondern Fülle, keine Negation, sondern die „Negation der Negation". Die Fülle umfasst alles ohne jede Negation. „Gott hat alle Fülle als Eins."[259]

Wenn Gott als die Einheit in der Fülle gedacht wird, so bedeutet dies, dass auch die Welt, die ja als sein „Bild" geschaffen ist, als eine, wenn auch unvollkommene Einheit in der Fülle erscheint. Denn die Einheit der Schöpfung können wir nur wahrnehmen als eine in Raum und Zeit divergierende, auseinander gelegte Einheit. Das Eine ist nicht das Andere. Die eine Blume ist nicht die andere, und sie ist schon gar nicht ein Stein. Das heißt: „Alle Kreaturen haben eine Verneinung an ihnen selber, die eine verneint, dass sie die andere ist."[260] In der Ausfaltung des Kosmos in Raum und Zeit, in der vielfältigen Verschiedenheit und stetigen Veränderung sieht Eckehart das Eindringen der Negation in das ursprünglich rein positive Sein. „Alles, was Gott je schuf, schuf er in Wandlung. Alle Dinge tragen, so sie geschaffen werden, dieses auf ihrem Rücken, dass sie sich wandeln."[261]

An dieser sich entfaltenden und verändernden Vielheit fällt aber auf, dass sie gleichzeitig immer auch wieder zur Einheit strebt und zusammenwachsen will. Alle Verschiedenheit des einzelnen Einen gegenüber dem einzelnen Anderen wird nur verständlich, wenn die beiden Verschiedenen nicht nur in sich selbst eins sind, sondern wenn sie auch zusammen eine Einheit bilden. Die bunte Pflanze A ist von der nicht minder bunten Pflanze B unterschieden. Weil sie aber beieinander sind (zumindest kann ich sie in meiner Vorstellung beieinander sein lassen), kann ich sie beide als eine Einheit, als „Blumen" erkennen. Die Vielheit der in sich einen Pflanzen wird zur Einheit der Gattung „Blume". Das gilt für alle Vielfalt, für die kleinste wie für die größte. In aller Verschiedenheit bleibt eine Beziehung von dem einzelnen Einen zum einzelnen Anderen. Was sie alle eint – die Planeten, die Pflanzen, die Tiere –, ist die Tatsache, dass ihnen allen das Sein zukommt. Sie sind. Und zumindest in diesem „Sein" bilden sie alle eine Einheit. Alles, was irgendwo in den weiten Räumen des Universums ist, das hat ein „Sein", das ist. Und alles, was irgendwann einmal vor urdenklichen Zeit geschehen ist und was irgendwann einmal in fernster Zukunft geschehen wird, war gleichfalls und wird gleichfalls „sein". Mit diesem einen Wort „Sein" lässt sich alles umfassen. Die Vielheit kann noch so groß und in sich noch so sehr verschieden sein, sie kann nicht aus der alles umfassenden Einheit des Seins herausfallen.

Würde diese gemeinsame Gründung im „Sein" aufhören (was für uns gar nicht vorstellbar ist), würde jedes Ding also ein je eigenes „Sein" besitzen ohne Beziehung zum „Sein" der anderen Dinge, dann gäbe es in der Vielfalt keine Einheit. Dann gäbe es nur beziehungslose Monaden, die in keinem Zusammenhang miteinander stünden. Das Auseinandersein im Raum und in der Zeit ist nicht denkbar ohne ein Beieinandersein, in dem alle vielfältigen Momente ins Eine gesammelt bleiben.

Dieses Verhältnis der Vielheit zu der sie im eigentlichen Sinn erst begründenden Einheit, dem „Sein", beschreibt Eckehart an einer Stelle im Kommentar zum Buch der Weisheit: „Das Eine steigt als Ganzes herab in die Vielen, die diesseits sind, die Viele sind, die Gezählte sind. In allen einzelnen von diesen wird das Eine nicht geteilt, sondern, als Eines unverletzt bleibend, gießt es alle Zahl aus und gibt ihnen allen durch seine Einheit die Form."262

Gerade im Reichtum der Entfaltung des *einen* Seins, wie wir es in unserer Welt erleben, zeigt sich die Fülle der Einheit. Eine „arme" Einheit kann keine Vielfalt hervorbringen. Darum ist die ganze Welt umso mehr „reiche", gefüllte Einheit, je mehr sie Vielfalt und Fülle ist. Aber es gilt auch das Umgekehrte: Sie ist umso mehr Fülle, je mehr sie Einheit ist. Die „Einheit" eines Steines ist nicht besonders groß im Vergleich zur „Einheit" eines Säugetieres. Und umgekehrt: Die Vielheit, die Fülle, die Komplexität eines Säugetieres besitzt eine weit größere und vielschichtigere „Einheit", als man sie einem Stein zusprechen kann. Die Einheit eines Steines lässt sich zerstören, ohne dass der Stein in seinem „Sein" nachhaltig und grundlegend geschädigt wäre. Das ist beim Säugetier völlig anders.

Jedes einzelne Geschöpf ist umso vollkommener, je reicher es in seiner Differenziertheit und damit in seiner Vielfalt ist und je stärker es andererseits in dieser Differenzierung in sich geeint bleibt. Jedes „Ding" steht umso höher in der Gesamtordnung des Kosmos, je reicher seine Entfaltung in die Vielheit ist und je stärker gleichzeitig seine Einheit ist. Je vielfältiger und geeinter ein Geschöpf ist, desto vollkommener bildet es die Einheit Gottes ab, der bzw. die eine Einheit der Fülle ist.

Diesen Gedanken hat Meister Eckehart vor allem im lateinischen Genesiskommentar entwickelt: „Vom Einen, das sich einförmig verhält, tritt immer und unmittelbar das Eine hervor. Aber das Eine ist das ganze Universum selbst, das aus Gott hervortritt als Eines. Eines nämlich in vielen Teilen des Universums. So wie Gott selber, der Hervorbringende Eines ist oder ein einfaches Eines im Sein, Leben und Denken und Wirken, aber überreich hinsichtlich der Ideen."[263]

Die Einheit Gottes ist Reichtum und Fülle. Auch das Universum ist eine Einheit, aber im Reichtum und in der Vielfalt seiner Teile, die sämtlich in der Einheit ihres Seins geeint sind. Dieser Aspekt wird auch im Namen „Universum" deutlich zum Ausdruck gebracht: Universum heißt: ein „der Einheit Zugewandtes", ein „ins Eine Gewandtes".

Die gesamte Schöpfung ist von einer Dimension getragen, die Vielfalt in Einheit einbezieht. Der Unterschied zwischen Gott und Universum besteht darin, dass bei Gott zuerst die Fülle der Einheit ins Auge fällt, deren Reichtum sich entfaltet in der Vielgestalt des Universums. Im Universum aber steht der Reichtum seiner Vielgestalt im Vordergrund, die Einheit ist eher verborgen und muss erst erschlossen werden. Dennoch bietet das Universum in seiner schier unendlich vielfältigen Einheit ein eindrucksvolles Spiegelbild des einen Gottes in seiner Fülle.

„Gott existiert, indem er sich eint" (Teilhard de Chardin)

Ähnliche Gedanken finden sich, 600 Jahre später, bei dem französischen Naturphilosophen, Paläontologen und Theologen Pierre Teilhard de Chardin (1881–1955). Leider bedient er sich einer Terminologie, die vielfach unklar und verschwommen erscheint. Sein Vokabular ist zuweilen mehrdeutig, manche Formulierungen sind unglücklich gewählt, die Ausarbeitung ist nicht selten unzulänglich und lückenhaft. Das alles gibt zu unterschiedlichen Interpretationen seiner Gedanken Anlass. Dennoch steht hinter der manchmal verwirrenden und rätselhaft erscheinenden Außenseite eine faszinierende Schau und Intuition, die es lohnt, sich damit eingehender zu befassen.

Als Naturwissenschaftler fühlt sich Teilhard zuerst verwiesen an die Materie; als zutiefst religiöser Mensch erfährt er sich von Gott angezogen und in Bann geschlagen. Die Beobachtung der Materie und ihrer Entwicklung führt ihn aber nicht weg von Gott, sondern im Gegenteil näher zu ihm:

> „Ich spüre in mir eine Neigung, das Göttliche zu suchen, nicht abseits von der physischen Welt, sondern durch die Materie hindurch und irgendwie in Vereinigung mit ihr."[264]

Für Teilhard erscheint die Welt nicht als ein undurchdringliches Dickicht, das keinen Durchblick auf das jenseits liegende „Eigentliche" zulässt, sondern vielmehr als ein „durchsichtiges", gelichtetes Ganzes. Er sieht durch die komplex-diverse, vielfältig-eine Welt hindurch und erkennt „dahinter" einen letzten und tiefsten Grund für alles Sein. So wird er zum Theologen: „Die einzige Wirklichkeit, die uns verlockt, ist jenseits der transparenten Dinge, durch die sie hindurchschimmert, und was alles an Hinfälligem zwischen uns und dieser Wirklichkeit vergeht, wird sie uns nur makelloser zeigen. Alles ist mir alles, und alles ist mir nichts; alles ist mir Gott, und alles ist mir Staub. Dies kann der Mensch mit derselben Berechtigung sagen, je nachdem der göttliche Strahl einfällt."[265]

Gott ist für Teilhard nicht eine ferne, unnahbare Welt-jenseitige, sondern eine Welt-immanente Größe, die die Welt dazu antreibt, sich zu entwickeln und sich auf Zukunft hin zu entfalten. Als Welt-Transzendenter ist Gott die Voraus-Setzung der Welt: Als Schöpfer-Gott gibt er den Anstoß für alle Entwicklung: „In einem ersten Schritt muss man mit einer ganz und gar gegebenen Voraus-Setzung beginnen: nämlich die irreversible und sich-selbst-genügende Gegenwart eines ‚Erst-Seins'. Anders wäre es unmöglich, irgendetwas anzufügen, das heißt auch nur einen einzigen Schritt vorwärts zu machen."[266]

Teilhard untersucht nun näher, was die Eigenart des geschaffenen Seins ausmacht. Die Welt des Anfangs, so muss er zunächst feststellen, ist kein schön geordneter Kosmos. Sie ist ein Chaos, eine heillose Unordnung, ein verwirrendes Durcheinander, ein „tohu wa bohu" (Gen 1,2). Über viele Milliarden Jahre hinweg besteht sie aus nichts anderem als Wasserstoff und Helium, die durcheinander wirbeln und sich durchmischen. Kein ordnender Geist des Seins ist zu erkennen, kein zielgerichtetes, konstruktives Wirken eines „allmächtigen" Gottes. Aber dennoch, so kann Teilhard auch beobachten, ist das Sein nicht pures Existieren oder Vorhandensein. Dem Sein wohnt ein merkwürdiger Drang nach Einigung, nach Einssein, inne. Freilich, dieser „Drang" hat es nicht eilig. Die Evolution zeigt unendlich viel „Geduld". Die Entwicklung des Chaos zum Kosmos verläuft in unvorstellbar großen Zeiträumen – scheinbar zufällig, absichtslos, sprunghaft. Aber je weiter die Entwicklung fortschreitet, desto deutlicher wird im ungeordneten Sein der Drang nach Einheit erkennbar. Innerhalb der durch die Evolution entstandenen Dinge ist der Mensch, das am weitesten fortgeschrittene Produkt der Entwicklung, stärker von der Einheit geprägt als die Pflanze, die Pflanze aber wiederum mehr als der Stein. Auf den ersten Blick erscheint es geradezu paradox: Je komplexer, je vielfältiger das Sein eines Seienden sich darstellt, desto mehr ist es geeint. Höchste Einheit zeichnet sich aus durch höchste Vielfalt. Das höchste Sein ist zugleich das komplexeste und das geeinteste Sein.

Bei dieser Einung unterscheidet Teilhard eine mehr aktive und eine mehr passive Form:

- Die aktive Form der Einung besagt: sich mit sich selbst einen oder andere einen,
- die passive Form besagt: geeint sein oder geeint werden durch ein Anderes, durch einen Anderen.[267]

Der aktive Aspekt weist darauf hin, dass die Dinge nicht selber völlig passiv sind und dass sie sich nicht allein durch eine von außen auf sie einwirkende Kraft im Dasein bewegen lassen. Vielmehr geschieht diese „Bewegung" durch einen eigentümlichen „Drang" der Elementarteilchen, sich mit anderen Teilchen zu einem geeinten Ganzen zu verbinden (die Atome „drängt" es „innerlich" danach, ein Molekül zu bilden; Menschen „drängt" es „innerlich" danach, sich zusammenzuschließen zu Familien, zu Sippen, zu Gruppen, zu Staaten …). Dieser Drang der Dinge nach „Aufnahme von Beziehungen" zeigt nicht die Merkmale einer Befehlsstruktur („Es werde!… Und es ward"). Vielmehr scheint der Schöpfer in die Dinge hinein eine Art von „Liebe" gelegt zu haben, die die Elemente füreinander öffnet und aufeinander zugehen lässt. Gott hat die Dinge mit „Liebe" erfüllt, indem er sich selbst mit seiner Kraft der Liebe in die Dinge hineinbegab und doch gleichzeitig die Dinge sie selber sein ließ.

Der passive Aspekt besagt: Gott schafft dadurch, dass er in die Elemente diesen „Drang" nach Vereinigung, nach Komplexität hineingelegt hat. Gott ist keineswegs der allein tätige große „Ur-Macher" oder Baumeister, der die passiven Dinge von außen zusammengefügt hat.

Für den Theologen Teilhard liegt aufgrund dieser Beobachtungen und Überlegungen der Schluss auf das Sein und Wesen Gottes nahe. Was Teilhard am sichtbaren Kosmos erfährt, überträgt er auf Gott, das Urbild und den Urgrund allen Seins. Er sieht Gott, das „Erste-Sein", geradezu „definiert" durch die Einung. „Gott existiert, indem er sich eint (en s'unissant)."[268] Nur ein Mehrfaches, Vielfältiges kann sich einen. Gott, das vollkommenste, letzte und tiefste Sein, muss also irgendwie „mehrfach" und „vielfältig", irgendwie in sich differenziert und „mehrdimensional" sein. Weil Gott das vollendete Sein ist, kann er kein uniformes, unkomplexes, in sich undifferenziertes und monolithisches Wesen sein. Er „muss" geradezu „drei"-„persönlich" sein. Gott ist Urgrund und Urbild aller Einung. Sein absolutes und höchstes Sein vollzieht er durch die höchstmögliche Form der Einung: Gott ist eine Wesenheit in drei Personen – Vater, Sohn und Heiliger Geist. Die Drei steht hier symbolisch für die geeinte Vielfalt. „Eins" drückt die undifferenzierte, monotone Einheit aus, „zwei" die ungeeinte „eins" und das ihr beziehungslos gegenüberstehende „Viele". Erst die „Drei", die geeinte Vielfalt bzw. die komplexe Einheit, ist Ausdruck der Vollkommenheit des Seins.

Für den Naturwissenschaftler Teilhard ist es wichtig, die Schöpfung in diesen göttlichen Einungsprozess einzubeziehen:

„Wir kommen zur Erkenntnis, dass Gott in dem Akt selbst, in dem er seine Realität setzt, sich dreifaltig vollzieht. Aber das ist noch nicht alles. Durch die Tatsache selbst, dass das Erste Sein sich in sich selbst eint, um zu existieren, lässt es ipso facto eine andere Art von Gegensatz (opposition) auftreten, nicht mehr im Herzen, sondern an den Gegenpolen (aux antipodes) seiner selbst. Die selbst-subsistente Einheit ist am Pol des Seins; und folglich notwendigerweise ganz darum herum, an der Peripherie, das Viele (le Multiple), das pure Viele, oder das ‚schaffbare Nichts', das wohl nichts ist – und das doch durch eine passive Virtualität zur Anordnung (das heißt zur Einigung) eine Möglichkeit ist, ein Flehen zu sein (imploration d'être)."[269]

Der Text ist schwer zu interpretieren. Teilhard will wohl sagen, dass das Göttliche, vollkommene Eine darin besteht, dass es auch die extremsten Gegensätze ins Sein ruft. Durch die Schöpfung bezieht Gott das für eine Entwicklung offene Nichts, das an der äußersten Peripherie auftretende „pure" (also gänzlich ungeeinte) „Viele" in den Einigungsprozess ein. Gott lässt nichts aus im Prozess der universalen und vollkommenen Einung. Doch kann dieser Einungsprozess nur zustande kommen, weil dieses „Nichts" bereits eine „passive Virtualität" zur Einung, ein „Flehen zu sein", eine unausgesprochene Sehnsucht nach (geeintem) Sein in sich trägt. Das ungeeinte „Nichts" ist zum geeinten Sein hin geöffnet und für Einung aufnahmebereit. Das ursprüngliche „Chaos" enthält auch als „Nichts" schon eine Vor-Struktur der Vereinung. Es besitzt eine passive Möglichkeit zum Ein-Sein. Aus sich selbst kann es freilich diese Möglichkeit nicht zur Wirklichkeit, zum Sein überführen. Es bedarf dazu des göttlichen Einwirkens. Gott muss das Nichts in den Prozess der Einigung rufen: „Erschaffen heißt einigen (créer, c'est unir)."[270] Schöpfung der Welt aus Nichts bedeutet: Einung alles Seienden, auch dessen, was „fast" nichts mehr ist.

Was von Gott ausgesagt werden kann (Gott existiert, indem er sich eint), lässt sich analog auch von der Schöpfung sagen: Auch die Schöpfung existiert, indem sie (aktiv) sich mehr und mehr eint bzw. indem sie (passiv) mehr und mehr geeint wird. Durch diesen Einungsvorgang wird sie zum Abbild des göttlichen Einens, zum Spiegelbild der göttlichen Drei-Einigkeit. Ohne zu zögern zieht Teilhard diese Schlussfolgerung:

> „So erscheint also die Verwirklichung des teilhabenden Seins durch Anordnung und Totalisation als eine Art Gegenstück (réplique) und Symmetrie (symétrique) zur Dreifaltigkeit (trinitisation)."[271]

Teilhards Gedanken eröffnen die faszinierende Perspektive einer den Kosmos mit einbeziehenden Dreieinigkeitslehre. Die Schöpfung und ihre evolutive Entfaltung auf die letzte Vollkommenheit und Einung hin erscheinen als Abbild des drei-einen Gottes. So wird der gesamte Kosmos zum Erfahrungsfeld der göttlichen Einheitsdynamik und Einungsdramatik, die christlicher Glaube als Dreieinheit Gottes bekennt.

Trinitarische Phänomene im Kosmos

Dreidimensionalität des Raumes

Der Begriff des Raumes und seiner Dreidimensionalität ist aus der empirisch nachweisbaren Tatsache gewonnen, dass die Körper eine Länge, Breite und Höhe besitzen. Die durch sie umfasste und „gefüllte" Leere bezeichnen wir als „Raum". Nach Immanuel Kant ist der Raum daher eine Form „a priori unserer (äußeren) Sinneserkenntnis". Dennoch ist uns der Raum nicht einfach nur vorgegeben. Wir müssen ihn uns vielmehr mit den Sinnen erst erarbeiten und erfahren. Wie schwer das ist, können wir gut feststellen, wenn wir uns ein Auge zuhalten und dann versuchen, nach einem Gegenstand zu greifen. Die Eindimensionalität dieser einäugigen Wahrnehmung erschwert eine Orientierung im dreidimensionalen Raum.

Der uns vorgegebene Raum „entsteht" also durch sinnliche Wahrnehmung und durch Reflexion über das Verhältnis der daraus gewonnenen Raumvorstellung zur wirklichen Ausdehnung und Raumhaftigkeit der Objekte. Wir lernen, die Gegenstände einem Raum zuzuordnen, obwohl wir diesen Raum immer nur relativ, in Bezug auf die in ihm enthaltenen Dinge „wahrnehmen", nie aber „an sich". Wir schreiben ihnen Räumlichkeit zu, ohne dass dieser Räumlichkeit eine Wirklichkeit zukommt wie den in ihr wahrgenommenen Objekten.

Grundsätzlich erscheint uns der Raum als unendlich, weil alle Dinge in ihm Platz haben. (Auf die Frage, ob das Universum begrenzt oder unbegrenzt, endlich oder unendlich ist, soll hier nicht eingegangen werden.) Als endlicher wird der Raum nur erfahrbar durch die in ihm ausgedehnten und begrenzten, dreidimensionalen Körper. Gleichzeitig begrenzen sie aber auch durch ihre Körperlichkeit ein bestimmtes Quantum des „unendlichen" Raumes. Ein eigenartiges Phänomen: Die Endlichkeit der Dinge lässt auch den scheinbar unendlichen Raum „endlich" werden.

Die Dreidimensionalität des Raumes, seine uns vorgegebene, unfassbare Realität und scheinbare Unendlichkeit, die Eigenart seiner Erfahrbarkeit in den „endlichen" Dingen und seine „Verborgenheit" in ihnen könnten ein Bild sein für das „Wohnen" des drei-einen Gottes in den Dingen der Welt.

Die Zeit als Vergangenheit, Gegenwart und Zukunft

Ein philosophisch noch schwierigeres Problem als das des Raumes ist die Zeit. Aristoteles hat sie beschrieben als „das Gezählte an der im Horizont des Früher und Später begegnenden Bewegung".[272] Aber das hilft wohl nicht viel weiter. Auch Augustinus, der große frühchristliche Philosoph und Theologe, hat sich in seinen „Bekenntnissen" darüber den Kopf zerbrochen:

„Wenn niemand mich fragt, weiß ich es. Will ich dem Fragenden es auseinander setzen, weiß ich es nicht. Gleichwohl sagt' ich zuversichtlich, ich wisse, es gäbe keine Vergangenheit, wenn nichts vorüberginge, und wenn nichts käme, gäbe es keine Zukunft, und wenn nichts wäre, gäbe es keine Gegenwart. Jene beiden Zeiten aber, Vergangenheit und Zukunft, wie bestehen sie, wenn das Vergangene schon nicht mehr und das Zukünftige noch nicht ist? Das Gegenwärtige aber, wenn es immer gegenwärtig wäre und in Vergangenes nicht überginge, so wäre es schon nicht mehr Zeit, sondern Ewigkeit. Wenn also die Gegenwart, damit sie Zeit sei, darum besteht, weil in Vergangenheit sie übergeht, wie können wir dann sagen, dass das sei, was seinen Seinsgrund dadurch empfängt, weil es nicht sein wird, so dass wir in Wahrheit es Zeit nur nennen können, weil es bestrebt ist, nicht mehr zu sein?"[273]

Gewöhnlich teilen wir die Zeit in Vergangenheit, Gegenwart und Zukunft ein. „Vergangen ist das, was selber nicht mehr ist."[274] Dennoch bleibt das Vergangene durchaus auf spezifische Weise lebendig und ragt in Gegenwart und Zukunft hinein. Die Wirkungsgeschichte der Vergangenheit kann auf diese Weise objektiv (etwa durch die materiellen Folgen eines Geschehens) und subjektiv (durch die Aufbewahrung im Gedächtnis, durch Phänomene psychischer Verdrängung bis hin zur Neurose) höchst aktuell und gegenwärtig sein. Sie kann Gegenwart und Zukunft entscheidend beeinflussen und mitbestimmen.

Die Zukunft liegt noch vor uns, kommt auf uns zu, ist im Hier und Heute schon ankünftig. Doch können wir sie subjektiv in mancher Hinsicht vorwegnehmen (Vorfreude, Erwartung). Objektiv werden in ihr bestimmte Handlungen, Fakten und Ereignisse durch Geschehnisse in Vergangenheit und Gegenwart definitiv und irreversibel festgelegt. Die Zukunft ist in gewisser Hinsicht an Vergangenheit und Gegenwart gebunden und von den Vorgaben der Vergangenheit abhängig. Ihre Wurzeln reichen bis in die fernste Vergangenheit, bis an die Ursprünge der Zeit überhaupt.

„Zwischen" Vergangenheit und Zukunft liegt die Gegenwart, das Jetzt. Aber wo fängt „Gegenwart" an, wo hört sie auf? Genau genommen stellt „Gegenwart" eine nur gedachte Schnittlinie zwischen Vergangenheit und Zukunft dar. Gewöhnlich dehnen wir die Gegenwart etwas nach vorn und hinten aus, in Vergangenheit und Zukunft hinein. Je weiter jedoch die betreffenden Ereignisse vom Jetzt entfernt sind, desto undeutlicher und verschwommener werden sie für uns, desto mehr betrachten wir sie als vergangen oder „noch in weiter Ferne liegend". Gegenwart ist das, was Vergangenheit und Zukunft für uns vereint und erfahrbar macht. Nur die Gleichzeitigkeit von mir und den von mir unterschiedenen Individuen und Dingen ermöglicht die Begegnung mit ihnen. Vergangenem und Zukünftigem kann ich direkt und unmittelbar nicht begegnen. Das ist nur möglich, wenn sie mir „gegen-warten" (M. Heidegger[275]). Die Gegenwart ermöglicht den Überschritt des Menschen auf die ihn umgebende Welt. Sie präsentiert uns – objektiv und subjektiv – die Vergangenheit. Sie bereitet uns – wiederum objektiv und subjektiv – für die Zukunft.

Subjektiv besitzt die Gegenwart eine je unterschiedliche Qualität. Es gibt eine Gegenwart, die wir nur physisch-vegetativ, in herabgesetzter und reduzierter Bewusstheit erleben (besser: durchleben) und die wir in unserem Gedächtnis nicht speichern, weil uns das (wiederum unbewusst) als nicht lohnend erscheint (z. B. der öde, immergleiche „Alltag"). Es gibt aber auch eine Gegenwart, die wir hellwach und mit großer Intensität erleben, die uns wert ist, im Gedächtnis festgehalten zu werden, und die uns darum ein Leben lang lebendig und „gegenwärtig" bleibt. Diese von uns (zunächst wohl eher instinktiv) als qualitativ höherwertig eingestufte Gegenwart kann durch unser eigenes Tun provoziert und intendiert sein (z. B. Hochzeit, eindrucksvolle Reise); sie kann uns aber auch überraschen und unvermutet über uns hereinbrechen (Tod eines Freundes, Unfall). Die Gegenwart erfährt dadurch eine andere Bedeutung, einen anderen „Geist".

Ist es übertrieben, auch in der Erfahrung von Vergangenheit, Gegenwart und Zukunft die Spuren des dreieinigen Gottes zu erkennen?

- ■ Gott, Anfang und Ende, der uns umfasst, wie wir von Vergangenheit und Zukunft umfasst sind (vgl. Ps 139,5–12);
- ■ Gott, lebendige Gegenwart, der uns präsent wird in den vielen Augenblicken unseres Lebens, der uns begegnet in den Menschen, vor allem in den „Geringsten" (Mt 25,40.45);
- ■ Gott, intensives Erleben einer subjektiv als „anders" erfahrenen und von einem „neuen Geist" erfassten Gegenwart, die uns tiefer hineinführt in die Begegnung des Jetzt, des Hier und Heute, die unser Leben beeinflusst und prägt (vgl. Apg 4,8; 7,55; 10,44; 1 Kor 2,15; Gal 5,22).

Brechung des Lichtes

Allgemein bekannt ist die Brechung des Sonnenlichts durch ein Prisma. Fällt das Licht in einem bestimmten Winkel darauf, so werden die einfallenden Strahlen in vielfältiger Weise gebrochen. Ein buntes Farbenspektrum entsteht. Das eine Licht, der eine Strahl wird beim Durchdringen des Glases gebrochen in blaue, violette, rote und gelbe Farbtöne mit fließenden Übergängen. Wer auf der einen Seite des Prismas steht, nimmt das einfallende Licht als ungeteiltes Ganzes, als Einheit wahr. Er würde nie auf die Idee kommen, das scheinbar weiße Licht als Vielfalt von Strahlen mit unterschiedlicher Wellenlänge zu bezeichnen. Stellt er sich auf die andere Seite des Prismas, offenbart sich auf den ersten Blick nur eine bunte Vielfalt, die den Unerfahrenen auf das Vorhandensein mehrer Lichtquellen schließen lässt.

Die Analogie zur christlichen Lehre von dem einen sich in vielfältiger Weise mitteilenden Gott dürfte leicht erkennbar sein. Als geschaffenes, endliches Wesen steht der Mensch auf der „anderen Seite". Gott, der eine und einzige Gott, wird für ihn nur erkennbar, wenn er ihm „gebrochen" erscheint im Medium Welt und Geschichte. Christlicher Glaube nimmt ihn wahr im „Aufleuchten" von „Vater", „Sohn" und „Heiliger Geist". Der Mensch kann nicht hinter das „Prisma" Welt und Geschichte schauen. Gott bleibt ihm transzendent, jenseitig. Was uns bleibt, ist die Vermutung, dass „jenseits" vielleicht manches anders aussehen könnte, weil wir als Menschen eben nur unvollkommen das „Licht" Gottes erkennen können. Mit gutem Recht darf ich annehmen: Gott ist vollkommen; Gott ist nicht in sich gespalten und getrennt. So könnte es auch sein, dass die unterschiedlichen Farben der Strahlen, die ich wahrnehme, aus einer einzigen Lichtquelle herrühren, die zwar, obwohl sie eine ist, dennoch in sich („immanent") jene unterschiedlichen Existenzweisen enthält, wie sie christlicher Glaube in der Lehre von der Dreifaltigkeit Gottes gefunden hat. Gott wird nicht erst im Durchgang durch das Medium Welt, in seiner „Heilsökonomie", vielfältig – „drei"-faltig. Er ist es schon immer.

Der Mensch

Nach den Worten der Bibel ist der Mensch als Abbild Gottes geschaffen (Gen 1,26. 27). Gott hat ihn „zum Bild seines eigenen Wesens gemacht" (Weish 2,23). Es ist viel darüber spekuliert worden, was damit wohl genau gemeint sein könnte. Wenn derartige Aussagen nicht leere Worthülsen sein sollen, dann muss am Menschen selbst etwas vom Wesen, von der Eigenart des vielgestaltig-einen Gottes offenbar werden.

Grundlagen

Ich – Du – Wir

Der Mensch kann „Ich" sprechen. Er ist das einzige Wesen, das ein ausdrückliches Ich-Bewusstsein entwickelt hat. Mit dem „Ich" umfasst der Mensch sein Selbst und bezieht sein Handeln und Denken, sein Fühlen und Wollen, sein Empfinden und Erleben auf einen einheitlichen Grund. Erst der zum Selbstbewusstsein gelangte Mensch kann „Ich" sprechen. Dazu gelangt er durch die Erfahrung des Angenommenseins durch andere Menschen, durch „Bezugs"-Personen. Ein ein- bis zweijähriges Kind spricht von sich selbst in der dritten Person. Es lebt noch in einer symbiotischen, undifferenzierten Einheit mit der es umgebenden Welt. Etwa ab dem dritten Lebensjahr, manchmal auch schon früher, fängt das Kind an, von sich selbst mit „Ich" zu reden. Ungefähr gleichzeitig beginnt es auch, seine Mitmenschen, zu denen es in näherer Beziehung steht, mit „Du" anzusprechen. Diese psychologisch und anthropologisch höchst interessante Tatsache macht deutlich, dass der Mensch seiner selbst als „Ich" in dem Augenblick bewusst zu werden beginnt, wo er auch der besonderen Beziehung zu einem anderen Menschen, zu einem „Du" innewird. Im Angenommensein durch ein zweites „Ich" erkennt er sich selbst als „Ich". In der liebenden Zuwendung einer anderen Person erfährt er sich selbst als Person. „Ich werde am Du; Ich werdend spreche ich Du. […] Der Mensch wird am Du zum Ich." So formuliert es Martin Buber.[276]

Die tiefste und letzte Erfüllung seines Menschseins findet das „Ich", wenn es von einem „Du" so geliebt wird, dass beide zu einer Einheit, zu einem „Wir" werden. Das „Wir" ist die Vollendung des Prozesses der Ich-Werdung. Ich und Du sind Wir. Ich und Du werden im Wir zusammengeführt. Ich und Du werden eins. Im Augenblick des Höhepunkts der geschlechtlichen Vereinigung fühlen sich Mann und Frau in ihrem Ich-Bewusstsein aufgehoben und vereinigt zu einer einzigen, Ich und Du umfassenden Ganzheit, zu einem einzigen „Wir".

Theologisch gründet diese Erfahrung in der biblischen Aussage, dass Gott „den" Menschen nicht als etwas Einzelnes, sondern in der unaufhebbaren Differenz der Pluralität des Menschseins, als „Mann" und „Frau" (Gen 1,27), geschaffen hat, denen aber der unauslöschliche Drang zum Einssein, zum „Ein-Fleisch-Werden", innewohnt (Gen 2,24).

Die „psychologische" Trinitätslehre Augustins, des Bischofs von Hippo, geht von ähnlichen Beobachtungen und Überlegungen aus. Augustin versucht, die göttliche Dreiheit zu erklären, indem er auf den Prozess der Selbst-Bewusstwerdung des Menschen hinweist:

- ■ Dieser beruht auf der Erkenntnis*fähigkeit* des Bewusstseins (memoria).
- ■ Im Erkenntnis*prozess* wird sich das Bewusstsein seiner selbst bewusst. Der differenzierende und selbstreflexive Verstand kann das eigene „Ich" als etwas Vor-Gegebenes wahrnehmen und erkennen (intellectus).
- ■ Das Bewusst*sein* nimmt das eigene Ich als erkanntes bejahend an (voluntas).

Das Sein ist die Grundlage, die eine Selbsterkenntnis überhaupt erst ermöglicht. In der Selbsterkenntnis stellt sich das Ich gleichsam sich selbst gegenüber. Die Selbsterkenntnis des Subjektes macht das Ich zum erkannten „Objekt". In einem dritten Schritt wird dieses „Objekt" nicht

„abgestoßen" oder irgendwie in die „Selbstständigkeit" entlassen (das
wäre Schizophrenie, Bewusstseinsspaltung), sondern bejahend „angenommen" und in das erkennende Subjekt (re-)„integriert". Der drei-eine
Gott „ist" („Vater"), er erkennt sich selbst („Sohn), und er bejaht sich
(„Heiliger Geist").

Vater- und Sohn-Sein

Einen ganz anders gearteten, dennoch aber interessanten und bedenkenswerten Versuch, die christliche Trinitätslehre durch seine Erfahrungen mit tiefenpsychologischen Gegebenheiten zu verdeutlichen, hat Carl
Gustav Jung unternommen, wenngleich er ausdrücklich feststellt, er „ver-
füge über kein nennenswertes theologisches Wissen" und müsse daher in
seinen Überlegungen auf „allgemeine Darstellungen gründen, die jedem
Laien zugänglich sind".[277] Jung weist zuerst darauf hin, dass Dreiheits-
und Dreieinigkeitssymbole in Träumen relativ häufig auftreten, woraus
er „gelernt habe, dass der Trinitätsbegriff auf etwas Erfahrbarem beruht
und überhaupt etwas bedeutet. Diese Einsicht konnte ich aus der traditionellen Übermittlung nicht gewinnen."[278]

Jung sieht in der Unterscheidung von „Vater" und „Sohn" in Gott ein
archetypisches Abbild jedes „im Individuum stattfindenden unbewussten
Reifevorgangs".[279] Indem der Sohn sich vom Vater, von der „vorgefunde-
nen Lebensform, einem Habitus, der Gesetzescharakter hat"[280], löst und
selbstständig wird, gewinnt er seine eigene Individualität. Das ist aber
nur eine Übergangsphase, die zum Erwachsensein des Sohnes führt. „Die
Erwachsenheit ist dann erreicht, wenn der Sohn seinen eigenen Kind-
heitszustand dadurch wiederherstellt, dass er sich der väterlichen Autorität unterwirft."[281] „Wie aus dem ‚Vater' der ‚Sohn' hervorgeht, so aus
dem Sohneszustand der ‚Vater', der nun aber eben gerade nicht eine
Wiederholung, resp. eine Identifikation mit dem ursprünglichen Vater
ist, sondern ein Mensch, in welchem die Lebendigkeit des ‚Vaters' weiter-
zeugt. Dieser dritte Zustand bedeutet [...] eine Einordnung des Ich-Be-
wusstseins in eine übergeordnete Ganzheit. [...] Diese schwer bestimm-
bare, aber psychisch erfahrbare Größe bezeichnet die christliche Sprache
als den ‚Heiligen Geist'."[282]

Am Ende seiner Überlegungen betont Jung, er sei der Überzeugung,
dass das Dogma, um dessen Zustandekommen so viele Jahrhunderte ge-

rungen hätten, unmöglich eine leere Phantasie sein könne. „Als metaphysische ‚Wahrheit' blieb es mir völlig unzugänglich. [...] Die Erkenntnis der universalen archetypischen Grundlage [...] hat mir den Mut gegeben, das [...] als psychologische Tatsache, die sich weit über den Rahmen des christlichen Bekenntnisses hinaus erstreckt, ins Auge zu fassen und sie als naturwissenschaftliches Objekt, als ein Phänomen schlechthin zu betrachten."[283]

In einer zusammenfassenden Schlussbetrachtung weist Jung nochmals darauf hin, dass für ihn die Trinität als psychologisches Symbol die „Wesenseinheit eines dreiteiligen Prozesses (bedeutet), der als ein im Individuum stattfindender unbewusster Reifungsvorgang anzusprechen ist. Insofern sind die drei Personen Personifikationen der drei Phasen eines regelmäßigen und instinktiven psychischen Geschehens, welches immer die Neigung hat, sich in Form von Mythologemen und rituellen Gebräuchen auszudrücken."[284]

Den Hintergrund für Jungs Gedanken zur Trinitätslehre bildet seine Archetypenlehre. Archetypen sind typische Figuren und Symbole, die den Menschen seit Urzeiten stetig begegnen. Es sind Äußerungen des „kollektiven" Unbewussten, in dem Jung gleichsam eine Verlängerung des individuellen Unbewussten in die Vergangenheit der Menschheit und der Erdgeschichte überhaupt sieht. Die Inhalte der Archetypen drücken „Ordnungen und Grundtatsachen des menschlichen Lebens" aus: Vater – Mutter – Kind – Sohn; König – Krieger – Retter – Gott u. a. Jung erklärt ihre Entstehung durch die „leiblich-seelische Grundstruktur" des Kosmos.

Selbst wenn man der Jung'schen Archetypenlehre berechtigte Skepsis entgegenbringt[285], erscheinen seine Überlegungen bedenkenswert. Jeder Mann, der Vater geworden ist, und jede Frau, die Mutter geworden ist, haben vermutlich selbst sehr deutlich erfahren, dass von diesem Augenblick an ihr Verhältnis zum eigenen Vater und zur eigenen Mutter eine andere Qualität bekommen hat. Stand bis zu diesem Zeitpunkt eher das Moment der Trennung und der Loslösung, des Andersseins und des Anders-sein-Wollens im Vordergrund, so bricht nun eine neue Beziehung auf. Selber Vater geworden, erkennt der Sohn ein die bisherige, persönliche Beziehung übersteigendes, einigendes Band mit seinem Vater. Selbst Mutter geworden, sieht sich die Tochter in einer neuen, die bisherige individuelle Beziehung übergreifenden Weise mit ihrer Mutter verbunden.

Vater und Sohn, Mutter und Tochter erkennen sich im Vater- bzw. Muttersein als Eingebundene in ein sie übergreifendes gemeinsames Ganzes, als Teil des großen Werdegangs des Lebens, als Mittragende und Mitgestaltende des allgemeinen, alle und alles umfassenden Reifungs- und Entwicklungsprozesses der Welt.

Man wird diese Überlegungen nicht ganz von der Hand weisen können. Sicher kann man in Gott kein prozesshaftes Geschehen annehmen, in dem Gott zur vollkommenen Reife heranwächst. Wohl aber, das betont auch die traditionelle Dreifaltigkeitslehre, gibt es in Gott lebendige Beziehungen (relationes) zwischen Vater, Sohn und Geist. Und was ist eine Beziehung anderes als ein prozesshaftes Geschehen zwischen zwei Personen? Gott ist eine Vielfalt, die zur Einheit strebt, und eine Einheit, die sich vervielfältigt. Ist es also wirklich so abwegig, auf die Analogie des Reifungsprozesses im menschlichen Leben hinzuweisen?

C. G. Jung wird der Vorwurf gemacht, er betrachte die christliche Religion und ihre Glaubensinhalte ausschließlich psychologisch-phänomenologisch. Er frage also nicht nach der historischen, sondern allein nach der psychologischen Wahrheit.[286] Das mag für die frühen Schriften Jungs zutreffen. Später ist sich Jung dieser Problematik zumindest bewusst geworden: „Damit, dass eine so genannte metaphysische Aussage als ein psychischer Vorgang betrachtet wird, ist keineswegs gesagt, dass er ‚bloß psychisch‘ sei, wie meine Kritiker sich auszudrücken belieben. Wie wenn mit ‚psychisch‘ etwas allgemein Bekanntes festgestellt wäre! Hat es noch niemand gedämmert, dass, wenn wir ‚Psyche‘ sagen, damit symbolisch das dichteste Dunkel, das man sich ersinnen kann, angedeutet ist? Es gehört zum Ethos des Forschers, dass er zugeben kann, wo er mit seinem Wissen zu Ende ist. Dieses Ende nämlich ist der Anfang höherer Erkenntnis."[287]

In dieser Replik Jungs wird freilich auch nicht recht deutlich, was er nun eigentlich mit seinen Gedanken zur christlichen Trinitätslehre gemeint hat. Festzuhalten bleibt, dass Jung bei aller Skepsis gegenüber dem kirchlichen und konfessionellen Christentum zeitlebens sich als Christ bekannte. In seinem letzten Lebensjahr schrieb er: „Genau gesagt halte ich mich für einen Christen, bin aber zugleich davon überzeugt, dass das heutige Christentum nicht die letzte Wahrheit darstellt; das beweist die chaotische Situation unserer Zeit. Der augenblickliche Zustand erscheint mir unerträglich, darum erachte ich eine grundlegende Weiterentwicklung des Christentums für absolut notwendig. Meiner Meinung nach müssten die Erkenntnisse der Psychologie des Unbewussten berücksichtigt werden."[288]

Die Einheit von Leib und Geist

Interessant und aufschlussreich ist der etymologische Befund des deutschen Wortes „Mensch". Das Wort „Mensch" gibt es nur im deutschen und niederländischen Sprachraum.[289] Es ist vermutlich auf das vom Substantiv „Mann" abgeleitete Adjektiv „männlich" zurückzuführen. Unsicher ist, welche Bedeutung diesem Wort zugrunde liegt. Vielleicht ist es aus der indogermanischen Wurzel „men" (= überlegen, denken, mahnen) abgeleitet. Dann wäre der Mann bzw. der Mensch damit als denkendes Wesen definiert.

Aus einer gänzlich anderen Perspektive sieht das lateinische Wort „homo" den Menschen. Dieses ist verwandt mit „humus" und weist auf die Erdgebundenheit des Menschen hin. Ähnlich verhält es sich auch mit dem Wort „Adam", das im Hebräischen als Bezeichnung für Mensch und Menschheit und als Eigenname für den die urgeschichtliche Genealogie eröffnenden ersten Menschen steht (Gen 5,1). Die Deutung des etymologisch ungeklärten Begriffs ergibt sich aus dem Schöpfungshymnus (Gen 2,7), wo der Gleichklang von „adám" (hebr. = Mensch) und „adamá" (hebr. = Erdboden, Erde) auf die Einheit des Menschen mit seinem Lebensraum verweist.

Denken als geistige Fähigkeit und Erdgebundenheit als Hinweis auf die materielle Beschaffenheit des Leibes kennzeichnen die polare Schichtung des einen Wesens „Mensch". Der Leib des Menschen ist aus „Erde", aus den Stoffen des organischen Bereichs gebildet, aus bestimmten Atomsorten, die sich zu Molekülen zusammengeschlossen haben. Als geistiges, denkendes Wesen übersteigt der Mensch das bloß Materielle.

Beide Konstitutiva des Menschen, Leib und Geist, sind in einer unlösbaren Einheit miteinander verbunden. Nur der beseelte, geistgeformte Leib des Menschen ist lebensfähig. Die Zerstörung des materiellen Leibes bewirkt auch die Vernichtung dessen, was wir als „Geist" bezeichnen. Es gibt kein leibloses geistiges Leben des Menschen. Es gibt keinen „Geist" ohne Gehirn. „Geist" ist abhängig von neuronalen Geschehnissen, die auf physiologischen, physikalischen und chemischen Grundlagen und Gesetzmäßigkeiten beruhen. Und umgekehrt: Es gibt auch kein geistloses, leibliches Leben. Ohne das Funktionieren des Gehirns ist der Mensch nicht lebens- und schon gar nicht überlebensfähig. Was das „Geist"-Sein des Menschen ausmacht, ist nur durch konkrete leiblich-materielle Äußerungen zu erkennen – durch Sprechen und Handeln.

Geistiges und Leibliches sind unlösbar aufeinander verwiesen und sind Ausdrucksformen einer einzigen, untrennbaren Einheit. Es gibt keine unsterbliche Geist-Seele, die das Sterben des materiellen Leibes überdauert. Von dieser aus der griechischen Philosophie entlehnten Vorstellung hat die neuere Theologie längst Abschied genommen. Der Mensch besteht nicht aus den zwei Teilen Leib und Geist-Seele, von denen der eine Teil, die Seele, notfalls auch allein überleben kann, wenn der andere Teil, der Leib, zerstört wird. Der Mensch ist vielmehr wesentlich Einheit von Leib und Geist. Christlicher Glaube bekennt nicht die „Auferstehung (nur) des Fleisches" (weil ja die Seele unsterblich ist), sondern die „Auferstehung der Toten", der leib-seelisch-geistig Toten.

Mann und Frau – eine einzige menschliche Wesenheit

Wenn wir vom Menschen sprechen, machen wir eine eigenartige Erfahrung. Wir empfinden es als angebracht und sprachlich richtig, wenn das Wort „Mensch" in der Einzahl als abstrakter Gattungsbegriff verwendet wird: Der Mensch ist der bisherige Höhepunkt der Evolution … Edel sei der Mensch, hilfreich und gut u. a. Eigenartig berührt sind wir aber, wenn es etwa in einer Nachrichtsendung heißt: Bei einer Explosion kam ein Mensch ums Leben, … wurde ein Mensch verletzt. Wir sind dann gleich geneigt zu fragen, ob das ein Mann oder eine Frau war. Denn „der" Mensch als konkretes Wesen existiert nicht. „Der" Mensch ist ein Sammelbegriff, unter dem wir „Mann" und „Frau" aufgrund ihrer gemeinsamen Merkmale zusammenfassen. Trotz aller biologischen, physiologischen und psychologischen Gemeinsamkeiten, trotz ihres einen Wesens, unterscheiden sich aber „der" Mann und „die" Frau als je konkrete Individuen recht deutlich und für jeden erkennbar voneinander. Das Wesen „Mensch" existiert für uns wahrnehmbar nur in den Personen von Mann und Frau. Mann und Frau sind Erscheinungsformen der einen Spezies „Mensch".

Der Sprachgebrauch offenbart hier das Problem der Einheit und Differenziertheit menschlichen Seins. Der Sammelbegriff „Mensch" definiert Mann und Frau als verschiedene Ausformungen einer einzigen menschlichen Natur, einer einzigen menschlichen Wesenheit. Der konkrete Mann X und die konkrete Frau Y machen die Differenziertheit dieser einen Natur, dieser einen Wesenheit „Mensch" deutlich; es gibt „den" Menschen nur als den hier und jetzt existierenden Mann namens X und als die hier und jetzt anwesende Frau namens Y. Dennoch aber sind der Mann X und die Frau Y nicht etwas gänzlich Verschiedenes, sie sind vielmehr lebendige Konkretionen des einen einzigen Wesens „Mensch"; sie sind als Individuen wesensgleich, wesenseins. Die Einheit „Mensch" wird nur in der Differenzierung von Mann und Frau konkret erfahrbar. Der Mann erfährt sich als voller Mensch erst durch das Gegenüber, die Frau. Und umgekehrt.

Darauf macht die jüdische Rabbinerin und Theologin Eveline Goodman-Thau unter Berufung auf Gen 2,21–23 aufmerksam: „Der Mann erkennt sich selbst erst als Mann, nachdem Gott ihm eine Frau vorgeführt hat, also die weibliche Seite Adams – das Wort ‚Rippe' bedeutet im Hebräischen auch ‚Seite'. Die zusätzliche Schöpfung eines weiblichen Wesens gibt der männlichen Welt erst ihre Identität. [...] Zuerst ist Adam ein geschlechtsloses Wesen. Aber nachdem Gott ihm diese *ischáh* (hebr. = Männin – abgeleitet von „isch" = Mann, N.S.), als Frau vorgeführt hat, erkennt sich Adam als Mann. Seine eigene Identität ist also davon abhängig, ob er der Frau eine eigenständige Position in der Welt gibt oder nicht. Die Kabbala, die mystische Lehre des Judentums, hat das sehr schön gesagt: ‚Er gibt ihr die Rippe, und sie gibt ihm die Seele.'"[290]

Die eine menschliche Natur, die eine menschliche Wesenheit konkretisiert sich in Mann und Frau, die in einer unlöslichen Bezogenheit aufeinander und zueinander stehen.

Grundvollzüge

Die „Welt der Beziehungen"

In der ihm eigenen Sprache weist Martin Buber auf die Dreiheit der Beziehungen hin, in denen sich menschliches Dasein in dieser Welt vorfindet:

„Drei sind die Sphären, in denen sich die Welt der Beziehung errichtet.

■ Die erste: Das Leben mit der Natur. Da ist die Beziehung im Dunkel schwingend und untersprachlich. Die Kreaturen regen sich uns gegen-über, aber sie vermögen nicht zu uns zu kommen, und unser Du-Sagen zu ihnen haftet an der Schwelle der Sprache.

■ Die zweite: Das Leben mit den Menschen. Da ist die Beziehung offen-bar und sprachgestaltig. Wir können das Du geben und empfangen.

■ Die dritte: Das Leben mit den geistigen Wesenheiten. Da ist die Bezie-hung in Wolke gehüllt, aber sich offenbarend, sprachlos, aber sprach-zeugend. Wir vernehmen kein Du und fühlen uns doch angerufen, wir antworten – bildend, denkend, handelnd: wir sprechen mit unserm Wesen das Grundwort, ohne mit unserm Munde Du sagen zu kön-nen."[291]

Das dreifache Beziehungsgeflecht, das Buber hier anspricht, ließe sich in heutiger Terminologie vielleicht angemessen umschreiben mit Krea-türlichkeit, Mitmenschlichkeit, Verantwortung. Oder auch: Kontingenz, Subsistenz, Transzendenz.

■ Über die Evolution ist der Mensch eingebunden in die gesamte Natur. Die Deszendenztheorie lehrt ihn, dass er über schier unendlich lange Zeiträume verbunden und verwandt ist mit allem, was sich in dieser Welt regt und bewegt.

■ Sein Menschsein zeigt ihm die vielfache Verwiesenheit auf andere Menschen, seine bedrückende und beglückende Abhängigkeit von ihnen, seine unausweichliche Eingebundenheit in das Wohl und Wehe seiner Zeitgenossen.

■ Im erkennenden und reflektierenden Blick auf die Welt und das Uni-versum erfährt er sein Ausgesetztsein und seine Einsamkeit, aber auch seine geheimnisvolle Verflochtenheit in ein verborgenes Sinngefüge, das sich ihm manchmal augenblicks- und anstatzweise erhellt und ihn dann nicht selten in Staunen und Verwundern, aber auch in Angst und Schrecken versetzt.

In jeder und aus jeder Sphäre eröffnet sich für Buber ein Zugang zum Göttlichen, zum „Du", wie er es nennt: „Durch jedes uns gegenwärtig

Werdende blicken wir an den Saum des ewigen Du hin, aus jedem vernehmen wir ein Wehen von ihm, in jedem Du reden wir das ewige an, in jeder Sphäre nach ihrer Weise."[292]

Was ein Blick in den Spiegel lehrt

Bei Meister Eckehart findet sich in einer seiner Predigten der Satz: „Ein jegliches Bild hat zwei Eigenschaften: Das eine ist, dass es von dem, dessen Bild es ist, sein Sein unmittelbar empfängt, unwillkürlich, denn es hat einen natürlichen Ausgang und dringt aus der Natur wie der Ast aus dem Baume."[293] Was Eckehart meint, lässt sich gut veranschaulichen durch das, was sich bei einem Blick in den Spiegel ereignet. Wenn ich mich vor einen Spiegel stelle, gibt er mir exakt mein Gesicht wider. Ich sehe dabei nicht in erster Linie den Spiegel, sondern mein gespiegeltes Gesicht. Der Spiegel ist in diesem Augenblick nicht eigentlich „Spiegel", sondern er ist „ich selbst", mein Gesicht. Das Sein des Spiegels als solcher rückt in den Hintergrund. Es wird gar nicht mehr wahrgenommen.

Mein widergespiegeltes Gesicht gehört zu mir, obwohl ich es eigentlich erst durch den Spiegel kennen lerne. Ich kann mich selbst nicht unmittelbar sehen, sondern nur mittelbar – durch den Spiegel. Im Erkennen des Spiegels erkenne ich mich selbst. Ich bin im Spiegel. Der Spiegel ist „ich".

Ich fühle mich von dem widergespiegelten Bild „angesprochen". Vielleicht muss ich feststellen, dass ich „schlecht" aussehe. Ich sage dann nicht: „Dieses widergespiegelte Bild sieht schlecht aus", sondern: „*Ich* sehe schlecht aus", obwohl ich mich selber unmittelbar gar nicht sehen kann, sondern nur das Bild im Spiegel meine. Entferne ich mich vom Spiegel, wird auch mein Bild entfernt.

Meister Eckehart bringt das in der ihm eigenen Sprache zum Ausdruck:

„Das Bild ist nicht aus sich selbst, noch ist es für sich selbst. In gleicher Weise, wie das Bild, das im Auge empfangen wird: das stammt nicht aus dem Auge und hat kein Sein im Auge, sondern es hängt und haftet einzig an dem, dessen Bild es ist. Darum ist es weder aus sich selbst noch ist es für sich selbst, sondern es stammt eigentlich von dem, dessen Bild es ist und gehört ihm gänzlich, und von ihm nimmt es sein Sein und ist dasselbe Sein. [...] Ein Bild ist nicht aus sich selbst, noch ist es für sich selbst; es stammt vielmehr von dem, dessen Bild es ist, und gehört ihm mit allem, was es ist, zu. Was dem, dessen Bild es ist, fremd ist, dem gehört es nicht zu, noch stammt es von ihm. Ein Bild nimmt sein Sein unmittelbar allein von dem, dessen Bild es ist, und hat ein Sein mit ihm und ist dasselbe Sein."[294]

Ganz ähnlich verhält es sich, wenn ein Künstler ein Selbstbildnis schafft – nach seinen Vorstellungen und Ideen, nach der „Sicht", die er von sich selbst hat. Zwischen dem Werk, das er zu schaffen gedenkt und das allmählich unter seinen Händen entsteht, entwickelt sich eine wechselseitige Beziehung. Der Künstler tritt in einen Kommunikationsprozess zuerst zu seiner noch nicht verwirklichten Idee von dem Werk und dann zu dem allmählich entstehenden Werk. Er zeigt sich „zufrieden", „unzufrieden", „begeistert", „angewidert" von seiner Idee, von seinem Gegenüber, das er selbst werden bzw. sein soll. Das Bild spricht ihn gleichsam an. Es kommt zu einer Art von Dialog zwischen Künstler und Bild.

Wahrscheinlich will der Künstler mit seinem Bild aber auch für künftige Betrachter etwas über sich aussagen. Wer das Bild anschaut, soll irgendwie dem Künstler begegnen, soll sich von ihm etwas sagen lassen, soll auf irgendwelche Gedanken gebracht werden. Dabei muss freilich der verborgene Ursprung, der Künstler, gar nicht unbedingt wahrgenommen werden. Er kann gleichsam unsichtbar bleiben und nicht in Erscheinung treten. Was erscheint, ist nur das Bild.

Wenn das Werk vollendet ist, spiegelt es den Künstler wider – für Außenstehende mehr oder weniger klar erkennbar. Im Unterschied zum Spiegelbild, das beim Weggehen des im Spiegel Abgebildeten auch selbst verschwindet, bleibt dieses Bild, das den Künstler abbildet, auch dann gegenwärtig, wenn er sich entfernt. Das Selbstbildnis im Spiegel war abhängig von seiner unmittelbaren Gegenwart. Mit seinem Weggehen verschwand es. Nun aber kann man das Bild auch ohne Anwesenheit des Abgebildeten betrachten.

Wer das tut, wird sagen: „Das *ist* der XY", obwohl er eigentlich sagen müsste: „Das ist ein Selbstbildnis des XY." Genau genommen sage ich von dem Bild etwas, was es gar nicht ist. Ich identifiziere die bemalte Leinwand mit etwas, mit dem sie nicht identisch ist. Das Bild *ist* ein Stück farbige Leinwand: Es *ist* nicht der Künstler. Obwohl das Bild mit dem Künstler nicht identisch ist, betrachte ich es dennoch als identisch mit ihm. Wenn ich das Bild anschaue, wird mir der Künstler gegenwärtig. Er erscheint mir.

Zwischen dem Bild und mir kommt es zu einem Kommunikationsprozess. Das Bild weckt Gefühle in mir – Freude, Abneigung, Begeisterung, Gleichgültigkeit. Möglicherweise habe ich diese schon vorher gegenüber dem mir bekannten Künstler gehegt. Und ich bin geneigt, diese Emotionen auch auf das Werk selbst zu übertragen. Ich empfinde es als misslungen, großartig, abscheulich, wundervoll.

Es kann aber auch umgekehrt sein: Weil mir das Bild nicht gefällt, werden in mir auch Gefühle der Abneigung gegenüber dem Künstler geweckt, die ich – vielleicht ohne dass ich es eigentlich will – auf ihn übertrage. Die Begeisterung oder Abneigung, die ich für das Bild empfinde, projiziere ich auf den Künstler.

So kann es zu einem vielfältigen Kommunikationsprozess kommen:

- vom Ursprung (Künstler) zum Bild,
- vom Bild zum Ursprung,
- vom Ursprung zum Bild und über das Bild zum Betrachter,
- vom Betrachter über das Bild zu seinem Ursprung,
- vom Bild zum Betrachter,
- vom Betrachter zum Bild,
- und schließlich vielleicht (vermittelt durch das Bild) vom Betrachter zum Ursprung,
- vom Ursprung zum Betrachter.

Ähnliche Gedanken liegen auch dem Brief an die Gemeinde in Kolossä zugrunde, wenn er sagt: „Er (Christus) ist Bild des unsichtbaren Gottes" (1,15; vgl. Hebr 1,3: [Der Sohn, Christus] „ist der Abglanz seiner [des Vaters, Gottes] Herrlichkeit und das Abbild seines Wesens").

Im Zusammenhang mit dem Kontext ist hier wohl vor allem an das Kaiserbild zu denken, das den fernen, abwesenden Kaiser gegenwärtig werden ließ.[295] Für die Menschen in Kleinasien besaß es geradezu existenzielle Bedeutung: Es vertrat den Kaiser vor Ort als göttliche Inkarnation und Inbegriff der Weltherrschaft und war die zentrale Bezugsgröße im Kaiserkult. Die Verehrung des (Kaiser-)Bildes wurde als Ausdruck der

Loyalität gegenüber dem Staat gewertet, denn der Kaiser symbolisierte die Einheit des Reiches, welche die Vielfalt der Religionen und Kulte ermöglichte und gleichzeitig überragte. Das Kaiserbild war unbedingt zu respektieren. Seine Bedeutung lässt sich auch daran ablesen, dass mangelnde Ehrfurcht gegenüber den Götterbildern ohne Sanktionen blieb, während sie beim Kaiserbild als Majestätsbeleidigung geahndet wurde.

Die Aussage im Brief an die Gemeinde von Kolossä geht jedoch über die politische Bedeutung des Bildes hinaus. Sie setzt ein seit Jahrhunderten gewachsenes philosophisches Bildverständnis voraus. Nach hellenistischem Verständnis hat das Bild nicht nur äußerliche Ähnlichkeit mit dem Dargestellten, sondern hat substanziell teil am Vorbild, als dessen Manifestation es gilt. Daher ist die Bildaussage an dieser Stelle nicht nur eine *Funktion*saussage (Christus ist ein bzw. der Repräsentant Gottes). Es besitzt auch eine *Wesens*aussage (Christus ist die Erscheinung Gottes, des Vaters). Im Christus-Ereignis ist der Vater zum sinnlich anschaulichen Bild geworden. Christus ist nicht „Gott". Wohl aber hat er als Bild und Abglanz Gottes Anteil an Gottes Sein und Wesen und kann Gott wirklich und wahrhaft in die Welt hineinspiegeln.

Durch Christus, der das Bild Gottes ist, wird Gott sinnenfällig an die Welt vermittelt. Die Aussage, Christus sei das „Bild des unsichtbaren Gottes", ist zu verstehen als eine Charakterisierung des Christus in seinem Verhältnis zu Gott und seiner Funktion für den Kosmos. Das „Bild" lädt zu einem vielfachen Kommunikationsprozess zwischen Gott, dem Ursprung, und Christus, dem „Bild", und der „Welt" als Adressat ein.

Vielleicht lässt sich von dieser Sicht des (Ab- bzw. Spiegel-)Bildes der scheinbare Widerspruch zu der Aussage im Johannesevangelium erklären, in dem Jesus das Wort in den Mund gelegt wird: „Ich und der Vater sind eins" (Joh 10,30; „eins" – nicht „einer"!). Im Zusammenhang mit der diesem Wort vorangehenden „Hirtenrede" (Joh 10, 1–21), die in ihren Grundzügen in den Versen Joh 10, 27–30 wiederholt wird, erklärt der johanneische Jesus in unmissverständlicher Deutlichkeit, dass der „Vater" ihm die Herde „übergeben" habe. „Niemand wird sie meiner Hand entreißen. Mein Vater ist, was die betrifft, die er mir gab, größer als alle, und niemand kann sie der Hand meines Vaters entreißen. Ich und der Vater sind eins" (Joh 10, 28–30). Die Sicherheit, die Jesus den Adressaten zuspricht, ist begründet in seinem Verhältnis zu Gott. Weil niemand die Schafe Gott entreißen kann, kann auch niemand die Schafe

Jesus entreißen. Wer zu Jesus hält, ist genauso sicher wie jener, der zum Vater hält. Jesus und der Vater sind „eins". Im Führen und Beschützen der Schafe wird die Einigkeit zur Einheit, weil die Schafe dem Vater und dem Sohn gemeinsam gehören (vgl. Joh 17, 10) und in die Gemeinschaft des Vaters und des Sohnes aufgenommen sind. Diese Einheit des Sohnes mit dem Vater wird im Abschiedsgebet zum Urbild und Vorbild der Einheit, zu der auch die Glaubenden gelangen sollen (vgl. Joh 17, 21–23.26).

Der Vers hat für die Trinitätslehre eine nicht unbedeutende Rolle gespielt. Seine trinitarische Interpretation überschreitet jedoch die Aussageintention des Kapitels und den Denkansatz des Evangelisten.[296] Der Satz ist eher im Sinne des antiken Bildverständnisses zu interpretieren, wie auch Meister Eckehart in der schon oben zitierten Stelle tut: „Das Bild [...] stammt eigentlich von dem, dessen Bild es ist, und gehört ihm gänzlich, und von ihm nimmt es sein Sein und ist *dasselbe Sein*. [...] (Es hat) *ein* Sein mit ihm und ist *dasselbe* Sein."[297]

Anlage – Umwelt – Selbst

Einen interessanten und bedenkenswerten Versuch, neue Zugänge zum „Geheimnis der Drei" zu erschließen, hat vor einigen Jahren der Schweizer Philosoph Iso Kern vorgelegt.[298] Er geht aus von den Faktoren, die menschliches Dasein konkret bestimmen: Anlage, Umwelt und Selbst. Zur Anlage gehören die ererbten Gene und die physikalischen, chemischen und biologischen Bedingtheiten. Zur Umwelt sind zu rechnen die Erziehung in Elternhaus und Schule, die Eingebundenheit in ein gesellschaftliches Gefüge, die Zugehörigkeit zu einer bestimmten Sprache und Kultur. Zum Selbst schließlich dürfen gezählt werden alle Handlungen des Menschen aus eigener Verantwortung und Entscheidung.

Jeder dieser Faktoren wirkt nur im Zusammenspiel mit den beiden anderen. Der Mensch ist weder ausschließlich Produkt seiner Umwelt noch pures „Schicksal" seiner Erbmasse noch gänzlich autonome Verwirklichung des Selbst. Allerdings ist er auch nicht exakt zu je einem Drittel von jedem der Faktoren geprägt. Eine quantitative Gewichtung der einzelnen Faktoren könnte nur dann vorgenommen werden, wenn für alle drei ein gemeinsames Maß bestünde. Das aber ist nicht der Fall. Die drei Dimensionen Natur-, Sozial- und Ich-Kausalität sind untereinander inkommensurabel. Denn sie bestehen aus je in sich geschlossenen, voneinander unabhängigen Zusammenhängen, die aber im Hinblick auf das konkrete Individuum zueinander in einer bestimmten Relation stehen. „Natur, Selbst und Gesellschaft sind die drei Dimensionen, die drei Achsen unserer eigenen Lebenswirklichkeit. Es sind nicht drei verschiedene Regionen in einer Ebene, sondern jede Dimension ist überall, sie ist im Ganzen und in jedem Teil, sie ist in diesem Sinn total. [...] Jede Dimension ist das Ganze, aber sie ist es nicht in jeder Hinsicht."[299] Diese Dreidimensionalität unserer Lebens- und Werdenswirklichkeit weckt die Frage nach ihren letzten und tiefsten Ursachen, nach ihrem metaphysischen Urgrund. Philosophie und Religion haben darauf eine Antwort zu geben versucht: „Es scheint, dass wir die tradierten Gestalten der Metaphysik und Heilsreligion in

1. naturale oder kosmologische,
2. normativ-soziale und
3. in solche des Geistes

einteilen können. Aristoteles' Theologie etwa hat, wie man oft sagt, kosmologischen Charakter: ihr ,unbewegter Beweger' ist Grund der Naturordnung. [...] Andere metaphysische Philosophien und Religionen denken den ewigen Grund der Dinge vor allem in der Verlängerung der sozialen Koordinate: Platons Idee des Guten ist vielleicht ursprünglich geprägt als Prinzip sozialer Ordnung. [...] Der Buddhismus schließlich, besonders in den Ausgestaltungen, die er in China erfahren hat, ist im Wesentlichen eine Metaphysik des Geistes: Das Ewige wird im eigenen ,Inneren', im Geist als dessen ewiger Grund erfahren. Und dasselbe gilt von der neuplatonisch-augustinischen Tradition Europas, die über Meister Eckehart und Nikolaus Cusanus bis zu Fichte reicht."[300] Einen Versuch, die Vielheit von kosmologischer, sozialer und psychologischer Metaphysik zur Einheit zu bringen, stellt für Kern die christliche Trinitätslehre dar: „Der eine Gott ist ,allmächtiger Vater, Schöpfer von Himmel und Erde' (Grund der Natur), ist Sohn, der uns in Jesus und in jedem Mitmenschen als sein tiefster Grund begegnet (,Was ihr einem meiner geringsten Brüder getan habt, das habt ihr mir getan'), und ist Heiliger Geist, der in meinem Geist als innerster Grund wohnt." Kern zieht daraus den Schluss: „Nur eine Religion, die das Unvergängliche in allen drei Achsen oder Dimensionen unserer Vergänglichkeit offenbart, umgreift unser ganzes konkretes Dasein, bringt es in all seinen Dimensionen in seinen es erlösenden unvergänglichen Grund und überlässt keine seiner Seiten dem Schmerz und der Angst bloßer Vergänglichkeit. [...] Obschon die Transzendenz des Unvergänglichen wohl auch schon in einer einzelnen Dimension unserer vergänglichen Wirklichkeit bewusst werden kann (dies scheinen verschiedene einseitige religiöse Traditionen zu zeigen), wird sie wohl am deutlichsten als das Eine in den verschiedenen Achsen unseres Daseins: als Trinität."[301]

Wort – Antwort – Gespräch

Menschliches Person-Sein wird wesentlich definiert von der Fähigkeit zum Dialog. Im Gegensatz zum Monolog, der „von einem einzigen Sprecher totalitär entfalteten Rede", ist der Dialog das „Geschehen des Gesprächs, in welchem der Andere als er selbst zu Wort kommt, wie ich selbst und die Sache, um die es im Gespräch geht."[302] Der Dialog als zwischenmenschliches Mitteilungs-und Austauschgeschehen signalisiert die Einheit von Nähe und Distanz. „Im dialogisch gebauten Bezug messen sich zwei Freiheiten aneinander, die sich beide angstfrei herauswagen, aber immer so, dass sich damit die Ehrerbietung vor der Welt des anderen verbindet."[303]

Sich als Personen ernst nehmen, heißt: den Partner in seinem Anderssein gelten lassen, ihn darin zu verstehen suchen, sich in ihn hineindenken. Es heißt nicht: sich über den anderen erheben und ihn in seiner Freiheit einschränken. Einen personalen Dialog zu führen, bedeutet: den Partner nicht zum Adressaten und bloßen Zuhörer verurteilen, sondern ihn in das Gespräch voll mit einbeziehen, ihn zu seinem Wort kommen lassen.

Sehr schön veranschaulicht eine chassidische Legende diese Haltung:

> „Jaakob Jizchak, der ‚gute Jude' erzählt: Wie das ist, wenn Zweie einander freundschaftlich zutrinken und beide fühlen sich einander gleich und keiner meint sich mehr dem anderen überlegen, das habe ich erfahren, als ich das Alphabet zu lernen begann. Da sah ich in dem Buch vor mir den Buchstaben Jud, der so sehr einem Punkte ähnelt, und fragte den Lehrer: ‚Was ist das für ein Pünktlein?' ‚Das ist der Buchstabe Jud', sagte er. ‚Steht ein Pünktlein', fragte ich,

‚immer allein oder können auch zwei beisammen stehen?' ‚Es können auch zwei beisammen stehen', sagte er. ‚Wie ist es dann aber zu lesen?', fragte ich wieder. ‚Wenn zwei Juden beisammen stehen', sagte er, ‚so bedeutet das den Gottesnamen, gesegnet sei Er!' Bald darauf sah ich, dass in der Heiligen Schrift am Schlusse jedes Verses zwei Punkte übereinander standen. Ich wusste noch nicht, dass das ein Trennungszeichen war, und hielt auch von diesen beiden Punkten jeden für den Buchstaben Jud. ‚Hier', sagte ich zum Lehrer, ‚steht überall der Gottesname, gesegnet sei Er!' ‚Nicht doch', antwortete der Lehrer, ‚merke dir: wenn zwei Juden beieinander stehen, ist das der Gottesname, wenn aber einer über dem andern steht, ist es nicht der Gottesname.'"[304]

Dialog ist Wort und Ant-Wort, Sprechen und Ent-Sprechen, Geben und Empfangen. Gerade Christinnen und Christen sollten zu solcher Art von Dialog am ehesten fähig sein, denn das „Wissen um die Möglichkeit des Person-Seins des Menschen hat tiefe theologische Wurzeln in der Dreifaltigkeitslehre und ist damit für das kirchliche Leben keineswegs akzidentell, sondern konstitutiv."[305]

Freiheit – Gleichheit – Solidarität

Seit der Französischen Revolution ist der Ruf nach Freiheit, Gleichheit, Brüderlichkeit (heute wohl besser mit Solidarität wiederzugeben) unter den Menschen nicht verstummt. Nach dem Zweiten Weltkrieg wurde diese Trias als Zusammenfassung der menschlichen Grundrechte in die Verfassungen der meisten Staaten übernommen. Die politischen Parteien sehen darin die entscheidenden Ordnungsprinzipien für ihr Handeln. Auch für Christen konzentrieren sich in dieser Dreiheit die grundlegenden Rechte jedes Menschen, wie sie sich nach der jüdisch-christlichen Tradition aus der Gott-Ebenbildlichkeit des Menschen ergeben.

Freiheit umfasst das Recht des Menschen auf Selbstentfaltung und Selbstvollzug. Sie ist freilich nicht absolut, sondern eingeschränkt durch die Freiheitsrechte der Mitmenschen. Sie ist nicht grenzenlos, sondern erfährt ihre Verwirklichung nur in Rücksichtnahme auf die Freiheit der anderen. Dabei ist Freiheit kein starrer Zustand, kein einmal erworbener und dann bleibender Besitz, sondern ein höchst dynamisches Geschehen, ein immer wieder neu zu gestaltendes und auszubalancierendes Zusammenspiel gegenläufiger Kräfte und Interessen. Die Freiheit des einzelnen kann nur gesehen werden als Teilhabe und Teilgabe an der Freiheit aller.

Gleichheit zielt auf die Anerkennung und die Zuteilung gleicher Rechte und gleicher Pflichten für alle. Sie strebt an, jedem das Seine, aber nicht allen das Gleiche zu gewähren, weil alle Menschen zwar die gleiche Würde, nicht aber die gleichen Fähigkeiten besitzen.

Solidarität eröffnet den Blick für die Einheit des gesamten Menschengeschlechts, ja der ganzen Schöpfung. Sie erinnert an das Angewiesensein aufeinander und die Abhängigkeit voneinander, und sie mahnt praktische Konsequenzen daraus an. Jeder einzelne soll sich in seinen persönlichen Entscheidungen dieser Zusammengehörigkeit, dieser Einheit der Schöpfung bewusst sein und sich in seinem Handeln daran orientieren.

Schon diese sehr skizzenhafte Beschreibung der Trias zeigt, wie jeder dieser drei Grundwerte aus der Spannung von Einheit und Vielfalt lebt. Wie das Einzelne immer wieder in Zusammenhang gebracht werden muss mit dem Ganzen. Wie aber auch die eine Freiheit, die eine Gleichheit, die eine Solidarität nur zum Zuge kommt in der durchaus differenten Freiheit, Gleichheit und Solidarität der je Einzelnen.

Die menschliche Gesellschaftsordnung

„Pseudonyme der Dreifaltigkeit"

In einem zum Thema „Vorpolitische moralische Grundlagen eines freiheitlichen Staates" von der Katholischen Akademie in Bayern veranstalteten „Gesprächsabend" zwischen Jürgen Habermas und Kardinal Joseph Ratzinger wies Habermas darauf hin, dass eine „auf ihren tiefsten Grund reflektierende Vernunft" nicht selten „ihren Ursprung aus einem Anderen" entdeckt. Habermas nennt das eine „Konversion der Vernunft durch Vernunft". Dabei kann die Vernunft (wie bei Schleiermacher) am „Selbstbewusstsein des erkennenden und handelnden Subjekts" ansetzen oder (wie bei Kierkegaard) an der „Geschichtlichkeit der je eigenen existenziellen Selbstvergewisserung" oder (wie bei Hegel, Feuerbach und Marx)

an der „provokativen Zerrissenheit sittlicher Verhältnisse". Habermas
fährt fort: „Ohne anfänglich theologische Absicht überschreitet sich eine
ihrer Grenzen innewerdende Vernunft auf ein Anderes hin: sei es in der
mystischen Verschmelzung mit einem kosmisch umgreifenden Bewusstsein oder in der verzweifelnden Hoffnung auf das historische Ereignis
einer erlösenden Botschaft oder in Gestalt einer vorandrängenden Solidarität mit den Erniedrigten und Beleidigten, die das messianische Heil
beschleunigen will. Diese anonymen Götter der nachhegelschen Metaphysik – das umgreifende Bewusstsein, das unvordenkliche Ereignis, die
nicht-entfremdete Gesellschaft – sind für die Theologie leichte Beute. Sie
bieten sich dazu an, als Pseudonyme der Dreifaltigkeit des sich selbst mitteilenden persönlichen Gottes dechiffriert zu werden."[306]

„Pseudonyme der Dreifaltigkeit" – hinter einem Pseudonym steckt
immer eine Gestalt, die sich bei ihren Veröffentlichungen nicht direkt zu
erkennen geben möchte und die deshalb einen anderen (falschen) Namen wählt, hinter dem sie sich verbirgt. Ist es wirklich so abwegig, in den
von Habermas aufgezählten Phänomenen eine Sehnsucht des Menschen
nach dem „ganz Anderen" zu sehen und in deren Dreizahl eine eigenartige Entsprechung zu dem sich „dreifach" mitteilenden Gott zu entdecken? Das autonome Ich, seine geschichtliche Bedingtheit und seine
häufige Entfremdung durch die gesellschaftliche Einbindung sind span-
nungsgeladene, aber zueinander in enger Beziehung stehende Konstitutiva menschlichen Da-Seins in der Welt. Wenn die „auf ihren tiefsten
Grund reflektierende Vernunft" im Nachdenken über diese merkwürdige
Dreiheit der Phänomene nicht nur „ihren Ursprung aus einem Anderen",
sondern auch eine eigenartige Entsprechung zum christlichen Trinitätsdogma entdeckt, so mag das schon zu denken geben und darf als ein ah-
nend-tastendes Bewusstwerden des sich für diese Welt umfassend mitteilenden und in dieser Welt umgreifend einwohnenden drei-faltigen
Gottes gedeutet werden.

Gewaltenteilung

Ein „Pseudonym der Dreifaltigkeit" könnte auch die in demokratischen
Staaten heute überall praktizierte Teilung des staatlichen Gewaltmono-
pols sein. Überlegungen dazu finden sich schon bei Aristoteles. Er spricht
von „drei Stücken der Staatsgewalt", die in verschiedenen Händen zu lie-

gen haben und gut geordnet sein müssen. Er zielt damit auf die nach heutiger Sprachregelung in Demokratien übliche Teilung der Staatsgewalt in gesetzgebende, ausführende und richterliche Gewalt.

Doch der Mensch ist von Natur aus zunächst einmal nicht zum Teilen der Macht oder zum Machtverzicht angelegt. Dazu bedarf es einer längeren Erziehung und wohl auch einer tiefer gehenden Motivation. Es ist also nicht verwunderlich, dass die Idee der Gewaltenteilung angesichts einer verbreiteten und fest verankerten patriarchalen Gesellschaftsstruktur sich über lange Zeit hin nicht durchsetzen konnte. Nicht nur im kleineren Rahmen der Familie, der Sippe, der Dorf- und Stadtgemeinschaft, sondern auch in der großen Politik ist zu beobachten, dass alle Gewalt ihrer Natur nach auf einen einzigen Gravitationspunkt zustrebt. Wer (militärische, politische, gesellschaftliche) Macht errungen hat, will sie nicht wieder hergeben, sondern in der Hand behalten. Er möchte sie zudem auf Dauer etablieren, sie gegen Bedrohungen und Gefährdungen absichern und Ordnungen einrichten, die diese Macht stützen und stärken. Und er möchte sie obendrein noch ideologisch und/oder religiös untermauern. Das Idealbild ungeteilter, monarchistischer Macht stellt der „König von Gottes Gnaden" dar, der oberster Gesetzgeber, Richter und Vollstrecker in einem ist: ein Gott, ein Imperium, ein Kaiser.[307]

Das aufkommende Christentum mit dem Glaubenssatz von dem einen Gott in *drei* Personen und mit den daraus abgeleiteten Konkretionen des innerkirchlichen Lebens und der kommunikativen Praxis bedeutete darum zunächst eine ernst zu nehmende Bedrohung der herrschenden politischen Theologie des Römischen Reiches.[308] Ein Glaube, der Gott nicht mehr als absolutistischen Monarchen, sondern als ein in sich plurales, „drei"-eines Wesen begreift, kann nicht mehr zur theologischen Untermauerung und Legitimierung von Herrschaftsstrukturen herangezogen werden, in denen alle Macht in den Händen eines einzelnen liegt, der selbstherrlich seine Vorstellungen von Einheit und Ordnung durchzusetzen sucht.

Als im 4. Jahrhundert das Christentum im Römischen Reich zur Staatsreligion erklärt wurde, hätte man eine Änderung dieses Verständnisses von politischer Herrschaft und eine stärkere Orientierung am Bild des in sich nicht uniformen, sondern pluriformen Gottes erwarten sollen. Dem war leider nicht so. Der überkommene Interpretations- und Konkretionsrahmen von politischer Machtausübung erwies sich stärker als die Bereitschaft, aus dem Trinitätsdogma die Konsequenzen für eine Herrschaftsform zu ziehen, die Einheit nicht als absolute Uniformität, sondern als Einheit in Vielfalt versteht und praktiziert. Der schon bestehende heidnische politische Patriarchalismus und Absolutismus wurde nicht „getauft" auf den drei-einen Gott –Vater, Sohn und Geist. Vielmehr wurde er durch eine im Grunde unchristliche, streng monistisch ausgerichtete Theologie eher noch verstärkt, die bis in die Neuzeit hinein das monarchische König- und Kaisertum als „von Gottes Gnaden" gegeben sah. Die Trinitätstheologie hat es über Jahrhunderte hinweg nicht geschafft, ihr Gottesbild auf irdische Herrschaftsformen zu übertragen.

Die Geschichte der Menschen hat freilich gezeigt, dass nicht die großen monarchisch-uniform strukturierten Reiche von Dauer waren, sondern die demokratisch-republikanisch organisierten. Von Macchiavelli wird, freilich aus einem anderen Kontext heraus, das Wort überliefert: „Die Überlegenheit Europas liegt in der Vielfalt seiner Republiken." Das ist eine sehr richtige Beobachtung. Das Römische Imperium konnte sich nur deshalb verhältnismäßig lange behaupten, weil es seinen unterjochten Völkern zumindest religiös eine gewisse Eigenständigkeit beließ. Die anderen „Weltreiche" von Tamerlan über Dschingis-Khan und die türkischen Sultane bis zu Hitler und Stalin verschwanden so rasch von der Bildfläche, wie sie gekommen waren, weil die unterworfenen Völker ihrer Identität beraubt und zu bloßen Objekten der allgewaltigen Staatsmacht degradiert wurden.

Erst inspiriert vom Gedankengut der Aufklärung (J. Locke, Ch. de Montesquieu) wird die Gewaltenteilung zum zentralen Ordnungsprinzip der Organisation von Staaten. Mit ihr, so darf man wohl sagen, beginnt die neuzeitliche Demokratie. Eine der Wurzeln dafür (vielleicht sogar die eigentlich und letztlich Frucht tragende?) liegt in der Trinitätstheologie. Vielfalt und Verschiedenheit werden nicht mehr bekämpft, sie werden bewusst angestrebt.

Die Kirche hat diese Entwicklung – im eklatanten Widerspruch zu ihrer eigenen Lehre – keinesfalls gefördert, sondern eher bekämpft. Bis zum Ende des 19. Jahrhunderts liebäugelten die Päpste gegenüber den aufkommenden Demokratien noch mit der absolutistischen Monarchie.[309] Auch in ihrem ureigenen Territorium, im Kirchenstaat, ist es ihnen nicht in den Sinn gekommen, demokratische Strukturen auch nur

ansatzweise einzuführen – nicht im heutigen und schon gar nicht in dem
bis 1870 existierenden. Auch die hierarchische Verfassung der katholischen Kirche kennt keine Gewaltenteilung: Der Papst ist allein „Träger
der höchsten und vollen Gewalt über die ganze Kirche"; er kann „als
höchster Hirte der Kirche seine Vollmacht jederzeit nach Gutdünken aus-
üben, wenn es von seinem Amt her gefordert wird".[310]

Doch nicht die Allgewalt, in einer einzigen Person – Kaiser oder Papst,
Diktator oder „Führer" – vereinigt, ist Abbild der christlichen Gottesvorstellung, sondern die Gewaltenteilung. Die heute in demokratischen
Staaten praktizierte Dreiteilung in Legislative, Exekutive und Judikative
entspricht eher der biblischen Erfahrung mit dem vielfältig sich offenbarenden und mitgehenden Gott als die monarchische Herrschaftsform.
„Die Diktatoren und Tyrannen können aus dem dreieinen Gott niemals
Gründe beziehen, die ihre absolutistische Anmaßung rechtfertigen, weil
eben Gottes Einheit weniger die Einzigkeit des einzigen Prinzips ist als
die Einheit der göttlichen Personen Vater, Sohn und Heiliger Geist."[311]

Im christlichen Glaubensbekenntnis zum drei-einen Gott liegt der
Keim für die Entfaltung und Verwirklichung menschlicher Freiheits-
geschichte und für das Gleichheitsprinzip aller Menschen. Die Rückbesinnung auf diesen Glauben kann einen nicht unwesentlichen Beitrag
leisten für den Transformationsprozess der Menschheit in Richtung auf
eine wahrhaft freiheitliche Gesellschaftsordnung, die Würde und Recht
des Einzelnen achtet und zwischenmenschliche Beziehungen zum Wohle
aller optimiert. Bereits 1903 schrieb der amerikanische Theologe G. A.
Gordon: „Das wahre Problem ist zu wissen, ob Gott ein gesellschaftliches
oder ein einsames Wesen, ob er ein ewiger Egoist oder ein ewiger Sozialist ist. Wenn Gott ein ewiger Egoist ist, dann steht er im Gegensatz zur
Menschheit. Ist er dagegen ein ewiger Sozialist, dann liegen in ihm Ursprung und Hoffnung."[312]

In neuerer Zeit hat Jürgen Moltmann diesen Gedanken aufgegriffen
und ihn, gleichsam aus umgekehrter Perspektive, so formuliert: „Den
christlichen Glauben verehrt eine christliche Gemeinde nur, wenn sie
eins, einig und vereinend ist, ohne Herrschaft und Unterdrückung; und
die Menschheit, wenn sie eins, einig und vereinend ist, ohne Klassenherr-
schaft und ohne diktatorische Unterdrückung. Das ist die Welt, in der die
Menschen sich durch ihre Beziehungen auszeichnen und nicht durch
ihre Macht oder durch das, was sie besitzen. Das ist die Welt, in der die

Menschen alles gemeinsam haben und alles miteinander teilen, außer ihre persönlichen Kennzeichen."[313]

Dreifaltigkeit Gottes als wahres Gesellschaftsprogramm

Die lateinamerikanische Befreiungstheologie sieht in der Trinität Gottes ihr „wahres Gesellschaftsprogramm"[314] und nimmt sie darum als Vorbild für den Entwurf einer neuen Gesellschaftsordnung: „Vor allem die Christen, die sich im Sinn der großen armen Mehrheit für strukturelle Änderungen der Gesellschaft einsetzen, finden in der Dreieinigkeit ihre ewige Utopie. Jeder der Unterschiedenen (d. h. der in der göttlichen Dreieinheit unterschiedenen „Personen", N.S.) bejaht die Unterschiede der anderen; dieses Ja zum anderen und die völlige Hingabe an ihn macht jeden zum Unterschiedenen in Gemeinschaft. In der Dreifaltigkeit gibt es nicht die Herrschaft eines Pols, sondern die Konvergenz der Drei in Schenkung und Annahme." Die praktisch-pastorale Konsequenz liegt auf der Hand: „Deshalb darf eine Gesellschaft, die sich von der dreieinigen Gemeinschaft inspirieren lässt, nicht die Klassen dulden, nicht die Herrschaft von Seiten einer Macht (sei sie wirtschaftlich, geschlechtlich oder ideologisch bestimmt), welche die übrigen Unterschiedenen unterjocht und verrandet: Die Gesellschaft, die dank der Inspiration durch das Dreieinigkeitsmodell entstehen kann, muss geschwisterlich und gleichberechtigt sein, reich an Ausdrucksräumen, die sie den Unterschieden der Menschen und Gruppen einräumt. Allein eine Gesellschaft von Brüdern und Schwestern, deren soziales Netz aus Teilhabe und Gemeinschaft aller an allem gewirkt ist, darf für sich in Anspruch nehmen, sie sei ein blasses Abbild und Gleichnis der Dreifaltigkeit."[315]

In diesem gesellschaftlichen Zusammenhang sieht Leonardo Boff auch die herausragende Bedeutung des Glaubens an den drei-einen Gott für die Glaubenspraxis und das Alltagsleben jedes einzelnen Christen. Boff möchte ein nur verbal praktiziertes, sonst aber konkret folgenlos bleibendes Bekenntnis zum christlichen Trinitätsdogma überwinden und versucht, die Heilsbotschaft dieser Lehre aufzuzeigen: „Die Dreifaltigkeit hat mit dem Leben jedes Menschen zu tun, in seinem Alltag, im Bemühen, ein Leben im rechten Bewusstsein zu führen, in Liebe und Freude, im Ertragen des Leidens der Welt und der Tragödien des Daseins; sie hat auch mit dem Kampf zu tun, der das gesellschaftliche Unrecht anklagt, mit den Opfern und Martyrien, die ein solches Bestreben nicht selten mit sich bringt. Gelänge es uns nicht, die Dreieinigkeit auf diesem persönlichen und gesellschaftlichen Wege zu erblicken, so hätten wir das Heilsgeheimnis nicht aufgezeigt, das Evangelium nicht angemessen verkündet. [...] Wenn die Dreifaltigkeit Evangelium ist, dann ist sie es besonders für die Unterdrückten und zur Einsamkeit Verurteilten."[316]

Es ist schon merkwürdig, dass die Befreiungstheologie und ihre bedeutendsten Theologen immer wieder Angriffen der Römischen Kirchenzentrale ausgesetzt sind, obwohl sie doch etwas versuchen, was die Päpste bis in die Gegenwart hinein unterlassen haben: die öffentliche Relevanz der Trinitätslehre aufzudecken und Wege sozialer, politischer und gesellschaftlicher Konkretion aufzuzeigen. Die Befreiungstheologen lassen nicht den Dreieinigen im Himmel wohnen, sondern bemühen sich darum, die Vaterunser-Bitte „Dein Reich komme" hier auf dieser Erde, inmitten der Menschen in die Tat umzusetzen. In diesem Reich muss auch von jenem Gott etwas zu spüren sein, der Gemeinschaft und nicht Einsamkeit, der Dialog und nicht Monolog, der „Einer in Dreien" und nicht ein einsamer Einzelner ist. Für viele Menschen bedeutet dieser Versuch, den scheinbar unüberwindbaren Graben von Glauben und politischem Handeln, von Theologie und sozialem Engagement zu überwinden, einen Hoffnungsschimmer in einer ansonsten eher hoffnungsarmen und perspektivlosen Kirche der Gegenwart. So bekennt Hanna-Renate Laurien: „Für mich ist höchst eindrucksvoll, wie sich gerade bei einem Theologen wie Leonardo Boff ein tiefer trinitarischer Glaube verbindet mit einem Einsatz, der dann nicht nur theoretisch formuliert, sondern praktisch gelebt wird. Den Armen dienen und gleichzeitig die Trinität verkünden, der praktische Einsatz, der doch immer wieder vorstößt zum theologischen Kern, während wir immer wieder durch Themen zweiter Ordnung gebunden werden. Das ist es, was mich an Befreiungstheologen fasziniert."[317]

Globalisierung

Es mag auf den ersten Blick abwegig erscheinen, auch in der umstrittenen und (zu Recht) vielfach kritisierten „Globalisierung" ein „Pseudonym der Dreifaltigkeit" zu sehen.

Die „alte" Weltordnung, wie sie etwa in der zweiten Hälfte des 20. Jahrhunderts bestand – ob es tatsächlich eine „Ordnung" war, sei dahingestellt – , war vor allem geprägt durch den Dualismus zweier sich feindlich gegenüberstehender Großmächte mit unterschiedlichen Weltanschauungen, Wirtschaftssystemen und Gesellschaftsformen. Durch die Aufhebung dieser Polarität entstand ein Ungleichgewicht. Sehr rasch hat sich der globale Kapitalismus als einziges, alles beherrschendes Machtsystem etabliert. An die Stelle des antiken „Ein Gott, ein Imperium, ein Kaiser" ist die Devise „Ein einziger Götze Kapital, ein universaler Markt, ein alles beherrschendes Monopol" getreten. Oder auch, etwas vulgärer: Moneten, Markt, Managment. Die euroamerikanische Lebens- und Verhaltensweise einer christentümlichen Gesellschaft wurde zur einzig gültigen Norm einer neuen Weltordnung erhoben und mit entsprechenden politischen, wirtschaftlichen und – leider – auch manchmal militärischen Mitteln durchgesetzt. Der von globalen Eliten ohne lokale Verantwortung („Großkapital") gesteuerte globalisierte Markt ist mehr und mehr dabei, andere tradierte und bewährte Institutionen wie Familie, Gemeinschaft, soziale und ethische Bindungen auszuhöhlen und beiseite zu schieben.

Auffällig ist nun, dass es in dieser durch die Diktatur des Kapitals vielfach egalisierten Welt zu einem Wiederaufleben der tot gesagten Religion(en) kommt. Vor allem jene Menschen, die sich durch die Globalisierung in ihrer Menschenwürde beeinträchtigt, wenn nicht sogar in ihrer Existenz bedroht fühlen, wenden sich der Religion als einer Quelle der Stabilität und der Achtung des menschlichen Lebens zu. Gesucht wird offenbar eine „geistliche Dimension des Lebens als Heilmittel gegen Entmenschlichung".[318] Religion erscheint als eine „fortschrittsresistente Gestalt menschlicher Lebensführung" (H. Timm). Sie wird zu einem Hilfsmittel funktionalisiert, das es ermöglichen soll, das Leben intensiver und ausgeglichener zu leben, als dies ohne sie möglich ist, mentale Kräfte aufzufrischen, die sonst vielleicht ungenutzt blieben, kulturelle Identität zu liefern, die ohne sie immer seltener würde. Religion ist wieder gefragt als eine ins Geistig-Geistliche hinein verlängerte Suche nach Lebensqualität und Lebensintensität.

Allerdings zeigt das, was auf dem Markt der Möglichkeiten unter dem Etikett „Religion" angeboten wird, ein reichlich diffuses und verwirrendes Bild: Meditation, Mystik, fernöstliche Religiosität, charismatische

Gruppen, Sekten, Esoterik, Okkultismus und parapsychologische Phänomene, Mythologie und Symbolik. Es ist zu bedauern, dass die etablierten
Kirchen es nicht vermögen, dieses offensichtliche Bedürfnis nach Religion zu befriedigen, und dass sie es erst recht nicht fertig bringen, einen
wirksamen Gegenpol gegen gleichmacherische Globalisierungstenden-
zen und ihre negativen Folgen für die davon betroffenen Menschen zu
errichten. Das Potenzial dazu hätten sie.

    In einem streitbaren Buch hat der britische Oberrabbiner Jonathan
Sacks höchst interessante und bedenkenswerte Wege aufgezeigt.[319] Die
jüdische Religion, so Sacks, habe einen Monotheismus hervorgebracht,
der die differente Einheit Gottes in der Verschiedenheit der Schöpfung
widerspiegelt. „Gott, der Schöpfer der Menschheit, wendet sich, nachdem
er einen Bund mit der ganzen Menschheit geschlossen hat (den Bund mit
Noach und „allen Wesen"; vgl. Gen 9,9–17; N.S.), einem Volk zu und gebietet ihm, verschieden zu sein (von den anderen Völkern, N.S.), um auf
diese Weise die Menschheit zu lehren, Platz für Differenz zu machen."[320]
Der Gott Abrahams lehre die Menschheit, dass wir zugleich partikular
und universal, gleich und verschieden, Menschen als einzelne und als
Mitglieder einer bestimmten Familie, Gemeinschaft und Geschichte sind.
„Gott, der Autor der Verschiedenheit, ist darin die vereinende Gegenwart."[321] Während die Menschen zunehmend das Gefühl haben, von
anonymen ökonomischen, technologischen und politischen Mächten
umgeben und dem globalen Markt ausgeliefert zu sein, könnten und
müssten die Religionen auf die Würde jedes einzelnen menschlichen Lebens hinweisen und sie in ihrem Zusammenleben exemplarisch vor-
zeigen. Ihre Aufgabe sei es, „einen – physischen wie metaphysischen –
Raum zu bewahren, der gegenüber den Zwängen des Marktes immun
ist".[322]

    Im Schlusskapitel seines Buches setzt sich Sacks für einen „Bund der
Hoffnung" ein, der die globalen Belange nicht nur als ökonomische oder
politische, sondern zuallererst als moralische versteht und vertritt. Nur
Toleranz zu üben, sei nicht genug, um das gegenseitige Aufschaukeln von
Fundamentalismus und Imperialismus zu vermeiden. „Der eine Gott,
Schöpfer der Vielfalt, gebietet uns, seine Schöpfung zu ehren durch Respekt für die Vielfalt. Gott, der Schöpfer von allem, hat der Person als solcher sein Bild eingeprägt, vorgängig zu und unabhängig von den verschiedenen Kulturen und Zivilisationen, und so dem menschlichen

Leben eine Würde und Heiligkeit verliehen, die unsere Differenzen überschreitet. Das ist der Leitgedanke seines Bundes mit Noach und darin mit der ganzen Menschheit."[323] Durch einen „Bundesschluss", so sieht es Sacks, könnten Bindungen geschaffen werden, die Unterschiede nicht glatt bügeln, sondern der Vielfalt Raum geben, und die auf Vertrauen und Verantwortung gründen. Ein Bund der Hoffnung, in der die Differenz ihre Würde erhält und behält und in dem Gott im Anderen aufgespürt wird, das sei der Beitrag der abrahamitischen Traditionen. „Erst wenn wir die Gefahr des Wunsches erkennen, dass jeder das Gleiche haben soll – zum einen den gleichen Glauben, zum anderen die gleiche McWorld –, werden wir den aus dem Geist der Bedrohung und der Angst geborenen Zusammenprall der Zivilisationen verhindern. Sobald wir die gottgegebene, weltbereichernde Würde der Differenz verstehen, werden wir lernen, mit der Vielfalt zu leben."[324]

Was Jonathan Sacks für die „abrahamitischen Tradtionen" insgesamt fordert, sollte für Christen in noch stärkerem Maße eine Herausforderung und Verpflichtung darstellen. Denn sie bekennen den Glauben an den einen Gott in drei Personen, dessen Abbild der Mensch als Individuum und als Gemeinschaft darstellt. Gott ist nach christlichem Bekenntnis Einheit in Verschiedenheit, Gleichheit in Andersheit, Harmonie in Polyphonie. Dieser Glaube sollte dazu ermutigen und befähigen, den Reichtum des Pluralismus zu bejahen und zu fördern.

Einheit in Vielfalt – das kann konkret heißen:

- keine uniformistische Monokultur, sondern ein gleichberechtigtes Nebeneinander und Miteinander einer Vielfalt von Kulturen;
- kein monotones Einerlei menschlichen Zusammenlebens in einem politisch oder wirtschaftlich begründeten Kollektiv oder gar in einer „Diktatur des Kapitals", sondern ein symbiotisches Miteinander, das jedem seine spezifische Eigenart, seine individuell-angepasste Lebensform belässt, die er zum Wohl aller und zu seiner persönlichen Entfaltung einbringen soll;
- kein erbarmungsloses ökonomisches Verdrängungs- und Ausschaltungsbestreben, sondern ein friedlicher, fairer Wettstreit unterschiedlicher Wirtschaftsformen und -systeme;
- kein Abkapseln gegenüber der befremdlichen Eigenart anderer Kulturen, sondern eine Öffnung gegenüber der Andersartigkeit des Den-

kens und Fühlens, der Lebensgewohnheiten und der Bräuche, der
Daseinsdeutung und Lebensbewältigung;

■ kein Anspruch auf einen „allein selig machenden" Glauben, sondern
die Bereitschaft, auch andere, zunächst vielleicht noch ungewohnt,
rätselhaft und fremd erscheinende Formen von Glauben und Gläubig-
keit in ihrer Andersartigkeit und Eigenheit anzuerkennen.

VI. Trinitarische Realität in der Christenheit

Die Lehre von dem einen Gott, der die Einheit in der Vielfalt ist – ein Gott in drei „Personen" –, ist ein zentrales Dogma der Christenheit. Zwar hat darin die Theologie den Gott der Christen „binnenplural" konzipiert und „definiert". Die christlichen Kirchen haben aber diese Pluralität gleichsam in Gott selbst belassen, weil sie es – das betrifft vor allem die römisch-katholische Kirche – bis heute nicht geschafft haben, sich selbst in ihren jeweiligen Binnenstrukturen und in ihrem Verhältnis zueinander als ein Erfahrungsfeld für diesen Glaubensartikel zu organisieren und zu präsentieren. Sie erhoben (und erheben) Exklusivitätsansprüche gegenüber den jeweils anderen, bestritten einander den „wahren Glauben" und sprachen gegeneinander Verdammungsurteile. Sie bekämpften sich gegenseitig mit Waffengewalt und lieferten (liefern) sich mit nicht immer fairen Methoden harte Konkurrenzkämpfe um neu zu gewinnende Mitglieder.

In den ersten christlichen Jahrhunderten war noch der Gedanke der Einheit und des „Bundes in der Liebe" lebendig, obwohl es von Anfang an verschiedene Arten und Formen des Christseins gab – judenchristliche und hellenistische Gemeinden, kühle Theologen und überschäumende Enthusiasten, Konservative und Progressive, Fundamentalisten und Neuerer (vgl. 1 Kor 1,10–13). Doch die Einheit der Kirche wurde nicht in Frage gestellt.

Mit Kaiser Konstantin kam im 4. Jahrhundert die Wende. Eine streng auf Uniformität bedachte Reichsideologie verlangte nach einer in Lehre und Disziplin gleichgeschalteten Staatskirche. Christliche Bekenntnisformeln wurden zu Reichsgesetzen, zu Dogmen. Als „Dogmen" wurden alle kaiserlichen Erlasse bezeichnet. Die Einheit in der Liebe wurde verdrängt durch die Einheit des Rechtes und der verbindlich vorgeschriebenen und unter Strafandrohung für wahr zu haltenden Lehrsätze. Ketzer und Abweichler von der Lehre wurden zu Staatsfeinden erklärt und nicht selten mit dem Tode bestraft. Politische Auseinandersetzungen und Hegemoniebestrebungen wurden theologisch untermauert und verstärkt und führten letztlich zu einer vielfältigen Zersplitterung der einen Christenheit.

Zwar gab es im 13. und 15. Jahrhundert kurzlebige Re-Unionsversuche zwischen West- und Ostkirche. Aber erst im 20. Jahrhundert besannen sich die Christen wieder auf die ursprüngliche Einheit. Eine weit gefächerte Einigungs- und Sammlungsbewegung der Christenheit erwachte zum Leben, die Ökumene.

Es kann heute nicht darum gehen, einen Idealzustand vollkommener Uniformität wiederherzustellen, den es nie gegeben hat. Der eigentliche Skandal liegt gar nicht darin, dass es in der Christenheit eine Vielgestalt von Konfessionen gibt, sondern darin, dass exklusive, sich gegenseitig ausschließende und verurteilende Verschiedenheiten existieren. Diese müssen erst überwunden werden. Es hat nicht selten den Anschein, als würden „strenggläubige" Kirchenführer in ihrem vermeintlich frommen Eifer (in ihrer Eifersucht?) ähnlich denken und handeln wie jene Jünger im Markusevangelium (9,38–40), die es nicht ertragen können, dass auch durch andere Menschen im Namen Jesu Heil geschieht. „Sie wollen Gottes Gnade Grenzen setzen – und merken nicht, wie sehr sie damit sich selbst begrenzen: Geist und Seele."[325] Es gibt – nach Paulus – nur „einen Geist, der alles in allen wirkt", nur eine Gnade, einen Glauben; freilich gibt es verschiedene Gaben des Geistes, doch sie kommen alle aus dem einen Geist (1 Kor 12,12–27). Erstrebenswert ist das Modell einer geeinten Christenheit in konfessioneller Vielfalt mit wechselseitiger Abhängigkeit und gegenseitiger Beeinflussung. Die christlichen Kirchen sollten ihre Differenzen nicht als Häresie- und Trennungsbegründung hochstilisieren, sondern sich trotz aller Unterschiede des Bandes der Liebe Gottes bewusst sein, das sie miteinander im Glauben an den *einen* Herrn Jesus Christus verbindet und das ihre Glieder eint, die alle die *eine* Taufe empfangen haben. „Wir Christen (sind) nicht deswegen zur Einheit berufen bzw. tatsächlich eins, weil wir einer Meinung wären oder sein müssten, sondern primär immer deswegen, weil wir einen Gott haben, der zu jedem Christen und zu jeder Kirche eine unverwechselbare Beziehungsgeschichte aufnimmt. Die Einheit der Christen und der Kirche ist demnach immer zuerst ein Geschenk Gottes selbst, auf das wir, oft auch gegen den Augenschein, vertrauen dürfen, und immer zuletzt etwas, was wir untereinander ‚machen' könnten."[326]

Ein kurzer Blick auf die drei (!) großen real existierenden Konkretionsformen des Christentums – Orthodoxie, Protestantismus, römisch-katholische Kirche – zeigt, wie diese Kirchen immer wieder der Versuchung erlegen sind und erliegen, sich nicht nur gegeneinander abzugrenzen, sondern wie sie auch in sich selbst zu einer keineswegs immer harmonischen Vielfalt tendieren.

Orthodoxie

Das griechische Wort „orthodox" wird häufig mit „rechtgläubig" wiedergegeben; es heißt jedoch eigentlich „(Gott) in rechter Weise preisend" und verweist so auf die zentrale Bedeutung der Liturgie. Der Orthodoxie gehören zusammen über 200 Millionen Gläubige an. Hauptverbreitungsgebiet sind Ost- und Südosteuropa sowie der östliche Mittelmeerraum. Die orthodoxen Kirchen gründen sich in ihrem Glauben und in ihrer Lehre auf die Konzilien des ersten Jahrtausends. Die einzelnen Kirchen sind rechtlich selbstständig. Sie sind „autokephal". Dieses Wort ist zusammengesetzt aus dem griechischen „autós" (= selbst) und dem aramäischen „kéfa" (= Stein; gräzisiert: „képhas"), das als Ehrenname für Simon (Petrus) diente. Die Kirchen wollen also „selbst-petrinisch" sein, sie fühlen sich je selbst auf dem „Felsen" gegründet (vgl. Mt 16,18). Immerhin erkennen die Kirchen der byzantinischen Tradition dem Ökumenischen Patriarchat der alten Kaiserstadt Konstantinopel den Ehrenvorrang zu. Neben Konstantinopel gehören Alexandrien, Antiochien und Jerusalem zu den alten Patriarchaten. Zahlenmäßig am stärksten sind heute die orthodoxen Kirchen von Russland, Rumänien, Griechenland, Serbien und Bulgarien.

Es erscheint darum alles andere als selbstverständlich, dass vom 24. September bis zum 1. Oktober 1961 Vertreter aller orthodoxen Kirchen auf der griechischen Insel Rhodos zur ersten „Panorthodoxen Konferenz" zusammenkamen. Zwar liefen schon seit längerer Zeit Bemühungen um mehr Gemeinsamkeit innerhalb der Orthodoxie und um Klärung strittiger Fragen. Aber ihnen standen (und stehen) erhebliche Hindernisse entgegen. So gibt es eine starke Rivalität zwischen dem Ökumenischen Patriarchat von Konstantinopel und dem Moskauer Patriarchat. Dieses veranstaltete 1948 zum Missfallen von Konstantinopel ein gesamtorthodoxes Treffen, an dem aber fast ausschließlich orthodoxe Kirchen aus dem sowjetischen Machtbereich vertreten waren.

Die Panorthodoxe Konferenz kam vor allem zustande auf Initiative des damaligen Patriarchen von Konstantinopel, Athenagoras I., dem sowohl die Einheit der orthodoxen Kirchen wie die Einheit aller Christen ein besonderes Anliegen war. Bei dem Treffen ging es deshalb neben anderen Themen vor allem um die Beziehungen der orthodoxen Kirchen zueinander. Dieser Konferenz folgten 1963 und 1964 zwei weitere. Sie waren vor allem dem Verhältnis zur römisch-katholischen Kirche gewidmet, die zur gleichen Zeit ihr Zweites Vatikanisches Konzil abhielt (1962–1965).

Die orthodoxe Theologie bekennt sich zu einem trinitarischen Kirchenverständnis. Einen Weg, Gott als Dreieinen zu erkennen, sieht sie in der konkreten Erfahrung der Kirche als Heilsgemeinschaft. Der Eintritt in diese Gemeinschaft geschieht durch die Taufe, die „im Namen des Vaters, des Sohnes und des Heiligen Geistes" gespendet wird.

Eine andere Perspektive eröffnet der Hinweis auf die trinitarische Kirchengemeinschaft der Ortskirchen, die durch das Band der Liebe und den einen Glauben zu einer Einheit in der Vielheit zusammengeschlossen sind. „Wie die göttlichen Personen wirkliche Personen sind, so sind auch die Ortskirchen wirkliche Kirchen mit der Fülle des sakramentalen und ekklesialen Charakters. [...] Die gesamte Kirche Christi wird nicht nur durch das Addieren der Teilkirchen verwirklicht, sondern durch die Gemeinschaft der Ortskirchen in gegenseitiger Durchdringung zum Ausdruck gebracht. Die konziliare Gemeinschaft der Kirchen findet sich demnach in der trinitarischen Auffassung integriert."[327]

Verschiedene Stellungnahmen und Dokumente aus jüngster Zeit betonen, „dass die Kirche eine Gemeinschaft, aber keine gewöhnliche Gemeinschaft ist. Die Kirche ist nicht einfach eine Zusammensetzung von verschiedenen Menschen aus allen Völkern. Sie ist eine Gemeinschaft im Heiligen Geiste, eine Bruderschaft, die ihr Vorbild und Prinzip selbst im Leben der Heiligen Dreifaltigkeit hat."[328]

Kirchen der Reformation

Die Kirchen der Reformation tun sich aufgrund ihres konfessorischen und landeskirchlichen Prinzips („Cuius regio, eius religio") mit der Einheit besonders schwer. Eine Fülle von freikirchlichen Vereinigungen, von unterschiedlichsten, sich als christlich bezeichnenden Denominationen und von partikularistisch angehauchten kirchlichen Gemeinschaften zehren an der Glaubwürdigkeit der reformatorischen Kirchen und sind zu einem Überlebensproblem geworden.

Die Erfahrungen aus der Zeit des Hitler-Regimes, in der ein festeres Bündnis der Kirchen wahrscheinlich einen wirkungsvolleren Widerstand gegen die Nationalsozialisten ermöglicht hätte, trugen wesentlich dazu bei, anstelle der 1933 geschaffenen, bald dem NS-Regime willfährigen Deutschen Evangelischen Kirche, ein neues, stabileres Bündnis anzustreben.

So traf sich am 31. August 1945 in Treysa, einem hessischen Ort unweit von Marburg, ein zwölfköpfiges Gremium zu einem Neuanfang und gründete den vorläufigen „Rat der Evangelischen Kirche in Deutschland" (EKD), dem sich lutherische, reformierte und verschiedene unierte Landeskirchen anschlossen. Die Gründung der EKD, der Evangelischen Kirche in Deutschland, erfolgte 1948 in Eisenach, wurde 1969 auf die evangelischen Kirchen in der Bundesrepublik Deutschland beschränkt und konnte 1991 für das vereinigte Deutschland erneuert werden.

Bemerkenswert ist allerdings, dass nach langen, über Jahre hin geführten Verhandlungen erst 1973 Vertreter protestantischer Kirchen in Europa einer Vereinbarung über die Kirchengemeinschaft zustimmten („Leuenberger Konkordie") und damit Trennungen überwanden, die bis in die Anfangszeit der Reformation zurück reichten. Die „Konkordie" stellte fest, dass die gegenseitigen Lehrverurteilungen zwischen reformierten (calvinistischen) und lutherischen Kirchen aus der Reformationszeit zu den Fragen von Abendmahl, Prädestination und Christologie heute weitgehend überwunden sind und kein Hindernis für die Kirchengemeinschaft mehr darstellen. „Zwischen unseren Kirchen bestehen beträchtliche Unterschiede in der Gestaltung des Gottesdienstes, in den Ausprägungen der Frömmigkeit und in den kirchlichen Ordnungen. Diese Unterschiede werden in den Gemeinden oft stärker empfunden als die überkommenen Lehrgegensätze. Dennoch vermögen wir nach dem

Neuen Testament und den reformatorischen Kriterien der Kirchengemeinschaft in diesen Unterschieden keine kirchentrennenden Faktoren
zu erblicken" (Nr. 28).

In der Konkordie wird keine formale Vereinigung vollzogen, wohl aber
eine Kanzel- und Abendmahlsgemeinschaft vereinbart: Ein Pfarrer der
einen Kirche kann auch in einer anderen predigen und den Gottesdienst
feiern, Mitglieder der anderen Kirchen sind zum Abendmahl zugelassen.
Die beteiligten Kirchen verpflichten sich zu weiteren theologischen Ge-
sprächen über die noch bestehenden Lehrunterschiede und zu mehr Gemeinsamkeit in Zeugnis und Dienst. Ihre innerprotestantischen Verein-
barungen sollen der ökumenischen Gemeinschaft aller christlichen Kirchen dienen.

Römisch-katholische Kirche

Zwar bedarf die römisch-katholische Kirche aufgrund ihrer hierarchischen Struktur keiner Bemühungen um eine innerkirchliche Einheit. Sie
erhebt in Texten des Zweiten Vatikanischen Konzils den Anspruch, „das
von der Einheit des Vaters und des Sohnes und des Heiligen Geistes her
geeinte Volk" zu sein.[329] Sie sieht sich als „Pflanzung Gottes", als „Wohn-
statt und Zelt Gottes"[330] und weist unter Berufung auf das Johannesevangelium (17,20–22) darauf hin, dass sich „eine gewisse Ähnlichkeit"
nahe lege „zwischen der Einheit der göttlichen Personen und der Einheit
der Kinder Gottes in der Wahrheit und Liebe".[331]

Die trinitarische Einheit sieht das Konzil abgebildet in der Communio-
Gestalt der Kirche. Die Eigenart und Stärke dieses Begriffs liegt darin,
dass er eine „vermittelnde Beziehungseinheit" zum Ausdruck bringt, die
„Differenzen bleibend zugleich (voraus-)setzt wie aufhebt".[332] Ihren Ausdruck findet die Communio in der vertikalen (Communio mit Gott)
und horizontalen (Communio mit den Menschen) Dimension. 1985,
zwanzig Jahre nach Abschluss des Zweiten Vatikanischen Konzils, wurde
nochmals feierlich festgestellt: „Die Communio-Ekklesiologie ist die zentrale und grundlegende Idee der Konzilsdokumente. Die Koinonia/Com-
munio, die in der Heiligen Schrift gründet, genoss in der Alten Kirche
und in den Ostkirchen bis heute hohes Ansehen. Seit dem Zweiten Vatikanischen Konzil geschah viel, damit die Kirche als Communio klarer
verstanden und konkreter ins Leben umgesetzt werde."[333] Papst Johannes

Paul II. hat in einem nachsynodalen Schreiben zur Bischofssynode 1987 diese Sicht bestätigt und bekräftigt.[334]

Nach den Texten des Zweiten Vatikanischen Konzils tritt die Communio in Erscheinung durch das eine „einzige apostolische Kollegium" der Bischöfe.[335] Der Bischof von Rom erscheint als das „immerwährende, sichtbare Prinzip und Fundament für die Einheit der Vielfalt von Bischöfen und Gläubigen. Die Einzelbischöfe hinwiederum sind sichtbares Prinzip und Fundament der Einheit in ihren Teilkirchen. [...] In ihnen und aus ihnen besteht die eine und einzige katholische Kirche."[336] Das „in" deutet auf die Universalität und Erscheinungsvielfalt, das „aus" auf die grundlegende Einheit. Einheit in Vielfalt und Vielfalt in Einheit ist nur möglich, wenn beide Pole miteinander kommunizieren. Kommunikation geschieht (sollte geschehen) in den Beziehungen zwischen den Ortskirchen untereinander und in den Beziehungen der Ortskirchen zur (Römischen) Zentrale. Funktionierende Kommunikation in der einen Kirche ist gekennzeichnet (sollte gekennzeichnet sein) von gegenseitiger Information und vom angstfreien, offenen Dialog, von der gegenseitigen Achtung der personalen Eigenständigkeit und von der Bereitschaft zu Hilfe und Unterstützung jeglicher Art, von Fairness und Anstand bei anfallenden Konflikten und vom Bemühen um weitestgehenden Konsens. Die Kirche ist (sollte sein) eine Verständigungsgemeinschaft. „Verständigung" ist zu sehen als eine „Grundgestalt kirchlicher Selbstdarstellung. Ein glaubwürdiges Symbol kirchlicher Realität kann sie im Einzelnen freilich nur sein, wenn sie auch wirklich aus einer kirchlichen Kultur gemeinsamer Verantwortung hervorgeht" (H. Zirker[337]).

Zwischen dem hohen Anspruch und der täglich erfahrbaren Realität klafft leider ein Abgrund. Es herrscht nach wie vor die Neigung, den verschiedenen Diensten eine institutionelle und offizielle Bedeutung zuzuschreiben und sie „von oben herab" zu maßregeln. Die Versuchung, die Einheit in Vielfalt einzuebnen und zu uniformieren, ist groß und Rom erliegt ihr nur allzu häufig. Nach wie vor beansprucht der Papst „die höchste, volle, unmittelbare und universale Seelsorgegewalt"[338] und damit die uneingeschränkte dreifache (!) Vollmacht des Verkündigungs-, Heiligungs- und Leitungsamtes. Selbst Kardinal Ratzinger, damals noch Präfekt der römischen Glaubenskongregation, heute Papst Benedikt XVI., muss zugestehen, „dass wir in manchem vielleicht großzügiger sein müssten. Dass es zu viele Eingriffe der Zentralinstanz gab. Ich habe keine

Schwierigkeiten damit, darüber nachzudenken, wo es weniger Zentralismus und mehr Dezentralismus geben könnte. [...] Wichtig ist, dass der Faktor Einheit gegenwärtig bleibt und die kulturellen Eigenräume ihre Kraft entfalten. Das auszubalancieren, gelingt nicht immer richtig."[339]

Die römisch-katholische Kirche schafft es nur selten, an sich selbst das zu veranschaulichen und darzustellen, was ihr innerstes und tiefstes Wesen ausmacht: irdisches Abbild zu sein für die göttliche Gemeinschaft des Vaters, des Sohnes und des Heiligen Geistes. Es ist zu fragen, ob man hier nicht geradezu von einer „strukturellen Häresie" sprechen muss, weil die Strukturen der römisch-katholischen Kirche eher als Ausdruck eines absolutistisch-monistischen Monotheismus denn als erkennbare Auswirkung und pastoral-praktische Umsetzung eines lebendigen Glaubens an den dreieinen, Gemeinschaft bildenden und Gemeinschaft stiftenden Gott gewertet werden können. Der brasilianische Theologe Leonardo Boff bemerkt kritisch: „Was in der Lehre über die Dreifaltigkeit ein Irrtum ist, darf in der Lehre über die Kirche keine Wahrheit sein. In der Trinitätslehre wird gelehrt, es dürfe keine Hierarchie geben. Jeder Subordinationismus (Unterordnung der einen göttlichen Person unter die andere, N.S.) ist häretisch. Die göttlichen Personen haben die gleiche Würde, die gleiche Güte und die gleiche Macht. Die intimste Natur der Dreifaltigkeit ist nicht die Einsamkeit, sondern die Kommunion. Die Lebens- und Liebesbeziehung verbindet die göttliche Dreiheit mit solcher Radikalität, dass wir nicht drei Götter haben, sondern den einen Gott, die Gott-Gemeinschaft. Aber von der Kirche wird gesagt, sie sei wesentlich hierarchisch und die Aufteilung in Kleriker und Laien eine göttliche Verfügung."[340]

Nun soll nicht geleugnet werden, dass der Konkretisierung einer „trinitarischen Ekklesiologie" in der Ausformung der Strukturen der Kirche, im Zusammenspiel zwischen Peripherie und Zentrale, im Ausgleich unterschiedlicher Interessen und selbst im ganz alltäglichen Miteinanderumgehen handfeste Schwierigkeiten entgegenstehen. Denn „wenn wir das ideale Zusammenleben in der Kirche aus der Drei-Einheit Gottes ableiten, haben wir keine genügende Erkenntnisquelle, um die Macht- und Kommunikationsprobleme der kirchlichen Gemeinschaft befriedigend zu analysieren und zu lösen. Der Glaube an den dreieinigen Gott, der Liebe ist, gibt zwar der allgemein menschlichen Einsicht in

die Gleichrangigkeit und Würde aller Menschen (‚Goldene Regel') eine
entscheidende religiöse (christliche) Motivation und einen Impuls, aber
kein übertragbares soziales Modell. Denn die Trinität hat keine Ge-
schlechter-, Macht- und Interessenunterschiede auszugleichen, keine
‚Gewalten' zu teilen und keine Leitungsfunktionen wahrzunehmen"
(B. Grom[341]).

Der Erfurter Bischof Joachim Wanke zeichnet aus der Sicht seiner thü-
ringischen Pastoralsituation die Umrisse einer geschwisterlichen, trinitarischen Kirche (er nennt sie „bruderschaftlich"):

- „Bruderschaftliche Kirche heißt: Möglichst wenig Institution, möglichst viel Personalraum. [...]
- Bruderschaftliche Kirche heißt: Volle Einbeziehung der Laienchristen
in die seelsorglichen Grundaufgaben der Liturgie, der Diakonie und
der Martyrie, soweit das von unserem Kirchenverständnis her möglich
ist. Wir haben das Konzil mit seiner Ekklesiologie nur im Kopf, aber
noch nicht im Herzen. Gerade auf dem Feld der Laienmitverantwor-
tung werden wichtige Entscheidungen für die Kirche der Zukunft fallen. Die Laienfrage ist aber vornehmlich eine Frage nach dem Selbstverständnis des Klerus und seiner Bereitschaft, Konsequenzen aus
seiner derzeit prinzipiellen Überforderung als ‚Alleinseelsorger' zu ziehen.
- Bruderschaftliche Kirche heißt: Ökumenisch ausgerichtete Kirche, die
an der Spaltung der Christenheit leidet und dem Christen der anderen
Konfession als Bruder näher zu kommen sucht. Der Katholik fühlt
sich vom evangelischen Kollegen am Arbeitsplatz oft besser mit seinen
konkreten Problemen verstanden als vom eigenen Pfarrer. Er wünscht
sich m. E. mit Recht eine größere Solidarität der christlichen Konfessionen angesichts der atheistischen Herausforderung der Zeit. Auch
unterhalb der Abendmahlsgemeinschaft gibt es noch unausgefüllte
Räume eines ‚geistlichen Ökumenismus', der freilich auch zeichenhaft
werden muss.
- Bruderschaftliche Kirche heißt: Solidarische, füreinander und für die
überschaubare Umwelt eintretende Kirche. Die Kirche insgesamt kann
nur Sakrament des Heiles für die Welt sein, wenn es die konkrete Gemeinde für je ihre Umwelt ist. [...] Wichtig ist, dass wir uns zu Heil
und Unheil mit unserer Umwelt verbunden wissen. [...] Aber jedes

Sakrament, auch das ‚Sakrament' Kirche besteht aus der inneren Gnade und dem äußeren Zeichen. Und letzteres muss erfahren werden können, wenn auch vielleicht für die Außenstehenden auf nur wenigen Gebieten. Oder vielleicht muss die Kirche einfach darin zeichenhaft handeln, dass sie für die Bedrängten und Blessierten als Schutz- und Zufluchtsraum offen steht, aber eben nicht nur für Inhaber gültiger Taufscheine, sondern für jeden bedrängten Menschen. Zum Teil bahnt sich eine solche zeichenhafte ‚Proexistenz' schon jetzt in unserer Mitte an."[342]

VII. Ökumene der christlichen Kirchen

Die beiden großen Kirchenspaltungen im 11. Jahrhundert (Ostkirche – Westkirche) und im 16. Jahrhundert (Protestantismus – Katholizismus) haben in vielen Bereichen des kirchlichen Lebens scharfe, schier unüberbrückbar scheinende Gegensätze geschaffen. Dennoch reichte die Trennung nicht bis an die Wurzel. Es blieb das verbindende Fundament der Heiligen Schrift und der altkirchlichen Glaubensbekenntnisse. Auf diese gemeinsame Basis besinnt man sich heute wieder. Schon seit einigen Jahren spricht man von einem „Fundamental-" oder „Grundkonsens", der die getrennten christlichen Kirchen miteinander verbindet.

Obwohl alle evangelischen Kirchen ihre Eigenständigkeit betonen, haben sie von Anfang an die sich allmählich entwickelnde ökumenische Bewegung mitgetragen und sogar entscheidend mitgeprägt, weil sie erkannten, dass die Herausforderungen der modernen Welt ein gemeinsames Zeugnis und einen gemeinsamen Dienst aller Kirchen erfordern. So wurde 1948 in Amsterdam der „Ökumenische Rat der Kirchen" (ÖRK) gegründet, ein Zusammenschluss protestantischer und orthodoxer Kirchen, der sich als „eine Gemeinschaft von Kirchen (versteht), die den Herrn Jesus Christus gemäß der Heiligen Schrift als Gott und Heiland bekennen und darum gemeinsam zu erfüllen trachten, wozu sie berufen sind, zur Ehre Gottes des Vaters, des Sohnes und des Heiligen Geistes" (Art. 1 der Verfassung). Heute zählt der ÖRK über 330 Mitgliedskirchen aus allen Weltregionen. Die römisch-katholische Kirche ist dem ÖRK nicht beigetreten, was mit ihrem Selbstverständnis, aber auch mit praktischen Überlegungen zusammenhängt. So ist die Mitgliederzahl der katholischen Kirche größer als die aller derzeitigen ÖRK-Mitgliedskirchen zusammengenommen. Es besteht aber eine gemeinsame Arbeitsgruppe zwischen ÖRK und katholischer Kirche. Die katholische Kirche ist Vollmitglied in der Kommission für Glauben und Kirchenverfassung.

Die Verfassung des Ökumenischen Rates der Kirchen wurde am 30. August 1948 bei der Gründungsversammlung in Amsterdam verabschiedet. Zwei Aufgabenfelder werden in der Verfassung besonders betont: die Förderung der Einheit der Christen und der gemeinsame „Dienst am Menschen". Schritte zur Verwirklichung sind:

1. „die Kirchen aufzurufen zu dem Ziel der sichtbaren Einheit im einen Glauben und der einen eucharistischen Gemeinschaft, die ihren Ausdruck im Gottesdienst und im gemeinsamen Leben in Christus findet, und auf diese Einheit zuzugehen, damit die Welt glaube;
2. das gemeinsame Zeugnis der Kirchen an jedem Ort und überall zu erleichtern;
3. die Kirchen in ihren weltweiten missionarischen und evangelistischen Aufgaben zu unterstützen;
4. der gemeinsamen Aufgabe der Kirchen im Dienst am Menschen in Not Ausdruck zu verleihen, die die Menschen trennenden Schranken niederzureißen und das Zusammenleben der menschlichen Familie in Gerechtigkeit und Frieden zu fördern;
5. die Erneuerung der Kirche in Einheit, Gottesdienst, Mission und Dienst zu ermutigen."

Nach einem Vorschlag der gemeinsamen Arbeitsgruppe des Römischen Einheitssekretariats und des Ökumenischen Rates der Kirchen (1980) könnte sich die zukünftige Einheit der Kirche als konziliare Gemeinschaft verstehen. Grundlage und Grundform solcher Konziliarität könnte das christliche Trinitätsdogma sein mit der Lehre von der Einheit und Verschiedenheit der „drei" göttlichen „Personen".

Die katholische Kirche hatte sich im Zweiten Vatikanischen Konzil als eine der Hauptaufgaben die Wiederherstellung der Einheit aller Christen gestellt.[343] 1965, am Ende des Konzils, herrschte eine spürbare ökumenische Aufbruchstimmung. Doch die Ernüchterung blieb nicht aus. Sie zeigte sich besonders dann, wenn es um den konkreten Vollzug ging. Auch das keineswegs abgeschwächte offizielle Selbstverständnis der römisch-katholischen Kirche trug dazu bei. Die Einheit der Kirche, so Papst Johannes Paul II., gründe auf der Einheit des Episkopats „cum Petro et sub Petro" (d.h. mit Petrus, dem Papst, und unter Petrus, dem Papst).[344] Seitens der Kirchen der Reformation musste der Verdacht aufkommen, dass Rom es mit der Ökumene nicht ehrlich meine.

Es gibt allerdings auch erfreuliche Ereignisse, die zeigen, dass trotz aller retardierenden Momente die ökumenische Bewegung nicht zum Stillstand gekommen ist. Am Reformationstag 1999 wurde nach langen und oftmals am Rand des Scheiterns stehenden Diskussionen in Augsburg vom Vatikan und vom Lutherischen Weltbund eine „Gemeinsame Erklärung zur Rechtfertigungslehre" unterzeichnet. Die Erklärung bedeutet keineswegs schon die Einheit der christlichen Kirchen. Es ist lediglich gelungen, die Lehrverwerfungen zu überwinden hinsichtlich der Rechtfertigungslehre, die ohnehin eine Sache von Theologen ist und die von der Basis kaum noch verstanden wird. Freilich könnte und sollte die Erklärung ein Ansporn sein, die hier möglich gewordene Einigung auf die jetzt noch kontroversen Problempunkte anzuwenden: auf die Fragen von Glaube und Ethik, Glaube und Weltverantwortung, auf die Ämterfrage und die Sakramentenlehre. Die Kirchen dürfen auf dem, was jetzt erreicht wurde, nicht stehen bleiben.

Neue Impulse könnten von einem Ereignis ausgehen, das weder in der Presse noch in den Kirchen ausreichend Beachtung fand. Am 22.4.2001 wurde die „Charta Oecumenica" unterzeichnet. Sie enthält „Leitlinien für die wachsende Zusammenarbeit unter den Kirchen in Europa". Bemerkenswert ist, dass der Begriff der angestrebten Einheit der Kirchen durch den Begriff „Gemeinschaft" ersetzt wurde. Damit sollte wohl deutlich gemacht werden, dass nicht eine Aufhebung der Vielzahl der Konfessionen anzustreben ist, sondern die besondere Beziehung im Vordergrund stehen soll, durch welche die Christen miteinander verbunden sind. Den Kirchen wird darin unter anderem empfohlen, gemeinsam das Evangelium zu verkünden, aufeinander zuzugehen, gemeinsam zu handeln, miteinander zu beten und die Dialoge fortzusetzen. Die ökumenische Ausbildung soll gefördert und gemeinsame Bibelstudien sollen organisiert werden, um sich so um eine gemeinsame Sicht der Geschichte zu bemühen und „alle Gelegenheiten wahrzunehmen, sich wechselseitig besser kennen zu lernen und gemeinsame Erfahrungen zu sammeln". Die Empfehlung verknüpft sich von Anfang an mit der Frage, wie die sichtbare Einheit zwischen den Kirchen zu suchen und darüber glaubwürdig Zeugnis abzulegen sei: „Wir verpflichten uns, auf allen Ebenen des kirchlichen Lebens gemeinsam zu handeln, wo die Voraussetzungen dafür gegeben sind und nicht Gründe des Glaubens oder größere Zweckmäßigkeit dem entgegenstehen, [...] und dem Ziel der eucharistischen Gemeinschaft entgegenzugehen" (II, 4f.). (Wir verpflichten uns,) „die Stellung und

Gleichberechtigung der Frauen in allen Lebensbereichen zu stärken sowie die gerechte Gemeinschaft von Frauen und Männern in Kirche und Gesellschaft zu fördern" (III, 8).

Einen Wermutstropfen auf dem hier angestrebten Fortgang in der Ökumene bedeutet allerdings die Tatsache, dass die russisch-orthodoxe Kirche ihre Unterschrift zur Charta verweigerte, weil sie mit der darin formulierten Verpflichtung „zur sichtbaren Gemeinschaft der Kirchen" nicht einverstanden war.

VIII. Eine (Real-?)Utopie: Die Union der Weltreligionen

Der Eine Gott und die Vielfalt der Religionen

In seinem Buch „Existiert Gott?" stellt Hans Küng die berechtigte Frage: „Darf man heute als westlicher Mensch und Christ noch so von Gott reden, als ob das westliche und insbesondere das christliche Gottesverständnis das einzig Mögliche wäre? Religionswissenschaftlich gesehen […] ist das Christentum nun einmal eine Religion unter Religionen. Und ist es nicht ein Zeichen von Provinzialismus, wenn man universale Ansprüche von einem sehr partikulären Standpunkt aus stellt? Könnte es nicht vielmehr Zeichen eines höheren Universalismus sein, wenn man sich seiner eigenen sozio-kulturellen Grenzen und Beschränktheiten auch im Bereich des Religiösen ständig bewusst bleibt?"[345] Darf man in der Vielfalt der Religionen einen Ausdruck dafür erkennen, dass die vielfältigen Erfahrungen der Menschheit mit dem *einen* „Gott" nicht mit einem einzigen Begriff oder in einer einzigen Form der Verehrung umfasst werden können? Gibt es die Vielfalt der Religionen, weil Gott vielfältig ist? Ist die Vielfalt der Religionen geradezu „Not-wendig"?

Das Dasein Gottes erschließt sich nur in der Selbst- und Welterfahrung des Menschen. In der Reflexion verarbeitet er diese Erfahrungen. Aber er wird dabei nie zu einem „reinen" Gottesbild gelangen. Seine Gottesvorstellung ist immer gebrochen, weil sein Denken beeinflusst und mitbestimmt ist durch eine Vielzahl konkurrierender Faktoren: Situation und Geschichte, Kultur und Zivilisation, Klima und Katastrophen, nationale Traditionen und individuelle Erlebnisse, politische und ökonomische Gegebenheiten, ethnische und soziale Bedingungen.

So mag es auf den ersten Blick erscheinen, als sei es letztlich der Mensch selbst, der sich „nach seinem Bild und Gleichnis" seinen Gott oder seine Götter erschafft.[346] Wer von der Prämisse ausgeht, es gäbe keinen Gott, wird zu diesem Schluss gelangen.

Es ist zu bedenken, dass alle Glaubensformeln zeitbedingt und situationsbezogen sind, mögen sie in ihrer Zeit auch als absolut „wahr", „letztgültig" und „unveränderlich" betrachtet worden sein. So ehrwürdig die dogmatischen Begriffe, die oft nach langem und zähem theologischen Ringen gefunden wurden, sich uns darstellen, sie tragen doch das Kleid einer bestimmten Denk- und Redeweise, sie sind gewirkt aus dem Stoff philosophischer Sprachvorgaben und Erfahrungshorizonte. Sätze – auch dogmatische Sätze – bleiben hinter der Wirklichkeit zurück, sie sind missdeutbar und nur bedingt übersetzbar.[347] Die Wahrheit des Evangeliums wird vom Dogma nicht ausgeschöpft. Sie wird allenfalls auf konkrete Fragestellungen hin annähernd umschrieben. Dogmen schließen die Geschichte nicht ab, sondern öffnen sie auf Zukunft hin.[348] Das Christentum besteht „nicht in Ausdrücken, Formeln und Redensarten, es ist ein inneres Leben, eine heilige Kraft, und alle Lehrbegriffe und Dogmen haben nur insofern einen Wert, als sie das Innere ausdrücken, welches mithin als vorhanden vorausgesetzt wird. Ja, als Begriff, der immer beschränkt ist, umfasst er und erschöpft er das Leben, das unaussprechliche, nicht und ist immer mangelhaft; aber als Leben ist es auch nicht mitteilbar und kann nicht fixiert werden; das geschieht durch Darstellungen in Begriffen, durch Ausdrücke" (J. A. Möhler[349]).

Aufgabe des Theologen ist es, jenes „innere Leben", jene „heilige Kraft" ausfindig zu machen, die sich hinter den dogmatischen Formeln verbirgt und die in ihnen sprachlich und situationsbezogen gefasst wurde. Er wird dann weiterfragen müssen, ob mit den überlieferten Dogmen und ihrem sprachlichen Gewand das damals Gemeinte heute noch adäquat zum Ausdruck gebracht wird, ob die aus dem Schatz des Evangeliums geprägten theologischen Münzen von einst noch gedeckt sind. Lässt sich begründet feststellen, dass dies nicht der Fall ist, so muss der Theologe den Versuch wagen, die alten Dogmen in neue Sprachformen zu kleiden, die alten Sprachgebäude umzugestalten und zu renovieren. Können die altehrwürdigen Wegweiser zum Innersten und Eigentlichen, die vor 1000 und mehr Jahren aufgestellt wurden, heute nicht mehr verstanden werden und führen sie möglicherweise sogar in die Irre, so ist es erforderlich, neue aufzustellen, die von den Zeitgenossen richtig gedeutet werden können und den richtigen Weg weisen. „Kirchlich ist eine Theologie nicht schon dann, wenn sie mit ihren Thesen innerhalb der Solidarität der communio fidelium verbleibt; das ist eine unabdingbare Voraussetzung, aber noch nicht das Ziel. Kirchlich ist eine Theologie erst dann, wenn sie sich auch solidarisch weiß mit den Ungläubigen und wenn sie deren Fragen als Fragen an den eigenen Glauben versteht. Gerade um einer recht verstandenen kirchlichen missionarischen Verantwortung der Theologie willen muss es den Weg des Experimentierens und des Wagnisses in der Theologie geben" (W. Kasper[350]).

Der Monotheismus in der Kritik

„Die Verdachtsmomente mehren sich, dass der Monotheismus von seiner Entstehung her bereits eine von Männern geprägte Siegergeschichte ist, verbunden mit Kriegsereignissen, nationaler Identitätsfindung durch triumphalistische Überheblichkeit gegenüber anderen Völkern, wo historisch gesehen wenig Grund zur Überheblichkeit bestand." So urteilt die Alttestamentlerin Silvia Schroer.[351] Auch der Philosoph Odo Marquard fordert seit langem dazu auf, alle Monotheismen und Totalideologien höchst kritisch zu betrachten.[352] Hinter seinen Ausführungen stehen die üblen Erfahrungen des 20. Jahrhunderts mit Totalitätsansprüchen unterschiedlicher Art. Er plädiert für den Polytheismus oder die Polymythie, wobei er darunter alle die Sprach-, Lebens- und Organisationsformen versteht, die ihre jeweilige Eigenheit entfalten und zugleich föderalistisch miteinander umgehen.

Der Ägyptologe Jan Assmann hat sich in seinem Buch „Die mosaische Unterscheidung"[353] ähnlich geäußert. Wo an eine Vielzahl von Göttern geglaubt wird, gibt es Götter für die Guten und Götter für die Bösen. Für jede Erfahrung ist eine andere Gottheit zuständig. Erst die Alleinverehrung des mosaischen Gottes „Jahwe" hat den Gedanken der Einzigartigkeit und Transzendenz Gottes eingeführt – und damit eine strikte Unterscheidung von Gott und Welt, von Gut und Böse, von Wahr und Falsch zur Konsequenz gehabt. Gilt in den polytheistischen Religionen (Assmann nennt sie „primäre Religionen") eine Kultur der Weltbeheimatung, so bringt der Ein-Gott-Glaube eine Haltung der Weltüberwindung, der Erlösung in der Welt von der Welt.

„Mit der mosaischen Unterscheidung meine ich die Einführung der Unterscheidung zwischen wahr und falsch in den Bereich der Religion. […] In diese traditionelle Welt eine Unterscheidung einzuführen zwi-

schen dem einen wahren Gott und den entweder verbotenen oder inexis-
tenten Göttern auf der anderen Seite, war eine ungemein revolutionäre
Tat, die eine neue Welt und eine neue Wirklichkeit geschaffen hat.“[354] Seinen schärfsten Ausdruck gewinnt diese „Revolution" im jüdischen Bilder-
verbot. Das Christentum, so Assmann, hat diese „mosaische Unterscheidung" universalisiert und den Anspruch erhoben, dass sie für alle Menschen zu gelten habe. Wo aber *ein* Gott als der einzig wahre verehrt werden
soll, müssen alle anderen Götter zu „Götzen", zu „Lügengöttern" (Am 2,4),
zu „Nichtsen" (Jes 41,29) werden. Assmann meint: Die Unterscheidung
von Wahr und Falsch habe einen neuen Religionstyp geschaffen – durchaus emanzipatorisch, aber mit einem ungeheuren Gewaltpotenzial, das
durch Mose grundgelegt und im Christentum und Islam „explodiert" sei.
Es habe zwar schon früher Gewalt gegeben, aber erst durch die monothei-
tische Wende aus der Entgegensetzung von Wahr und Falsch seien die vielen konfliktträchtigen Unterscheidungen entstanden: Juden und Heiden,
Christen und Heiden, Muslime und Ungläubige, Rechtgläubige und Häre-
tiker. Das habe sich „in einem Unmaß von Gewalt und Blutvergießen manifestiert". Das 20. Jahrhundert war voll von depravierten, politischen
„Monotheismen" der besonderen, der braunen und der roten Art.

In einem Beitrag versucht der Alttestamentler Erich Zenger aus seiner
Perspektive zu erörtern, worum es bei der von Assmann so genannten
„mosaischen Unterscheidung" der Sache nach geht.[355] Zunächst vertritt
er die Ansicht, dass der Polytheismus in seiner Friedfertigkeit überschätzt
und der Monotheismus in seiner „Leistungsfähigkeit" unterschätzt
werde. „Das Bekenntnis zu einem einzigen Gott legt den Grund dafür, die
Wirklichkeit als Einheit zu begreifen und für die Menschheit mit einer
universalen Geschichte zu rechnen. Der Monotheismus hat seinen primä-
ren Sinn gerade nicht in der bloßen Behauptung, dass es nur einen Gott
gebe statt vieler, sondern in seiner Bestimmung der menschlichen Welt:
dass sie nicht gespalten sein soll im Widerstreit göttlicher Mächte und in
der Verteilung unterschiedlicher Herrschaftsreligionen, [...] nicht end-
gültig pluralisiert in der antagonistischen Selbstbehauptung der Völker.
Wie ambivalent oder gar gefährlich einzelne Folgen des Monotheismus
dann noch sein mögen, so stehen sie doch im Zusammenhang dieser
Konstitution einer umgreifenden Ordnung des Seins und einer positiven
Orientierung – über die gegebenen Verhältnisse hinaus auf eine größere
Zukunft hin."[356]

Die einschlägigen biblischen Texte zielen, so Zenger, nicht auf eine formale Unterscheidung zwischen einem wahren Gott und vielen falschen Göttern, sondern auf eine inhaltliche zwischen Freiheit und Unfreiheit. Der Gott Israels erweist sich als der wahre Gott, insofern er Freiheit, Gerechtigkeit und Solidarität stiftet und schützt. In der „mosaischen Unterscheidung" zwischen Wahr und Falsch in den Religionen geht es erst sekundär um die Alternative zwischen Monotheismus und Polytheismus, primär jedoch um diejenige zwischen Unfreiheit und Rechtlosigkeit auf der einen, Freiheit und Menschenwürde auf der anderen Seite. „Ein Monotheismus, der dies zur Mitte seines Religionskonzeptes und seiner Lebenspraxis macht, müsste freilich in Vielem anders auftreten als die Monotheismen, die Assmann bekämpft. […] Das ist die heilsame Provokation des Buches."[357]

Auch Assmann setzt den Ein-Gott-Glauben nicht mit Gewalt und Intoleranz gleich. Er erwähnt die Märtyrer, die für den Monotheismus gelitten haben und bereit waren, ihr Leben hinzugeben. Dennoch: Mit der mosaischen Unterscheidung sei „eine neue Form von Hass in die Welt gebracht worden" – eine Art Kreuzzugs- und Ausgrenzungsdenken mit ungeheurem „Negationspotenzial". Davor darf niemand die Augen verschließen.

Assmann erinnert zu Recht an die emanzipatorischen Impulse der biblischen Traditionen, an den Strom der Nächstenliebe, an die Option für die Armen, an die Solidarität mit den Gescheiterten, den Zu-kurz-Gekommenen und Unterdrückten. Er fragt, wie die Welt ohne den biblischen Monotheismus aussähe – ohne die wohltuende Unterscheidung (nicht Trennung!) von Gott und Welt, von Gottesdienst und Götzendienst. Und er mahnt Differenzierungen bei der Rede über den Monotheismus an. Das Christusbekenntnis jedenfalls behauptet Gott als den Einen *für alle* Menschen, der eben nicht Menschen oder Klassen herabsetzt, sondern sich mit jedem solidarisiert. Die Versuche totaler Gleichschaltung mit ihren todbringenden Konsequenzen haben zu einem tiefen Misstrauen gegen Vereinheitlichungen und Absolutsetzungen jedweder Art geführt. Die Überzeugung, es gebe nur einen einzigen und universalen Gott, sitzt auf der Anklagebank einer Gegenwart, die gekennzeichnet ist vom Gedanken der Pluralität.

Neben den von Assmann genannten Aspekten sollte auch ein weiteres Charakteristikum monotheistischer Symbolsysteme nicht unbeachtet bleiben. Silvia Schroer macht darauf aufmerksam, dass es die monotheistischen Systeme „mit sich selbst nicht recht aushalten und dass es die Menschen in der religiösen Praxis mit ihnen nicht aushalten. Kaum ist man zu der Erkenntnis gelangt, dass die Prinzipien von Gut und Böse nicht auf verschiedene Mächte aufgeteilt sein können, sondern in einem einzigen Urgrund liegen, da wird als theologischer Kniff die Gestalt des Satan eingeführt (vgl. 2 Sam 24 gegenüber 1 Chr 21). Die Vorstellung, der eine Gott sei auch Urheber des Bösen, ist nicht erträglich (vgl. das Ijob-Buch). Kaum ist das Bekenntnis zum einzigen Gott deutlich formuliert, erhält der einzige schon Gesellschaft: den Menschensohn im Danielbuch, die Weisheit in den Weisheitsschriften, wozu sich noch Heerscharen von Engeln und Zwischenwesen gesellen." Von dieser eigenartigen Gegenströmung, so Schroer, macht das Christentum keine Ausnahmen: „Das Christentum hat mit seiner Lehre vom einen Gott in drei Personen nach Differenzierungen gesucht. Für die Gläubigen reichten diese aber längst nicht aus. Die christliche Religionsgeschichte ist übersät mit Phänomenen (Heiligenverehrung, Marienverehrung), die im Grunde Systemwidrigkeiten darstellen (und entsprechend viel theologische Akrobatik erforderlich machten), aber für die gelebte Frömmigkeit wichtige ‚Hintertürchen' anboten, ohne die der Monotheismus nicht gut auskommt."[358]

Heute wird gelegentlich der Wunsch geäußert, die monotheistischen Religionen – und hier vor allem die jüdisch-christliche Tradition – möchten auf ihren jeweiligen Anspruch gänzlich verzichten, dass sie allein sich im Besitz der Wahrheit befinden. Die Unterscheidung zwischen Wahr und Falsch in religiösen Fragen hat genug Unheil in die Welt gebracht und bringt es noch immer. Letztlich sind auch das von Hans Küng seit Jahren vehement eingeforderte „Projekt Weltethos"[359] und die seit 1990 im Kontext des interreligiösen Dialogs vorangetriebenen Bemühungen um ein „Weltparlament der Religionen" entstanden aus der Einsicht, dass religiös fundierte Auseinandersetzungen eine der Hauptursachen sind für Unfrieden und Krieg.

Die verschiedenen Universalitätsansprüche der Religionen stimmen, trotz unterschiedlicher Begründungen und Nuancierungen, darin überein, dass jede von ihnen einen Anspruch erhebt auf das verbindliche Wissen um Sinn und Ziel des menschlichen Lebens, auf ein optimales Heilsangebot für die Menschen und auf die Kenntnis der richtigen zwischenmenschlichen Praxis.

Doch wer Universalität beansprucht, muss nicht auch schon einen Absolutheitsanspruch erheben. Zwischen beiden Anspruchsformen besteht ein gewisser, freilich nicht immer scharf zu ziehender Unterschied.

- Der Absolutheitsanspruch betont stärker den endgültigen Wahrheitsgehalt des Anspruchs und neigt eher zur Intoleranz und Aggressivität gegenüber anderen Religionen. Häufig wird hier Karl Barth mit seiner Auffassung zitiert, alle Religionen außerhalb des Christentums seien als „Unglaube"[360] zu bewerten. Mit einer derartigen Abqualifizierung werden die Religionen in ihrem Selbstverständnis nicht ernst genommen. Denn irgendwie berufen sich alle Religionen formal auf ihre Entstehung durch göttliche „Offenbarung" oder durch etwas Vergleichbares.
- Der Universalitätsanspruch zeigt eher den mehr oder weniger nur verbalen und mentalen Anspruch auf das Gesamte an, weil er ja von der Überzeugung getragen ist, im Besitz der „Wahrheit" zu sein. Eine solche Überzeugung muss noch nicht zu Intoleranz und Unduldsamkeit führen. Sie ist durchaus vereinbar mit der scharfen Ablehnung jeglicher Diskriminierung anderer wegen ihrer Zugehörigkeit zu einer bestimmten Religion.[361]

Hans Küng hebt vor allem drei Aspekte hervor, die – mit unterschiedlicher Gewichtung – in allen Religionen zum Ausdruck gebracht werden:

- „Gott ist durch keinen Begriff zu begreifen, durch keine Aussage voll auszusagen, durch keine Definition zu definieren: er ist der Unbegreifliche, Unaussagbare, Undefinierbare ...
- Gott übersteigt alle Begriffe, Aussagen, Definitionen; er ist jedoch nicht getrennt von Welt und Mensch; er ist nicht außerhalb alles Seienden; der Welt und dem Menschen innewohnend, bestimmt er ihr Sein von innen ...
- Gott übersteigt so Welt und Mensch und durchdringt sie zugleich: unendlich fern und uns doch näher als wir uns selbst; nicht greifbar auch bei erfahrener Anwesenheit; anwesend auch bei erfahrener Abwesenheit. Er wohnt der Welt inne und geht doch nicht in ihr auf; er umgreift sie und ist doch nicht mit ihr identisch: So fallen bei Gott Transzendenz und Immanenz ineins."[362]

Es sind nicht Abgründe, die die Religionen dieser Welt voneinander trennen. Die Zeiten, in denen die Anhänger der einen Religion glaubten, im „Besitz"(!) des „wahren Glaubens" zu sein und darum hochnäsig auf die Glieder einer anderen Religion herabschauen zu können, sind vorbei. Längst ist das Verbindende, das Gemeinsame in den Vordergrund gerückt. Auf Seiten der Muslime sind es vor allem die sozial engagierten, in ihrem Glauben aber dennoch tief verwurzelten Muslime, die die manchmal recht eng gezogenen fundamentalistisch-doktrinären Grenzen überwinden und das Gespräch und die Zusammenarbeit mit Christen suchen.

Eine kopernikanische Wende in der Theologie?

Heute wird viel von Toleranz- und Dialogbereitschaft unter den Religionen geredet und geschrieben. Es scheint so, als ob dort, wo sich ein pluralistisches Gesellschaftssystem etabliert hat, der Gedanke des Pluralismus auch irgendwie auf die Beziehung der Religionen zueinander und untereinander abfärbt. Das Denken von einem absoluten Standpunkt aus wird zugunsten eines „Werdens durch Bezogenheit"[363], also eines prozesshaften Geschehens, aufgegeben. Politik und Wirtschaft stehen vor der Notwendigkeit einer internationalen Zusammenarbeit; alle Wissenschaften gehen von pluralistischen Lebensordnungen und Denkmodellen aus.

Das muss Konsequenzen auch für die Theologie haben. Vor allem christliche Theologen in Indien haben hier eine Art Wortführerschaft übernommen. Das aus Europa überkommene Christentum und seine zentralen Motive werden zunehmend in ihrer geographisch-kulturellen Kontingenz wahrgenommen und in das indische religiöse Verstehen eingepasst. Insbesondere wird die der christlichen Tradition inhärente Betonung der Gültigkeit von „Person" (im Hinblick auf die Gottesvorstellung) und Geschichte (im Hinblick auf die Dogmen) in Frage gestellt. Vor dem Hintergrund des kosmischen Einheitsdenkens führt dies zu tief reichenden Veränderungen. Christliche Aussagen zu Gott, zur Christologie oder zur menschlichen Person erscheinen wie anthropomorphe Vorstellungen, die längst nicht die Tiefe der indischen Offenbarungstradition erreichen. Inkulturation bringt notwendig ein neues Verstehen und neue Interpretationen hervor, die in Indien radikaler sind als in der bis-

herigen christlichen Geschichte. Es ist zu erwarten, dass in Zukunft
– vielleicht in einer neuen Form ökumenischer Diskussionen und in reli-
gionsübergreifenden Konzilien – darum gerungen werden muss, wenigstens rudimentäre Essentials der christlichen Identität nicht aufzugeben.
So entwickelt der indisch-christliche Theologe D'Sa eine christliche
Theologie des Hinduismus und aller Religionen, die faktisch eine Einbet-
tung des Christentums in den indischen Monismus bedeutet.[364] Dabei
lehnt er jeden Exklusivitätsanspruch des Christentums ab und vertritt
eine Position, die als „Religionspluralismus" bezeichnet werden könnte:
Gott, das Ganze, ist so umfassend, dass einzelne Religionen nur bestimmte Aspekte des Göttlichen wahrnehmen können. Alle Religionen
sind „wahr", doch erst in ihrer Summe kommen sie der Wahrheit des
Göttlichen näher.

Auch der deutsch-amerikanische Theologe Paul F. Knitter vertritt die
Ansicht, die Religionen müssten mit den Einsichten des Historismus
Ernst machen und die Relativität alles Geschichtlichen akzeptieren. Sie
müssten den religionsphilosophischen Erwägungen Raum gewähren, die
zeigen könnten, dass alle Religionen „essentially the same" (in ihrem
Wesen gleich, N.S.) seien.[365] Und schließlich müssten sie die psychoana-
lytischen Ergebnisse C. G. Jungs in ihre Gedanken über Religion einbeziehen, die zeigen könnten, dass es eine allen Menschen gemeinsame
psychische Wurzel für Religion gibt.[366] Knitter meint, eine „evolutionäre
Wende im christlichen Bewusstsein" sei fällig.[367] Diese Wende, so argu-
mentiert er weiter, sei vorbereitet durch den jüdisch-christlichen Dialog.
Dieser habe die Möglichkeit eröffnet, die exklusive Messianität Jesu, also
die Grundlage der klassischen Christologie, neu zu überdenken. Der
Weg, der nach dieser „kopernikanischen Wende" der Theologie einge-
schlagen werden muss, führt über eine schöpferische Neu-Interpretation
der Christologie. Gemäß der jüdischen Tradition kann der wirkliche
Messias nicht ohne sein messianisches Reich gedacht werden. Die christliche Theologie muss darum den jüdischen Zweifeln an der Messianität
Jesu Rechnung tragen und zugestehen, dass Jesus in einem realen Sinn
noch nicht der Messias gewesen ist. Das Bekenntnis zu ihm als dem
Herrn redet nicht von einem abgeschlossenen Ereignis, sondern von
einer noch zu erfüllenden Aufgabe. Die Christen müssen den alten Anspruch aufgeben, in Christus habe sich die jüdische Messiashoffnung
erfüllt.[368]

Nimmt man den Impuls hinzu, der vor allem von der lateinamerikanischen Befreiungstheologie ausgeht, die einer „Ortho*praxie*" (richtiges *Handeln*) den Vorrang einräumt vor einer „Ortho*doxie*" (richtiges *Glauben*), dann wird nicht die Tradition oder die Theorie, sondern die Praxis das entscheidende Wahrheitskriterium für christologische Sätze: „Das heißt, einfach ausgedrückt: Wir müssen die Wahrheit einer christologischen Aussage nach ihren ethischen Früchten beurteilen."[369]

Fügt man, so Knitter, noch die Annahme hinzu, alle Religionen konvergierten auf einen allen gemeinsamen Grund hin, nämlich auf die in ihnen thematisierte Erlösungssehnsucht der Menschen und das dieser entsprechende, durch sie vermittelte Heil, dann wird die Konsequenz, die Knitter zieht, klar: Jesus ist in die Reihe der vielen Heilbringer einzureihen, die alle in irgendeiner Weise auf den einen Gott bezogen sind.[370] Der einzuschlagende Weg führt von einem monistischen Christozentrismus zu einem Theozentrismus[371] im Sinne eines Soteriozentrismus, einer Konzentration auf den Aspekt der Erlösung und Befreiung.[372]

Das heißt konkret: An die Stelle einer anzustrebenden Verständigung über ein immer schon gegebenes gemeinsames Identisches in den verschiedenen Glaubens*lehren* tritt die Notwendigkeit schöpferischer und handlungsbezogener Gestaltung von pluraler Einheit im Glaubens*handeln*. Dialog und Kommunikation sollten in erster Linie gesucht werden zur Herstellung eines Konsenses in ethisch-soteriologischer Perspektive: zur Ermöglichung, Herbeiführung, Erhaltung und Gestaltung von Humanität. Dieser Maßstab ist – bezogen auf die biblisch-christliche Tradition – kein importierter; er erwächst aus dem Heilshandeln des schöpferischen und (bundes-)treuen Gottes, aus der Praxis und dem Lebenswerk Jesu – aus seiner Zuwendung zu den „Kleinen" (vgl. Mt 11,25), zu den Armen und Weinenden, zu den Hungernden und Dürstenden, zu den Verfolgten und Geschmähten (vgl. Mt 5,3–12; Lk 6,20–23). Darüber hinaus wäre es angesichts der ökologischen Gefährdungen der Wirklichkeit – von der Zerstörung der Elemente Erde, Wasser, Luft bis zur Vernichtung der Regenwälder in Brasilien – eine vorrangige Aufgabe der Religionen, auch auf den „Heilsanspruch" der Natur aufmerksam zu machen.

Wer Einheit in Pluralität fordert, muss freilich die Frage beantworten, wie weit diese von der eigenen Option her vertretbar bzw. nicht mehr akzeptierbar ist. Zwei Auswege wären sicher falsch:

- zum einen eine Art „Perspektivenreduktion", weil man die Vielfalt nicht überschauen kann und den damit verbundenen Relativismus nicht „in den Griff" bekommt;
- zum anderen eine „liberalistische" Lösung, die alles mehr oder weniger für möglich und richtig hält – irgendwie haben alle Recht.

Doch nicht alles und jedes ist pluralitätsfähig. Odo Marquard weist bei allem vehementen Eintreten für eine „Polymythie", wie er es vorzugsweise nennt, darauf hin, dass zwischen „bekömmlichen und schädlichen Mythensorten" zu unterscheiden sei, wobei die „Bekömmlichkeit" für ihn nicht primär eine Funktion ihrer Inhalte, sondern ihrer Fähigkeit ist, neben sich andere Mythen stehen und bestehen zu lassen. Die Polymythie meint also keine beliebige Pluralität, sondern kann offensichtlich nur insofern als Humanum begriffen werden, als sie die Befreiung aller Menschen und Mythen zum gleichstufigen Nebeneinanderleben und solidarischen Miteinander beinhaltet.[373] Polytheismus kann so durchaus eine kritische Funktion erhalten gegenüber allen totalitären und fundamentalistischen Mythen und Religionen, die nicht die Freiheit der anderen Mythen und Religionen anerkennen und respektieren, sondern auf deren Bemächtigung oder gar Eliminierung abzielen. Die anzustrebende „Einheit in Vielfalt" ist wohl nur in einem ständigen kritischen, fairen und offenen Dialog zu erreichen, der auf Augenhöhe geführt wird. Christen, die sich zu dem vielfältig-einen Gott bekennen, sollten eigentlich deutlicher als Nichtchristen ein Gespür dafür entwickeln, dass die plurale Einheit der Religionen, dass ihre Begegnung und Zusammenarbeit in der gemeinsamen, wenn auch unterschiedlichen Geschichte der Menschheit durch dieses Bekenntnis geradezu gefordert sind. Einen ersten tastenden Anfang auf diesem Weg, gewissermaßen eine „vertrauensbildende Maßnahme", markierte das von Papst Johannes Paul II. angeregte Treffen von Repräsentanten aller großen Weltreligionen in Assisi 1987, dem leider bis heute keine weiteren Signale folgten.

Warum sollte nicht in der Mannigfaltigkeit der Religionen ein Fingerzeig zu sehen sein auf das, was Christen als Offenbarung des vielfältigeinen Gottes bekennen? Das Zweite Vatikanische Konzil hat in einer feierlichen „Erklärung über das Verhältnis der Kirche zu den nichtchristlichen Religionen" ausdrücklich seine Hochachtung und Wertschätzung gegenüber den nichtchristlichen Religionen bekundet und Ansätze zu einer Theologie der Religionen skizziert: „Alle Völker sind eine einzige Gemeinschaft, sie haben denselben Ursprung, da Gott das ganze Menschengeschlecht auf dem gesamten Erdkreis wohnen ließ; auch haben sie Gott als ein und dasselbe letzte Ziel. Seine Vorsehung, die Bezeugung seiner Güte und seine Ratschlüsse des Heils erstrecken sich auf alle Menschen, bis die Erwählten vereint sein werden in der Heiligen Stadt, deren Licht die Herrlichkeit Gottes sein wird; werden doch alle Volker in seinem Licht wandeln.“[374] Ausdrücklich bekannte sich das Konzil zu der Einsicht, dass die in der Welt verbreiteten Religionen Antworten darstellen „auf die ungelösten Rätsel des menschlichen Daseins" (Art. 1) und dass sie „Wege weisen", um der „Unruhe des menschlichen Herzens auf verschiedene Weise zu begegnen" (Art. 2). Im Dekret über die Religionsfreiheit, das vom gleichen Konzil verabschiedet wurde, artikuliert sich die römisch-katholische Kirche als Institution einer Religion der Freiheit, die nicht (mehr) von einem abstrakten Recht der Wahrheit, sondern vom Recht der (fremden) Person in ihrer Wahrheit geleitet sein will.[375]

Gemeinsames in den Religionen

Die Vielfalt der Religionen ist eine Gegebenheit in Geschichte und Gegenwart der Menschheit. Das theologische Denken und Reden muss diesen Pluralismus anerkennen und bejahen. Denn er darf als Ausdruck einer unendlichen Transzendenz Gottes interpretiert werden, der jede Darstellung und Definition übersteigt. „Solcher Pluralismus ist heute ein unumgängliches gesellschaftliches Faktum, hinter das heute niemand mehr zurück kann, selbst wenn er wollte. Wir finden diesen Pluralismus nicht nur in der Gesellschaft, sondern auch in den Kirchen, ja sogar in den einzelnen Personen."[376]

Die Begegnung der Religionen muss – anders als in den vergangenen Jahrhunderten – daher stärker vom Dialog als von der Konfrontation geprägt sein. Ein interreligiöser Dialog, der nicht an der Oberfläche hängen bleibt, bringt nicht nur Glaubenslehren ins Gespräch, sondern auch Glaubenserfahrungen. Er berührt das Innerste der Menschen. Wo ein solcher in die Tiefe gehender, intensiver Dialog eröffnet und geführt wird, stellt er einen wichtigen Beitrag zur Integration dar, weil Menschen hier nicht nur ihre Ansichten und Meinungen, sondern ihre spirituellen

Erfahrungen teilen. Man darf davon ausgehen, dass man in der Begegnung mit anderen, die sich in ihrer Grundüberzeugung von der eigenen
Position unterscheiden, der Wahrheit des Menschlichen und des Göttlichen näher kommt, selbst und gerade dann, wenn sich dabei eigene De-
fizite zeigen. „Gott ist immer größer" (Ignatius von Loyola). Gläubige
Frauen und Männer anderer Traditionen und Religionen können durchaus in analoger Weise zu „Zeichen der Nähe Gottes" (Th. Schneider) für
den eigenen Glaubensweg werden. Die christlichen Kirchen dürfen nicht
behaupten, *alle* Wahrheitselemente und *alle* Heilsmittel (Sakramente) zu
besitzen.

Papst Johannes Paul II. hat in einer Ansprache an die Vollversamm-
lung des Sekretariats für den Dialog zwischen den Religionen von der
„Bedeutung und Notwendigkeit des Dialogs zwischen den Religionen für
alle Religionen und für alle Glaubenden" gesprochen. Der Dialog gehört
für ihn zum „Heilsplan Gottes", innerhalb dessen die Kirche eine besondere Aufgabe hat. Für die Kirche gründet sich diese Verpflichtung zum
Dialog „auf das Leben des dreieinigen Gottes. Gott ist der Vater der ganzen Menschheitsfamilie; Christus hat sich mit jedem Menschen verbunden, der Geist wirkt in jedem Menschen; darum stützt sich der Dialog
auch auf die Liebe zum Menschen als solchem, der der erste und grundlegende Weg der Kirche ist, und die Verbindung, die zwischen der Kultur
und den Religionen besteht, die die Menschen bekennen."[377]
Die Erkenntnisse der modernen Religionswissenschaft zeigen immer
mehr Gemeinsamkeiten der Religionen. Sie weisen nach, dass vieles von
dem, was man an Abstoßendem oder Befremdlichem bei anderen Religionen glaubte feststellen und verurteilen zu müssen, auf schlichter
Unkenntnis oder auf (z.T. bewussten) Fehlinterpretationen beruht.
Spannend ist freilich das Bestimmen der oft feinen Unterschiede, die
sich auf der gemeinsamen Basis entfaltet haben. Aber sollte eine Rückbesinnung der Religionen auf ihr gemeinsames Fundament nicht auch
zu einer Relativierung dieser Differenzen führen können – zumal wenn
man sich ihrer oft gar nicht primär religiös, sondern vielfach politisch,
kulturell, ethnisch, sozial und psychologisch bedingten Entstehungsgeschichte bewusst wird? Es besteht ein dringendes Bedürfnis nach einer
„globalen Theologie"[378], die freilich nicht von einem Menschen oder
einer Konfession allein, sondern nur weltweit dialogisch geleistet werden kann.

Die im 16. Jahrhundert einsetzende Missionierung des Christentums in Asien war von der Überzeugung bestimmt, ausschließlich das Christentum sei Heil bringend (*exklusives* Heilsverständnis). Die Kirche betrachtete es als eine schwere und absolute Verpflichtung, sich für die Bekehrung anderer zum christlichen Glauben einzusetzen. Im Verlauf des 20. Jahrhunderts gewinnt eine *inklusive* Deutung nichtchristlicher Religionen immer mehr an Einfluss. Sie erkennt in den nichtchristlichen Religionen zwar relative, im konkreten Fall aber unbedingt verpflichtende Heilswege für die Menschen.

Für den aus Sri Lanka stammenden Theologen A. Pieris sind beide Positionen, das exklusive und das inklusive Heilsverständnis, Ausdruck des gleichen Paradigmas der Deutung nichtchristlicher Religionen. Beide gehen ungefragt von der Einzigartigkeit Jesu Christi oder des Christentums aus: „Unablässig verkündet die Kirche und muss sie verkündigen Christus, der ist ,der Weg die Wahrheit und das Leben' (Joh 14,6), in dem die Menschen die Fülle des religiösen Lebens finden, in dem Gott alles mit sich versöhnt hat."[379] Wer unter dieser Voraussetzung einen Dialog führen möchte, rechnet nicht damit, dass diese Position für den Gesprächspartner möglicherweise gar nicht von Bedeutung bzw. von vornherein völlig inakzeptabel ist. Pieris verlangt einen Dialog, bei dem die kontroversen Themen erst im Verlauf des Gesprächs erarbeitet und dann zur Diskussion gestellt werden. Denn die jeweiligen gesellschaftlich-sozialen Strukturen und die Kontexte, die für die einzelnen Religionen von entscheidender Bedeutung sind, dürfen nicht übersehen werden. Der Theologe spricht einmal vom Lehramt der Armen, das als ein drittes neben dem Lehramt der Kirchenleitung und der Theologen eine eigenständige Würde hat. Darum ist er bemüht, innerhalb einer Theologie der Religionen die befreiungstheologischen Intentionen herauszuarbeiten. Er erkennt in den Basisgemeinschaften und -organisationen Orte einer neuen gesellschaftlichen Praxis, wie sie sich im Dialog der Religionen zu entwickeln beginnt. Die Religiosität der Armen ist geprägt vom alltäglichen Kampf ums Überleben. In der Hoffnungslosigkeit ihrer Situation erwarten sie die Erfüllung ihrer Wünsche allein von Gott. Sie leben (notgedrungen) eine „kosmische Religiosität". Demgegenüber erscheinen Christentum, Hinduismus, Islam und Buddhismus als „metakosmische Religionen", weil ihre (vorwiegend überzeitlichen) Heilsvorstellungen von den bedrängend-zeitlichen Vorstellungen der Armen sehr verschieden sind. Vor diesem Hintergrund, so Pieris, könnte ein „auf Augenhöhe geführter Dialog" des Christentums mit asiatischen Religionen durch die biblische Botschaft vom Gott für die Armen ihr ideologiekritisches Potenzial entfalten.[380]

Warum sollte es eigentlich völlig undenkbar sein, dass eines Tages alle Religionen der Erde sich zu einem Bündnis zusammenschließen, in dem Juden und Christen, Muslime und Hindus, Buddhisten und Konfuzianer, Anhänger afrikanischer Stammesreligionen und australischer Eingeborenenkulte sich in gegenseitiger Achtung und Anerkennung begegnen, in dem alle Glieder der Religionen gleiche Rechte und Pflichten genießen? Warum sollte es nicht möglich sein, dass Repräsentanten aller Religionen in regelmäßigen Abständen zusammenkommen, um an einem „runden Tisch", bei dem jeder jedem ins Auge sehen kann, über Fragen der Zusammenarbeit und Konfliktregelung, der Ethik und des Ethos, über gemeinsame Hilfsmaßnahmen für Katastrophen- und Notfälle zu beraten? Warum erscheint es unvorstellbar, dass in verschiedenen Gesprächskreisen auch Themen des Glaubens besprochen und diskutiert werden: Gottesbild, Menschenwürde und Menschenrechte, Kult und Liturgie, Zusammenarbeit mit den staatlichen Organen, Probleme der sozialen Gerechtigkeit, des Friedens und der Ökologie? Alle Teilnehmer verpflichten sich, „aufeinander zu achten und sich zu Liebe und zu guten Taten anzuspornen" (Hebr 10,24). Bindende Beschlüsse werden nicht gefasst. Es können nur Empfehlungen ausgesprochen werden, die dann von den Entscheidungsgremien der einzelnen Religionsgemeinschaften selbst vor Ort in die Tat umgesetzt werden können und sollen. Turnusmäßig wählt die Versammlung in regelmäßigen Abständen ein Leitungsteam, dem ein(e) Präsident(in) oder ein Präsidialrat vorstehen. Er/sie hat lediglich repräsentative Funktionen.

Warum sollten eigentlich die Religionen nicht etwas Ähnliches fertig bringen, was in den Vereinten Nationen in politischer Hinsicht längst, wenn auch nur ansatzweise und höchst unvollkommen, verwirklicht wurde? Drei Aspekte könnten hier vor allem geltend gemacht werden.

Alle Religionen haben denselben Ursprung

Einen ersten zaghaften Anfang machte in der katholischen Kirche das Zweite Vatikanische Konzil mit seiner „Erklärung über das Verhältnis der Kirche zu den nichtchristlichen Religionen". Da heißt es: „Die Kirche lehnt nichts von alledem ab, was in diesen Religionen wahr und heilig ist", weil darin ein „Strahl jener Wahrheit erkennbar wird, die alle Menschen erleuchtet."[381] Das klang vor gar nicht so langer Zeit noch ganz anders. Da sah sich die katholische Kirche noch als die „allein selig machende". Da sprach sie nicht von anderen *Religionen,* sondern von Ungetauften, von *Heiden.* Wäre es nicht denkbar, dass Vertreter anderer Religionen sich zu einer ähnlichen Verlautbarung gegenüber ihresgleichen entschließen könnten?

1964 nannte Papst Paul VI. in seiner ersten Enzyklika als eine der wichtigsten Aufgaben der Kirche, das Gespräch „mit den anderen" aufzunehmen: „Wir sehen, wie sich um uns herum ein anderer Kreis abzeichnet, über die Maßen groß. [...] Er setzt sich vor allem aus jenen Menschen zusammen, die den Einen souveränen Gott anbeten, den auch wir anbeten. Wir erwähnen kurz: erstens die Söhne des jüdischen Volkes [...]; dann die monotheistischen Anbeter Gottes, die Muslime [...]; und schließlich die Anhänger der großen afro-asiatischen Religionen."[382]

Das Zweite Vatikanische Konzil sprach es dann noch einmal deutlich und unmissverständlich aus: Alle Religionen geben Zeugnis von einem, vielleicht manchmal unausgesprochenen Wissen um „jenes letzte und unsagbare Geheimnis unserer Existenz, aus dem wir kommen und wohin wir gehen".[383] Ob die Religionen nun von Gott, von Allah, von Jahwe, vom Tao oder vom Nirvana sprechen oder ob sie das Absolute nur ehrfürchtig umschreiben oder gänzlich namenlos lassen – „ihr Leben ist durchtränkt von einem tiefen religiösen Sinn. [...] und nicht selten findet sich auch die Anerkenntnis einer höchsten Gottheit oder sogar eines Vaters".[384]

Alle Religionen sind noch unterwegs. Sie sind noch nicht am Ziel. Manche mögen vielleicht schon etwas näher dran sein (oder zumindest glauben sie es); manche sind noch etwas weiter entfernt. Zu bestimmten Zeiten geht es schneller voran, dann kommen wieder lange Durststrecken und sogar Rückschläge. Das bisherige Christentum war orientalisch, jüdisch, griechisch, römisch geprägt. Nun ist es dabei, sich aus seinen mediterran-europäischen Wurzeln heraus zu entwickeln und wirklich kat-holisch, das heißt weltweit, uni-versal, zu werden. Es wäre eine höchst glaubwürdige Bekundung des Glaubens an den einen und gemeinsamen Gott aller, wenn sich die Religionen in einem ständigen Dialog über ihre theologischen Erkenntnisse und Einsichten, über ihre Gotteserfahrungen und Gottesbegegnungen austauschen und sich so gegenseitig den Weg zu einem immer tieferen Eindringen in die „Tiefe des Reichtums, der Weisheit und der Erkenntnis Gottes" (Röm 11,33) ebnen würden.

Findet sich in der Einsicht, dass alle Religionen letztlich auf einen gemeinsamen Ursprung zurückzuführen sind und sich aus einer einzigen Wurzel ableiten, ein Hinweis auf den Gott, der im christlichen Trinitätsdogma als „Vater" bezeichnet wird?

Alle Religionen sind Ausfluss
einer umfassenden Menschwerdung Gottes

Christlicher Glaube bekennt die Menschwerdung Gottes. Aber bezieht sich der christliche Glaubenssatz, dass Gott Mensch geworden ist, wirklich nur auf den einen und einzigen Menschen Jesus von Nazaret? Ist die Menschwerdung Gottes wirklich nur auf einen Einzigen zu einer bestimmten Zeit in einer bestimmten Situation beschränkt?[385]

Der Missionswissenschaftler Walbert Bühlmann berichtet von einem Hindu, der als Arzt in einem katholischen Missionskrankenhaus in Indien arbeitet und der seine Auffassung so umschrieb: „Meine persönliche Philosophie ist gegründet in der Universalität aller Religionen. Ich glaube, dass Christus, Krischna, Zoroaster, Buddha, Muhammad ein und dieselbe Person waren, die in verschiedenen Zeiten Fleisch angenommen und die ein und dieselbe Botschaft verkündet hat mit den Unterschieden, die von den verschiedenen Kulturen und Zeiten abhingen."[386]

Ähnlich sieht es auch Raimundo Panikkar:

„Jesus von Nazaret ist ohne Zweifel identisch mit dem Sohn Gottes, mit dem Logos, dem Wort, das Gott in die Welt hineingesprochen hat. Aber dieser Logos ist nicht exklusiv identisch mit Jesus von Nazaret, sondern er hat sich auch gezeigt und inkarniert in Buddha, in

Krischna und anderen großen religiösen Gestalten. Es wird also nicht die Gottessohnschaft Jesu in Frage gestellt, wohl aber seine Einzigartigkeit. Man sollte also nicht mehr sagen, dass die Hindus von Jesus erlöst seien, sondern den Christen bewusst machen, dass es neben Jesus eine Gegenwart Christi gebe im Hinduismus, welche die traditionelle westliche Auffassung von Christus ins Universale ausweite. Man könnte das eine Elite-Christologie nennen: Eine ganze Reihe elitärer Gestalten in den verschiedenen Religionen seien Inkarnationen des einen Gottes gewesen."[387]

Auch christologische Entwürfe einiger feministischer Theologinnen äußern Bedenken an einer einmaligen Menschwerdung Gottes in Gestalt eines Mannes. Eine Heilsbedeutung für alle Menschen könne Jesus schon deshalb nicht haben, weil er ein Mann und noch dazu ein Weißer gewesen sei. Jesus von Nazaret ist für diese Theologinnen nicht die einzige Menschwerdung Gottes; sie setzen Jesus vielmehr in Beziehung zu anderen messianischen Gestalten. Mit der Relativierung Jesu Christi als der einzigen und endgültigen Inkarnation Gottes verbinden sie den Gedanken einer „fortlaufenden Menschwerdung Gottes".[388]

Alle Religionen geben in irgendeiner Weise davon Kunde, dass Gott unter den Menschen Platz ergriffen hat –, dass er zu einem Unruhefaktor des menschlichen Herzens geworden ist, welches so lange keine Ruhe findet, bis es bei Gott angekommen ist. Gott wohnt längst nicht mehr „droben überm Sternenzelt", sondern „der Ort, wo man ihn am sichersten findet, ist das Herz des lauteren Menschen" (Ramon Llull[389]). Im Koran heißt es: „Allah ist dem Menschen näher als seine eigene Halsschlagader" (Sure 50,16). Die hinduistische Mystikerin Karaikal Ammaiyar gibt den Rat: „Wenn man den Pfad sucht, der zu Gott führt, und seine Gnade erlangen möchte und fragt: ‚Wo wohnt er?' – Selbst im Herzen derer, die armselig sind wie ich, ist er leicht zu finden."[390] Und Papst Paul VI. sagte bei einer Rede in Bombay am 3. 12. 1964 vor Vertretern nichtchristlicher Religionsgemeinschaften: „Wir müssen einander begegnen [...] als Pilger, die sich auf den Weg gemacht haben, um Gott nicht in Gebäuden aus Stein, sondern in menschlichen Herzen zu finden. [...] Möge (der Herr) uns umschaffen zu der einen Familie seiner Kinder!"[391]

Ist die Einsicht, dass alle Religionen letztlich sich zu einer vielfältigen Inkarnation Gottes und zu einer zutiefst innerlichen Einwohnung Gottes in den Herzen der Menschen bekennen, ahnungsvoll-tastender Ausdruck des christlichen Bekenntnisses zu Gott, der uns als Bruder, als der „Sohn" begegnet?

Alle Religionen sind geeint durch das Band der Liebe des einen Gottes

Während die Einheit in Vielfalt durchaus vorstellbar erscheint und verbal immer wieder beschworen wird, hapert es dann, wenn es um die praktischen Konsequenzen geht, diese „Einheit des Geistes zu wahren durch den Frieden, der zusammenhält" (Eph 4,3). Selbst dort, wo man es am ehesten erwarten sollte, unter den verschiedenen christlichen Konfessionen, gibt es noch immer Trennungen und Spaltungen, ja Auseinandersetzungen und Kriege. Hier müsste wohl zunächst ein Besinnungs- und Umkehrprozess einsetzen. Papst Johannes Paul II. hat 1987 einen schüchternen Anfang beschrieben, als er die vielfachen Schuldverstrickungen der katholischen Kirche eingestand und um Vergebung bat: „Wir sind nicht immer Friedensstifter gewesen. Deshalb ist für uns selbst, aber vielleicht auch in einem gewissen Sinn für alle die Begegnung in Assisi ein Akt der Buße. Wir haben gebetet, jeder auf seine Weise, wir haben gefastet, wir sind zusammen gepilgert. Auf diese Weise haben wir versucht, unsere Herzen der göttlichen Wirklichkeit über uns und auf unsere Mitmenschen hin zu öffnen."

Ähnlich äußerte sich der Dalai Lama. Er redet keiner neuen Weltreligion das Wort. Wohl aber erinnert er an das alle Religionen letztlich einigende Band der Liebe: „Da aber Liebe wesentlich für alle Religionen ist, könnte man von einer universalen Religion der Liebe sprechen. [...] Die Tatsache, dass es so viele verschiedene Darstellungen des Weges gibt, ist ein Reichtum."[392]

Leider sind die Chancen für eine derartige Einheit im Augenblick äußerst gering. Viel eher sieht es nach einem „Krieg der Kulturen" (S. P. Huntington) aus als nach einer „universalen Religion der Liebe". Da mag sich ein Papst mit aller ihm zur Verfügung stehenden moralischen Autorität gegen eine Hybris westlicher Staaten wenden, die – nicht selten unter Berufung auf christliche „Werte" – fremden Völkern mit anderen Religionen „Freiheit" und „Demokratie" bringen, in Wahrheit aber nur die eigene strategische Überlegenheit und den Zugang zu den Ölquellen sichern wollen. Statt einer neuen „Welt*ordnung*" streben sie eine neue „Welt*unterordnung*" an. Zu Recht misstraut die andere Seite der wohlfeilen Rede vom „Dialog der Kulturen" und sieht darin nur den europäisch-amerikanischen Versuch, sich die islamische Kultur zu unterwerfen. Nicht einmal über die Bedeutung des Wortes „Dialog" besteht Einigkeit. Im Arabischen meint Dialog, „dass man zusammenkommen muss, wenn man gestritten hat und uneins ist. Es bedeutet nicht, wie in Europa, das Interesse am anderen, als Mensch, ein Interesse an seiner Kultur und seinen Vorstellungen."[393] Der Irakkrieg mit seinen verheerenden Folgen scheint selbst die bescheidensten Ansätze einer Verständigung oder gar Einheit zunichte gemacht zu haben.

Dennoch: Ist die Einsicht, dass die „Liebe wesentlich für alle Religionen" ist (Dalai Lama), Ausdruck des christlichen Bekenntnisses zu Gott, der „seine Liebe ausgegossen hat durch den heiligen Geist" (Röm 5,5)?

IX. Das christliche Trinitätsdogma – „Ergebnis" einer uralten Spurensuche der Menschheit?

Das christliche Trinitätsdogma ist nicht etwas völlig Neues in der religiösen Tradition der Menschheit. Die „Drei" hat die Menschen schon immer fasziniert. Schon immer ahnten sie, dass sich etwas Geheimnisvolles, Rätselhaftes, Unbegreifliches hinter dieser Zahl verbirgt und gleichzeitig offenbart. Und darum brachten unsere Ahnen die Drei mit dem Göttlichen in Zusammenhang. Die Rede von einem dreifaltig-einen Gott darf gesehen werden als „Ergebnis" einer uralten Spurensuche der Menschheit nach dem vielfältig hier und da offenbar werdenden Geheimnis des Göttlichen, das in der Symbolik der Dreizahl verschlüsselt wurde. Das Dogma von dem dreifaltig-einen Gott steht „auf seine ihm eigene Weise in Entsprechung zur Urfrage des Menschen und der Menschheit. Die Frage nach der Einheit in der Vielheit, einer Einheit, die das Viele nicht vereinnahmt, sondern zu einem Ganzen gestaltet, einer Einheit, die nicht Armut, sondern Fülle und Vollendung ist" (W. Kasper[394]).

■ Der Mensch erfährt sich eingefügt in die Spannung zwischen zwei gegensätzlichen Polen, zwischen dem Einen und dem Anderen: Leib – Seele, Mann – Frau, Freude – Schmerz, Gesundheit – Krankheit, Geburt – Tod. Auch die ihn umgebende Welt erlebt er so: Licht – Schatten, Tag – Nacht, Himmel – Erde, Wasser – Land, Berg – Tal.

■ Die Bipolarität ist eingebettet in eine beeindruckende und verbreitete Vielfalt, die aber doch immer wieder eine merkwürdige Tendenz und einen „Drang" nach Einheit zeigt. Die Divergenz verlangt nach Konvergenz. Das Viele strebt nach (Wieder-)Vereinigung mit dem Einen.

■ Schon immer gibt es eine tiefe Sehnsucht der Menschheit, die Spannung der Bipolarität zu überbrücken und das Getrennte wieder zusammenzuführen. Wenn Eins und Eins das Getrennte, das Eine und das Andere, symbolisieren, dann bedeutet Drei die Wiederzu-

sammenführung, die Wiederherstellung der ursprünglichen Gemeinsamkeit.

- Auffällig ist, dass das Streben nach Zusammenführung und Einheit
umso stärker wird, je komplexer und vielfältiger ein Organismus organisiert ist.

- Der Mensch ist wohl das einzige Wesen, das sich dieses dranghaften
Strebens nach Einheit bewusst wird. Er erkennt Gemeinsamkeiten des
konkret-Einzelnen, abstrahiert sie und führt sie in einem Oberbegriff
zusammen.

- Die Menschheit hat zu allen Zeiten geahnt, dass sich hinter dem
vordergründig Wahrnehmbaren noch etwas Geheimnisvolles verbirgt,
eine transzendente, alle menschliche Erfahrung übersteigende Wirklichkeit. Dieses Numinose wird wiederum gleichsam bipolar erfahren
– als Tremendum und Faszinosum, als ein zugleich erschreckendes
und wohltuendes, abweisendes und anziehendes, Angst einflößendes
und in Bann schlagendes Geheimnis.

- Das Numinose haben die Menschen zu benennen versucht. Sie haben
es ahnungsvoll tastend in vielfacher Weise angerufen und sich ihm an-
betend hingegeben. Alle diese Versuche bleiben freilich Stückwerk,
weil sie das Allumfassende nie adäquat, sondern immer nur analog
erfassen können.

- Die Mannigfaltigkeit der Religionen weist auf ein absolutes Geheimnis, das mannigfaltig erfahren und darum in mannigfaltigen Formen
verehrt wird.

- Auffällig erscheint, dass in nahezu allen Religionen häufig eine Dreiheit in der Benennung des Göttlichen anzutreffen ist.

- Auch die Entstehungsgeschichte des jüdischen Monotheimus zeigt,
dass die Stämme des Volkes Israel glaubten, das Wirken Gottes auf vielfältige Weise erfahren zu können. Gott erschien nicht als eine einzige,
immergleiche Größe, sondern als der jeweils überraschend Andere.
Sein „Name" (Jahwe) musste in jeder Situation erst neu ausgemacht
und buchstabiert werden. Die „Wahrheit" Gottes war daran zu erkennen, dass er als „Jahwe" immer wieder derselbe ist, trotz aller Unterschiede seiner Erfahrbarkeit. Aufgabe der Menschen ist es, diese Vielfalt
zu einer Einheit zusammen zu bringen. Sie müssen Gott „einigen".

- Mit dem Jesus-Ereignis und den Erfahrungen des Gottesgeistes in der
Urgemeinde tritt eine neue Situation ein. In dem Mann aus Nazaret,

davon sind die ersten Christen überzeugt, ist ihnen Gott auf neue und unüberbietbare Weise nahe gekommen. Jesus ist der „Im-manu-el", der „Gott-mit-uns".

■ Gleichzeitig glauben sie, in der raschen Ausbreitung der Botschaft Jesu und in der Art und Weise, wie das geschieht, das Signal für etwas Neues und wiederum Einzigartiges erkennen zu können. In den Zeugen und Boten des Evangeliums sehen sie ein „Etwas" am Werk, das sie als den Geist Gottes und den Geist Jesu ausmachen.

■ In Anbetracht der mehr und mehr offenkundig werdenden Distanzierung der Christengemeinschaft von ihren jüdischen Glaubensgenossen und im Hinblick auf eine notwendige Sprachregelung für die Verkündigung des Evangeliums unter den Nichtjuden mussten neue Metaphern gefunden werden, die einerseits eine erkennbare Unterscheidung von Gott, Jesus und dem Gottesgeist markierten, andererseits aber auch deren Zusammengehörigkeit deutlich machen konnten.

■ Von der „ökonomischen" (d. h. in der Welt erfahrbaren, nach außen sich wendenden) Wirk- und Erscheinungsweise Gottes schlossen die Theologen der drei nachchristlichen Jahrhunderte zunehmend auf eine „Dreiheit" in Gott selbst („immanente Trinität"). Denn, so glaubten sie, ein Gott, der sich nach außen im Wirken von „Vater", „Sohn" und „Heiliger Geist" als „Drei-Einer" kundtut und erfahrbar macht, kann nicht in sich selbst eine undifferenzierte, gestaltlose Einheit sein. Er muss selbst vielfältig oder besser – im Hinblick auf die drei genannten Aspekte – „drei"-faltig sein.

■ Mit dem Eintreten des Christentums in die griechische Erfahrungs- und Denkwelt begegnet es einer Fülle von göttlichen Dreiergruppen. Es lässt sich nur spekulieren, inwieweit dieses Phänomen die Entstehung des Trinitätsdogmas beeinflusst und geradezu herausgefordert hat. Etwa ab dem 4. Jahrhundert wurde es zu einem christlichen Grunddogma.

■ Die christliche Theologie zahlt freilich für die Festlegung auf eine (immanente) göttliche Dreiheit einen hohen Preis. Sie hat – zumindest für Außenstehende und auch für Theologen anderer Religionsgemeinschaften – bis heute nicht hinreichend einsichtig machen können, wie die Dreifaltigkeitslehre mit dem Monotheismus in Einklang zu bringen ist. Das beweisen die immer wieder im Gespräch mit dem Judentum und dem Islam auftretenden Irritationen.

■ Das christliche Dogma vom drei-einen Gott fristet im Glaubensvollzug ein Schattendasein. Formelhaft wird es häufig erwähnt – in Gebeten und Liedern, bei der Spendung der Taufe, in tradierten liturgischen Redwendungen. Aber dabei bleibt es meist. Lediglich am ersten Sonntag nach Pfingsten, am „Dreifaltigkeitsfest", wird es in der katholischen Kirche ausdrücklich thematisiert. Die Kirchen der Reformation feiern an diesem Tag das Fest Trinitatis. In den ostkirchlichen Liturgien besitzt das Pfingstfest einen ausgesprochen trinitarischen Charakter. Doch wer sich die Predigten an diesem Sonntag anhört, muss feststellen, dass meist entweder abstrakte Formeln aneinander gereiht werden, die weder Prediger noch Zuhörerinnen und Zuhörer begreifen, oder dass eine inhaltliche Auseinandersetzung gemieden wird. Ansonsten ist es weitgehend dem Geschmack und dem Geschick der Theologinnen und Theologen überlassen, über diesen Spitzensatz christlicher Theologie zu sprechen. Aber weil sie selbst sich damit schwer tun, unterbleibt das zumeist.

Vielleicht kann das vorliegende Werk – auch im Hinblick auf den interreligiösen Dialog – dazu beitragen, diesen vergessenen, weil häufig missverstandenen und missdeuteten Glaubenssatz inhaltlich besser zu erschließen, und zu einer intensiveren, sachgerechten Auseinandersetzung darüber anregen.

X. Trinitarische Assoziationen

Am Ende des Buches sollen noch – ohne Anspruch auf Vollständigkeit – einige Assoziationen genannt werden, die in einem gewissen Zusammenhang mit dem Geheimnis der Drei und dem christlichen Trinitätsdogma stehen.

- Mutter – Tochter – Liebe
- Quelle – Strom – Kraft
- Licht – Strahl – Leuchten
- oben – unten – zwischen
- Vater und Mutter – Bruder und Schwester – eine Familie
- Gottesliebe – Nächstenliebe – Selbstliebe
- Gerechtigkeit – Friede – Bewahrung der Schöpfung
- Wurzel – Stamm – Geäst
- Meer – Ebbe – Flut
- Wasser als Urstoff und Urgrund des Lebens – Wasser als Bach, Fluss, See, Meer – Wasser als Lebens- und Überlebensgrundlage
- Eis – Wasser – Dampf
- Dreiklang
- Tonika – Dominante – Subdominante
- Positiv – Komparativ – Superlativ
- Position – Opposition – Coincidentia oppositorum (nach Nikolaus von Kues)
- Leidenschaftlicher – Leidender – Mitleidender
- Kreativität – Kommunikation – Integration
- Divergenz – Konvergenz – Invergenz
- Sprache – Wort – Antwort
- Ursprung und Ziel aller Befreiung des Menschen – Mittler umfassender Befreiung – Kraft, die zur Befreiung treibt
- Urgrund und Ziel aller Gemeinschaft – verborgene Mitte aller Gemeinschaft – einendes Band aller Gemeinschaft.
- Ursprung aller Religionen – Mitte aller Religionen – Ziel aller Religionen

Anmerkungen

[1] H. Usener (1903), 1; 36; 44 f.

[2] K. Jaspers (1956), 350.

[3] K. Marti (21992). Bundesgenosse Gott. Versuche zu 2. Mose 1–14. Zürich, 23.

[4] B. Welte (1992), 186.

[5] K. Rahner (1965 a), 68.

[6] E. Drewermann (1998), 280 f.

[7] M. Buber (1983), 13.

[8] Zit. nach: W. Heizmann (1991), Wissen und Glauben im Horizont gegenwärtiger Fragestellungen. Institut für Religionspädagogik der Erzdiözese Freiburg. Juni, 28. Dort ohne Quellenangabe.

[9] M. Becker (1965), 15

[10] P. Tillich (1961), 237.

[11] Cael. 1, p. 268, a. 12; zit. nach: R. Mehrlein (1956), Sp. 269–310.

[12] Die folgenden Ausführungen orientieren sich an R. Mehrlein (1956), Sp. 293.

[13] F. Schiller (1800), Spruch des Konfuzius. Musenalmanach für das Jahr 1800, 209; zit. nach: G. Buechmann (1966). Geflügelte Worte. Berlin, 246.

[14] Wertvolle Hinweise erhielt ich zum folgenden Abschnitt von der Europäischen Märchengesellschaft e. V. und der Märchen-Stiftung Walter Kahn, D-82435 Bayersoien, denen ich an dieser Stelle herzlich danken möchte.

[15] Der Große Duden. Bd. 7: Etymologie. Mannheim 1963, 422.

[16] Vgl. A. Lehmann (1914); hier nach R. Mehrlein (1956), Sp. 296 f.

[17] M. Lüthi (1990), 857.

[18] Ebd.

[19] Vgl. O. Betz (1989), 58.

[20] Zit. nach: R. Mehrlein (1956), Sp. 296 f.; dort die Belegstellen.

[21] Vgl. M. Lüthi (1990), 864 f.

[22] J. F. Spiegel (1970), 49.

[23] C. G. Jung (1963), 206.

[24] Vgl. K. Lehmann (21989).

[25] Vgl. H. Usener (1903), 31. Dort auf den folgenden Seiten noch zahlreiche weitere Belege.

[26] F. Heiler (1961), 161–176.

[27] O. Betz (1989), 50 f.

[28] H. Usener (1903), 34.

[29] H. Usener (1903), 28 f.

[30] H. Usener (1903), 28; 323–332.

[31] H. Usener (1903), 34f.

[32] Erste Ansätze dazu haben E. Brunner-Traut (Pharao und Jesus als Söhne Gottes. In: dies. [1981]. Gelebte Mythen. Beiträge zum altägyptischen Mythos. Darmstadt, 34–54) und M. Görg (1992) vorgelegt (Mythos, Glaube und Geschichte. Die Bilder des christlichen Credo und ihre Wurzeln im alten Ägypten. Düsseldorf).

[33] Ich folge hier E. Hornung (1983), 48–66.

[34] M. Görg (1992), 64.

[35] Zit. nach: M. Görg (1992), 75.

[36] M. Görg (1992), 75.77.

[37] M. Görg (1992), 78.

[38] Zit. nach: E. Hornung (1983), 61.

[39] Vgl. E. Hornung (1983), 62.

[40] M. Görg (1992), 66.

[41] M. Görg (1992), 66.

[42] M. Görg (1992), 67.

[43] M. Görg (1992), 50f.

[44] Nach: J. Assmann (1975). Ägyptische Hymnen und Gebete (Die Bibliothek der Alten Welt). Zürich/München, 308; zit. nach: M. Görg (1992), 51.

[45] Vgl. H. R. Schlette (1964), 92.

[46] F. Heiler (1961), 562.

[47] E. Schwarz (1978).

[48] Vgl. K. Walf (1986), 93.

[49] Ebd., 94.

[50] Hier zit. nach: I. Lissner/G. Rauchwetter (1982), 105.

[51] Vgl. K. Walf (1986 a), 96. Und: Ders. (1986 b), 75–77.

[52] K. Rahner (1962). Über die Möglichkeit des Glaubens heute. S, Bd. V, 14–15.

[53] G. Szczesny (1971), 81.

[54] L. Schmithausen (1984). In HWP, 855 (unter Bezug auf Udāna VIII, 3).

[55] Meister Eckehart (1963), 30. Dort auch Angabe der (sehr verstreuten) Fundstellen bei Eckehart.

[56] H. Küng (1978), 651.

[57] E. Conze (1953), 36.

[58] The Gospels of Sri Ramakrishna. Hrsg. u. übers. v. Swami Nikhilananda (1947). Madras; Swami Vivekananda (1943). Ramakrismna, mein Meister, Zürich.

[59] Vgl. M. Williams (1891), 45; zit. nach: LThK2 (1967), 481.

[60] Vgl. C. B. Papali (1967), 481.

[61] F. X. D'Sa (1993).

[62] F. X. D'Sa (1993), 170.

[63] F. X. D'Sa (1993), 170.

[64] H. Küng, Spurensuche. Die Weltreligionen auf dem Weg, München/Zürich 1999, 75f.

[65] H. Küng u. a. (1984), 397.

[66] I. Kant (21787). Kritik der reinen Vernunft. In Werke in zehn Bänden, Bd. 3, Darmstadt 31968, B29.

[67] Der Große Duden. Bd. 7: Etymologie, Mannheim 1963, 229.

[68] Vgl. W. Burkert (1974), 721–725.

[69] K. Rahner (1976), 55.

[70] E. Drewermann (1984), 125 f.

[71] Ebd., 116.

[72] Kardinal Roger Etchegary (1986), 238.

[73] P. Ochs. Dreifaltigkeit und Judentum. In: Conc 2003, 433–441; hier: 433.

[74] Vgl. B. Lang (Hrsg.) (1981).

[75] Ebd., 54.

[76] Chr. Uehlinger. Die Frau in Efa (Sach 5,5–11). In: BiKi 1994, 93–103; hier: 102 f.

[77] P. Lapide/J. Moltmann (1979), 15.

[78] Ebd., 14. Das hier verwendete Verb „hajáh" heißt nicht einfach „sein", sondern „werden, geschehen, sich ereignen, dasein für (etwas, jemand)".

[79] A. Deißler (1972), 51

[80] E. Zenger (1979), 108.

[81] P. Lapide. In: P. Lapide/J. Moltmann (1979), 14.

[82] E. A. Knauf (1988), 43–46.

[83] Vgl. M. Görg (1986), 103.

[84] Vgl. Alejandro Diez Macho (ed.), *Neofiti 1*, Targum Palästinense Bd. 1, Madrid 1968, bes. 71 f.; Peter Schäfer, *Bibelübersetzungen* II: Targumim, TRE 6 (1980) 216–228; hier zitiert nach: C. Thomas, „Juden und Christen beten den Einen Gott an", in: FrRu 1/2004, 2–9; hier: 4.

[85] C. Thomas, „Juden und Christen beten den Einen Gott an". In: FrRu 1/2004, 2–9; hier: 4.

[86] Ebd., 5 f.

[87] P. Lapide. In: P. Lapide/J. Moltmann (1979), 20 f.

[88] Ursprünglich handelt es sich hier um eine kanaanäische Kult-Ätiologie, die begründete, warum an diesem Ort (Berg Morija) ein bestimmter Kult begangen wurde. Der geriet später in Vergessenheit. So wurde die Tradition zu einer Erzählung umgestaltet, die nur noch „Interesse am allgemein menschlichen Schicksal des unschuldigen Kindes und vielleicht auch noch am Schicksal des unglückseligen Vaters" hatte (R. Kilian, Isaaks Opfer. Die Sicht der historisch-kritischen Exegese, in: BiKi 1986, 98–104; hier: 100. 104). Zur tiefenpsychologischen Deutung der Erzählung: E. Drewermann, Abrahams Opfer (1986 a), 113–124.

[89] Vgl. G. v. Rad (^{3}1958), 174.

[90] P. Lapide. In: P. Lapide/J. Moltmann (1979), 24.

[91] H. J. Kraus (^{4}1972), Psalmen (BK XV/1,1), Neukirchen/Vluyn, 370. 374.

[92] R. Neudecker (1983), 104 f. Ebenso: ders. (1989), 15.

[93] Vgl. G. v. Rad (1966), 300.

[94] Vgl. W. Eichrodt (1964), 7. 10 f.

[95] W. Kasper (1983), 296 f.

[96] Vgl. E. Schüssler-Fiorenza (1975), Wisdom Mythology and the Christological Hymns of the New Testament. In: R. K. Wilken (ed.). Aspects of Wisdom in Judaism and Early Christianity. Notre Dame/London, 26 f.; zit. nach: S. Schroer (1986), 211.

[97] O. Keel (1974), 67.

[98] S. Schroer (1990 b), 149.

[99] S. Schroer (1990 a), 147.

[100] S. Schroer (1996), Die Weisheit hat ihr Haus gebaut. Studien zu Gestalt der Sophia in den biblischen Schriften, Mainz, 123.

[101] C. Thoma, „Juden und Christen beten den Einen Gott an". In: FrRu 1/2004,2–9; hier: 8.

[102] Vgl. R. Ahl (1990), 173.

[103] P. Lapide. In: P. Lapide/J. Moltmann, (1979), 25.

[104] Zit. nach: S. Schroer (1990 a), ebd. (dort ohne Quellenangabe).

[105] E. Drewermann (1986 b), 48.

[106] W. Thiel (1971), 54. Weitere Belege bei E. Drewermann (1984), 115–142, bes. 130–137.

[107] Das Gedicht, lückenhaft an den Wänden des Säulensaales von Karnak und in den Tempeln Ramses II. zu Theben-Ost, Luxor und Abydos erhalten, ist nahezu vollständig vorhanden auf dem 1828 entdeckten „Papyrus Sallier III" (Britisches Museum London); zit. nach: K. Lange/M. Hirmer (1978). Ägypten. München/Zürich, 141 f.

[108] G. S. Gerstenberger (1988), 24.

[109] Ebd., 24. 26.

[110] C. Halkes (1981), 257. Vgl. auch: H. Pissarek-Hudelist (1990), 101–117.

[111] Die deutsche Einheitsübersetzung lautet „gehen lehrte" statt „gestillt", was schon deshalb keinen Sinn macht, weil auch die Einheitsübersetzung den anschließenden Versteil mit „ich nahm ihn auf meine Arme" wiedergibt. Wer lehrt schon ein Kind gehen, indem er es auf die Arme nimmt? Vgl. dazu: O. Keel (1989), 89–92.

[112] M.-Th. Wacker (1987), 23.

[113] O. Keel (1989), 91.

[114] M.-Th. Wacker (1987), 23.

[115] Vgl. H. Schüngel-Straumann (1986), 119–134.

[116] DH 125.

[117] DH 525.

[118] DH 526.

[119] O. Keel (1989).

[120] Vgl. dazu die ausführlichen und informativen Untersuchungen von U. Winter (1987), 92.

[121] Chaim Wirszubski, Pico dclla Mirandola's Encounter with Jewish Misticism, Jerusalem 1989; zit. nach: C. Thoma, „Juden und Christen beten den Einen Gott an", in: FrRu 1/2004,2–9; hier: 8.

[122] Vgl. R. J. Zwi Werblowsky/Josef Karo, Lawyer and Mystic, Philadelphia 1977; Clemens Thoma, Das Messiasprojekt. Theologie jüdisch-christlicher Begegnung, Augsburg 1994, bes. 353–381. In: FrRu 10(2003) 82–88.

[123] Vgl. P. Ochs, Dreifaltigkeit und Judentum. In: Conc 2003, 433–441; hier: 439 f.

[124] Zit. nach: K. Hannah-Holtschneider. Dabru Emet – Redet die Wahrheit. Zur Zukunft des christlich-jüdischen Dialogs. In: Orien 2004, 150–154; hier: 152.

[125] M. Görg (1992), 117.

[126] Die Einheitsübersetzung gibt „Söhne" mit „Kindern" wieder.

[127] M. Buber (1956), 24.

[128] Vgl. zum Folgenden: E. Zenger (1989), 37–78.

[129] Ebd., 52.

[130] Die entsprechenden Schriftstellen: Verfassungsentwurf: Dtn 16,18–18,22; Königtum: Dtn 17,14–22; Rechtswesen: Dtn 16,18–17,13; Priesterschaft: Dtn 18,1–8; Prophetentum: Dtn 18,9–22.

[131] AethHen 46,1; 48,6; 69,27; 52,4; zit. nach: E. Zenger (1980), 71–73.

[132] Zit. nach: E. Zenger (1980), 67f.

[133] AethHen 45,4; zit. nach: E. Zenger (1980), 67.

[134] V. Kubina (1978), 834.

[135] M. Görg (1992), 82.

[136] M. Buber (1962), 134f.

[137] G. Theißen (2001), 73.

[138] N. Lohfink (1983), 46.

[139] Vgl. A. Strotmann (1991). Mein Vater bist du (Sir 51,10). Zur Bedeutung der Vaterschaft Gottes in kanonischen und nichtkanonischen frühjüdischen Schriften (FTA 39). Frankfurt.

[140] Es ist zu vermuten, dass sich bei den in griechischer Sprache verfassten Evangelien hinter manchem „pater" ein aramäisches „abba" verbirgt (z.B. Lk 11,2; Mk 11,25).

[141] J. Schlosser. Art. „Abba" (LThK³ I, 1993), 11.

[142] G. Schneider (1992), 3–38, hier: 9.

[143] Die Spruchquelle Q (2002), Q 10,22.

[144] H. Schürmann (1994), 112.

[145] F. Hahn (1963, ⁴1974), 326

[146] F. Hahn (1963, ⁴1974), 329. Im Original stehen für „abba" die hebräischen Buchstaben.

[147] Vgl. zum Folgenden: B. van Jersel (1982), 189.

[148] J. Blank (1972), 86.

[149] J. Ernst (1972), 24f.

[150] Ebd., 191.

[151] B. v. Jersel (1982), 192.

[152] H. Küng (1978), 750.

[153] B. v. Jersel (1982), 192f.

[154] Die Spruchquelle Q (2002), Q 12,10.

[155] EvEb: „… er sah den heiligen Geist in Gestalt einer Taube …"; EvHebr: „… stieg die ganze Quelle des heiligen Geistes auf ihn herab"; zit. nach: F. Schierse (1968). Patmos-Synopse. Düsseldorf, 21.

[156] Vgl. J. Gnilka (1988), 504.

[157] Hier steht im griech. Urtext das Wort „pneuma", das – in anderem Zusammenhang – mit „Geist" zu übersetzen ist (z. B. Joh 20,22: „Empfangt den Heiligen Geist").

[158] Vgl. dazu die entsprechende Spezialliteratur (F. Courth [1993]; G. Greshake [1997]; M. Murrmann-Kahl [1997]; W. Thüsing [1999] u. a.).

[159] Philosophische Schule, die von ca. 300 v. Chr. bis ca. 200 n. Chr. reichte und der Philosophen wie Zeno, Seneca, Epiktet und Marc Aurel angehörten.

[160] Vgl. Debrunner/Kleinknecht/Progksch/Quell/Schrenk. Art. „lego, lógos usw." (ThWNT 4), 68–198; bes. Kleinknecht, a. a. O., 76.

[161] Philosophische Schule, die von ca. 50 v. Chr. bis ca. 250 n. Chr. reichte. In den Anfängen ging es ihr um eine Erneuerung der Philosophie Platons (427–347 v. Chr.). Später wurden auch Gedanken anderer philosophischer Strömungen übernommen, insbesondere religiöse und mystische Gedanken, auch des Orients.

[162] Vgl. zum Ganzen: R. Schnackenburg (1979), 257–269.

[163] P. Hoffmann (1994), 257–272.

[164] Vgl. dazu: J. Gnilka, (1982), 102–147.

[165] Vgl. F. Mussner (1975), 103.

[166] Vgl. K. H. Schelkle (1981), 180 f.

[167] R. Schnackenburg (1979), 292.

[168] B. v. Jersel (1982), 190.

[169] Ebd., 131.

[170] Ebd., 146 f.

[171] G. Theißen (2001), 83.

[172] M. Theobald (1992), 61–63.

[173] G. Theißen (2001), 255.

[174] Vgl. J. Kügler (2004), 160 f.

[175] G. Theißen (2001), 71.

[176] Vgl. dazu die 5 „Parakletensprüche": Joh 14,16–17; 14,26; 15,26–27; 16,8–11; 16,13–15.

[177] Vgl. zum Folgenden: G. Theißen (2004).

[178] G. Theißen (2004), 197 f.

[179] Vgl. F. J. Schierse (1979), 112.

[180] Nach der Überlieferung ist Ignatius um 50 in Syrien geboren, war „zweiter (Bischof) nach Petrus" in Antiochia und wurde zur Zeit des Kaisers Trajan (98–117) nach Rom gebracht, wo er spätestens 117 den Martyrertod starb. Ignatius hat sieben Briefe hinterlassen, deren Datierung und damit auch die Echtheit umstritten sind. Einige Forscher nehmen sogar an, dass Ignatius nie existiert habe, sondern dass Markion von Smyrna unter diesem Pseudonym zwischen 165 und 168 die Briefe verfasste (R. Joly, Le dossier d'Ignace d'Antioche, Brüssel 1979).

[181] Ign. Eph 19,3.

[182] Ign. Eph. 18,2.

[183] Ign. Smyrn. 8,1.

[184] Geboren ca. 100/110, gest. 165 in Rom.

[185] Iust. 2 apol. 6; dial. 139,4.

[186] Iren. Haer. 1, 24, 2; BBKL 8, 1402 f.

[187] DH 126; 130.

[188] Zit. nach: Chronik des Christentums. Gütersloh/München 1997, 60 (ohne genaue Angabe der Quelle).

[189] W. Kasper (1974), 209.

[190] K. Rahner (1954), 195.

[191] W. Kasper (1974), 209.

[192] Ebd., 209. 174.

[193] DH 300–303.

[194] Vgl. W. Breuning. Art. „Chalkedon, 2.) Das Konzil von Chalkedon". In: LThK 2, [3]1994, 999–1002.

[195] S. Mowinckel (1953), 54.

[196] Vgl. A. Diepen (1961), 578.

[197] Vgl. zum Folgenden: F. J. Schierse (1979), 126 f.

[198] E. Schillebeeckx ([3]1975), 596.

[199] K. Rahner (1954), 174 f.

[200] Vgl. K. H. Ohlig (1986).

[201] „All ist contextual, even the theologians who do not want to be contextual but absolute and universal" (O. Fuchs, The challenge of contextuality in Europ: destructing exclusive theologies, in: Bulletin ET. Zeitschrift für Theologie in Europa 2/1996, 162–184; hier: 164).

[202] Vgl. H. Usener (1903), 42.

[203] Zit. nach: H. Usener (1903), 42.

[204] DH 112–115.

[205] Tert., adv. Prax. II 4; vgl. zum Folgenden: K.-H. Ohlig (1997), 202.

[206] K.-H. Ohlig (1997), 204.

[207] DH 147.

[208] DH 150.

[209] Rouët 943–945.

[210] K.-H. Ohlig (1997), 322; zit. Basilius, Ep. 159,2.

[211] H. Usener (1903), 39.

[212] Th. Schneider (1979), 80.

[213] Vgl. N. Brox (1990), 53.

[214] W. Hryniewicz. Art. „Filioque. III. In den Ostkirchen". In: LThK 3, [3]1995, 1280.

[215] Vgl. H. Usener (1903), 180 f. Dort auch eine Wiedergabe des Freskos (S. 188).

[216] Vgl. H. Usener (1903), 178 f.; 183.

[217] Vgl. H. Usener (1903), 180.

[218] H. Usener (1903), 181.

[219] K. Jaspers (1956), 351 f.

[220] Vgl. dazu J. Assmann (1984); E. Hornung ([4]1990); M. Görg (1992).

[221] Gregor von Nyssa. Oratio catechetica magna III 2 (deutsch: Gregor von Nyssa, Die große katechetische Rede. Oratio catechetica magna, eingel., übers. u. komment. Von Joseph Barbel [BGL 1] 1971, 36. 37); zit. nach: K.-H. Ohlig (1998), 225.

[222] Diese Formulierung (der revidierten Fassung!) ist missverständlich. Denn was hier von der Dreifaltigkeit gesagt wird, gilt ebenfalls – wenn auch mit einem gänzlich anderem Verständnis des Personbegriffs – vom Menschen: Drei menschliche Personen sind „eines menschlichen Wesens". Dieser hier verwendete Personbegriff darf aber nicht auf die Trinität übertragen werden. Das wäre schlichter Tritheismus.

[223] Deutsche Bischofskonferenz (Hrsg.) (1985 u.ö.), 85.

[224] Zweites Vatikanisches Konzil (1962–1965), Dei Verbum, Art. 12.

[225] G. Voss. Art. „Zahl, V. Theologiegeschichte". In: LThK 10, ³2001, 1373.

[226] H. Vöcking. Muslime in Deutschland. In: Informationen für Religionslehrerinnen und Religionslehrer, Bistum Limburg 1–2/1992, 3–9; hier: 6.

[227] A. Falaturi (Hrsg.)/U. Tworuschka. Der Islam im Unterricht. Beiträge zur interkulturellen Erziehung in Europa (Beilage zu den Studien zur Internationalen Schulbuchforschung. Schriftenreihe des Georg-Eckert-Instituts). Braunschweig 1991, 15 (Hervorhebungen im Original).

[228] Zit. nach: P. X. Jacob. Das Christentum in den türkischen Schulbüchern. In: Informationen für Religionslehrerinnen und Religionslehrer, Bistum Limburg 1–2/1992, 15–20; hier: 18 f.

[229] Platon, rep. 509d–511a.

[230] Platon, Phaid. 100c.

[231] Platon, rep. 509b.

[232] „Zahme Xenien", Bd. 3 der Weimarer Ausgabe 1890, 279.

[233] Platon, Phaidr. 245c–e.

[234] Platon, Phaidr. 246–248.

[235] Platon, Theait. 176b.

[236] Platon, Tim.

[237] K. Jaspers (1956), 352.

[238] Aristoteles, EN, Z, 12; 1143b 4.

[239] Aristoteles, analyt. post. B, 19; 100b 4.

[240] Aristoteles, Fragmente 10.

[241] Immanuel Kant, Kritik der praktischen Vernunft.

[242] Aristoteles, metaph. IV, 2, 1003a 34–35.

[243] Vgl. N. Scholl (1960).

[244] Enneaden V 1: „Über die drei Ur-Hypostasen" (Titel): Plotini Opera, edd. P. Henry et H.-R. Schwyzer, Bd. 2, Paris/Brüssel 1959.

[245] Enneaden V 5,10,12 f.

[246] Enneaden VI 8,18,3.

[247] Enneaden VI 6,5,36–38 („epékeina tou óntos"); V 1,8,6–8 („epékeina ousías").

[248] Enneaden V 1,6,41 f.

[249] Enneaden VI 8,17,9–14.

[250] Enneaden V 1,2,2–4.6.

[251] Enneaden V 9,5,19–23.

[252] Enneaden IV 3, 12, 30–34.

[253] Enneaden III 2, 13, 18–20.

254 Enneaden IV 4, 11, 8–9.

255 Enneaden III 2, 17, 67–71.

256 K. Jaspers (1956), 352f.

257 Vgl. zum Folgenden: B. Welte (1992), 209–215.

258 „Unus deus et pater omnium" (Eph 4,6): DW I, 361, 2. 10.

259 DW I, 369,4.

260 DW I, 363,5f.

261 DW I, 357,10ff.

262 „Unum se toto descendit in omnia, quae citra sunt, quae multa sunt, quae numerata sunt. In quibus singulis ipsum unum non dividitur, sed manens unum incorruptum profundit omnem numerum et sua unitate informat" (LW II, 485, 9ff.).

263 „Ab uno uniformiter se habente semper unum procedit immediate. Sed hoc unum est ipsum totum Universum, quod a deo procedit, unum quidem in multis partibus universi; sicut deus ipse producens est unus sive unum simplex in esse, vivere et intelligere et operari, copiosius tamen secundum rationes ideales" (LW I, 195, 0–196,3).

264 P. Teilhard de Chardin (1924), 9; zit. nach: N. Luyten (1967), 58 (Hervorhebung von mir).

265 P. Teilhard de Chardin (1962), 138.

266 P. Teilhard de Chardin. Comment je vois, § 27. Zit. nach: A. Haas (1967), 41.

267 Ich folge hier den Ausführungen von A. Haas (1964); hier: 515.

268 P. Teilhard de Chardin. Comment je vois § 27. Zit. nach: A. Haas (1967), 517.

269 Ebd. § 28. Zit. nach: A. Haas (1967), 519f.

270 Ebd. § 29. Zit. nach: A. Haas (1967), 524.

271 Ebd. § 29. Zit. nach: A. Haas (1967), 526.

272 Aristoteles, phys. IV,11, 219b I.

273 Confessiones XI, 14.

274 W. Brugger (⁴1951), PhW, 430.

275 Vgl. M. Heidegger (1927), Sein und Zeit. Halle.

276 M. Buber (1962), 15. 32.

277 C. G. Jung (1963), 122.

278 C. G. Jung (1963), 205f.

279 Ebd., 210.

280 Ebd., 197.

281 Ebd., 199.

282 Ebd., 201.

283 Ebd., 217. Hervorhebungen im Original.

284 Ebd., 217f.

285 Vgl. dazu: H. Balmer (1972). Die Archetypentheorie von C. G. Jung. Eine Kritik. Heidelberg.

286 So bemerkt E. Fromm (1966, 24) kritisch zu Jungs Auffassung von Religion: „Sogar der praktizierende Psychiater kann nicht arbeiten, ohne sich um die Wahrheit einer Idee zu bekümmern, [...] sonst vermöchte er nicht von Selbsttäuschung oder einer paranoiden Verfassung zu sprechen."

[287] C. G. Jung (1971), 267.

[288] C. G. Jung (1973), 322 f.

[289] Zum Folgenden: Der Große Duden (1963), 421 und 435.

[290] E. Goodman-Thau. Mit Adam und Eva fängt der Schlamassel an. In: Publik-Forum 11/2004, 62.

[291] M. Buber (1962), 10.

[292] Ebd.

[293] Meister Eckehart. Predigt 16 („Quasi vas auri solidum"). DW I, 492.

[294] Meister Eckehart. Predigt 16 („Quasi vas auri solidum"). DW I, 493.

[295] Vgl. zum Folgenden: I. Maisch (2003). Der Brief an die Gemeinde von Kolossä (ThKNT 12), 106–108.

[296] Vgl. R. Schnackenburg (1971), 387.

[297] Predigt 16 („Quasi vas auri solidum"), 226.

[298] Die Ausführungen zu diesem Abschnitt orientieren sich an: I. Kern (1986), 181–196.

[299] Ebd., 187 f.

[300] Ebd., 191.

[301] Ebd., 193 f.

[302] B. Casper. Art. „Dialog, Dialogik". In: LThK 3, ³1995, 191 f.

[303] B. Hanssler (1986), 19.

[304] M. Buber (1964), 1031.

[305] F. X. Kaufmann (1990), 132.

[306] Dokumentiert in: Zur debatte. Themen der Katholischen Akademie in Bayern 1/2004, 4.

[307] Vgl. E. Peterson (1951), 91: „Dem einen König auf Erden entspricht der eine Gott" (Kaiser Konstantin, Trizennatsrede).

[308] Vgl. E. Peterson (1951), bes. 101 f.; Y. Congar (1981); J. Moltmann (1980), 207–217; G. Ruggieri (1985).

[309] Vgl. Leo XIII., Enzyklika „Libertas praestantissimum" vom 20.6.1888 (DH 3254): „Einen demokratisch verfassten Zustand des Gemeinwesens vorzuziehen, ist nicht an sich pflichtwidrig, wenn nur die katholische Lehre von der Entstehung und Ausübung der öffentlichen Gewalt gewahrt ist. Von den verschiedenen Staatsformen verwirft die Kirche nämlich keine, sofern sie nur aus sich geeignet sind, für den Nutzen der Bürger zu sorgen; sie will jedoch – was die Natur ganz ebenso gebietet –, dass die einzelnen ‚Staatsformen' ohne Unrecht gegen irgendjemand und vor allem unter Wahrung der Rechte der Kirche verfasst seien." DH 3255: „Auch verurteilt es die Kirche nicht zu wollen, dass das eigene Volk niemandem, weder einem von außen noch einem Herrn dienstbar sei, sofern dies nur unbeschadet der Gerechtigkeit geschehen kann. Schließlich tadelt sie auch jene nicht, die erreichen wollen, dass die Staaten nach ihren eigenen Gesetzen leben und den Bürgern die größtmögliche Gelegenheit geboten werde, ihr Wohl zu mehren."

[310] Zweites Vatikanisches Konzil. Dogmatische Konstitution über die Kirche „Lumen Gentium". „Bekanntmachungen" (Notae), Art. 3 und 4.

311 L. Boff (1987 b), 36.

312 G. A. Gordon (1903), 364. Zit. nach: L. Boff (1987 b), 140, A.16.

313 J. Moltmann (1982), 176.

314 L. Boff (1987 b), 29.

315 Ebd., 175 f. Vgl. auch: B. J. Hilberath (1990).

316 L. Boff (1987 b), 182 f.

317 H.-R. Laurien (1991), 221.

318 Papst Johannes Paul II., Enzyklika „Redemptoris missio", Nr. 38.

319 J. Sacks (2002). Vgl. E. Arens, (2003), 257–261. Die folgenden Zitate entnehme ich diesem Beitrag.

320 Ebd., 53.

321 Ebd., 56.

322 Ebd., 158.

323 Ebd., 200.

324 Ebd., 209.

325 K. P. Fischer. Die Bibel als Kritik des Vorurteils. In: Orien 2004, 109–110; hier: 109.

326 O. Fuchs (1990), 86.

327 G. Larentzakis (1984), 89.

328 Dialog der Wahrheit. Ein Gespräch mit Metropolit Stylianos (1982). In: KNA, Ökum. Information, Nr. 31/32, 10. Zit. nach: G. Larentzakis (1984), 96. Vgl. St. Harkianakis (1971).

329 Zweites Vatikanisches Konzil, Dogmatische Konstitution „Lumen Gentium", Art. 4. Vgl. ebd., Art. 2–7.

330 Zweites Vatikanisches Konzil, Pastorale Konstitution über die Kirche in der Welt von heute „Gaudium et spes", Art. 6.

331 Ebd., Art. 24.

332 G. Greshake (1992), 97.

333 Schlussdokument. In: Zukunft aus der Kraft des Konzils (1986). Die außerordentliche Bischofssynode 1985. Die Dokumente mit einem Kommentar von W. Kasper. Freiburg, 17–45; hier: 33 (C I).

334 Vgl. Nachsynodales Apostolisches Schreiben „Christifideles Laici" (Über die Berufung und Sendung der Laien in Kirche und Welt), 30. 12. 1988, hrsg. v. Sekretariat d. dt. Bischofskonferenz, Bonn 1989, 30 f. (Nr. 19).

335 Zweites Vatikanisches Konzil. Dogmatische Konstitution „Lumen Gentium", Art. 22.

336 Ebd., Art. 23.

337 H. Zirker (1983), bes.126–167; Hervorhebung von Zirker.

338 Zweites Vatikanisches Konzil. Dekret über die Hirtenaufgabe der Bischöfe in der Kirche „Christus dominus", Art. 2.

339 J. Ratzinger in einem Gespräch mit Medienvertretern; zit. nach: imprimatur 3/2004, 160.

340 L. Boff (1992), 14.

[341] B. Grom (1989), 180.

[342] Zit. nach C. Herold (1987), 291 f.

[343] Zweites Vatikanisches Konzil. Dekret über den Ökumenismus „Unitatis redin-tegratio", Art. 1.

[344] Zit. nach: N. Klein. Es bleibt die Frage: welche Ökumene? In: Orien 1992, 14–16; hier: 16.

[345] H. Küng (1978), 643.

[346] L. Feuerbach (1851), 97 f.

[347] Vgl. H. Küng (1970), 128–132.

[348] W. Kasper (1965), 105.

[349] J. A. Möhler (1825), 42 f.; zit. nach: W. Kasper (1965), 39.

[350] W. Kasper (1967), 44 f.

[351] S. Schroer. Zeit für Grenzüberschreitungen. In: BiKi 1994, 103–107; hier: 103.

[352] Vgl. O. Marquard (1979), 55–57; Der Spiegel, Nr. 9 (2003), 152–154.

[353] J. Assmann (2003); vgl.: ders. (²2000).

[354] J. Assmann in einem Interview des bayerischen Kulturprogramms „alpha"; zit. nach E. Zenger, Was ist der Preis des Monotheismus? Die heilsame Provokation von Jan Assmann. In: HerKorr 2001, 186–191; hier 187.

[355] E. Zenger (2001), 190 f.

[356] H. Zirker. Monotheismus und Intoleranz. In: K. Hilpert/J. Werbick (Hrsg.) (1995). Mit den Anderen leben. Düsseldorf, 95 f.; zit. nach: E. Zenger (2001), 189.

[357] E. Zenger (2001), 190 f.

[358] S. Schroer. Zeit für Grenzüberschreitungen. In: BiKi 1994, 103–107; hier: 103 f.

[359] H. Küng (1990), Projekt Weltethos. München; H. Küng/K. J. Kuschel (Hrsg.) (1993). Weltfrieden durch Religionsfrieden, München.

[360] K. Barth (1932), Kirchliche Dogmatik. Bd. I/2, Zollikon/Zürich, 324 ff.

[361] Vgl. Zweites Vatikanisches Konzil. Erklärung über das Verhältnis der Kirche zu den nichtchristlichen Religionen „Nostra aetate", Art. 5.

[362] H. Küng (1978), 659.

[363] P. F. Knitter (1987), 30 f.

[364] Vgl. D'Sa (1987) und (1993).

[365] P. F. Knitter (1985), 37 ff.

[366] P. F. Knitter (1985), 55 f.

[367] P. F. Knitter (1987), 98 f.

[368] P. F. Knitter (1985), 160 f.

[369] P. F. Knitter (1985), 163: „It means, simply, that we must judge the thruth of any christological Statement by it's ethical fruits."

[370] P. F. Knitter (1987), 147.

[371] P. F. Knitter (1987), 97.

[372] P. F. Knitter. Religion und Befreiung. Soteriozentrismus als Antwort an die Kri-tiker. In: R. Bernhardt (Hrsg.) (1991). Horizontüberschreitung: die pluralistische Theologie der Religionen. Gütersloh, 203–219.

[373] O. Marquard (1979), 47–49.

[374] Zweites Vatikanisches Konzil. Erklärung über das Verhältnis der Kirche zu den nichtchristlichen Religionen „Nostra aetate", Art. 1.

[375] Vgl. Zweites Vatikanisches Konzil. Erklärung über die Religionsfreiheit „Dignitatis humanae", Art. 2.

[376] Kardinal Miloslav Vlk bei seiner Schlussrede auf einem Symposion des Rates der Europäischen Bischofskonferenzen (CCEE); zit. nach: Rat der Europäischen Bischofskonferenzen (Hrsg.). Religion als Privatsache und als öffentliche Angelegenheit. Köln 1997, 111.

[377] Zit. nach: Die Haltung der Kirche gegenüber den Anhängern anderer Religionen – Gedanken und Weisungen über Dialog und Mission, hrsg. v. Sekretariat für den Dialog zwischen den Religionen. Rom 1984, 4–5.

[378] Vgl. P. F. Knitter (1987).

[379] Zweites Vatikanisches Konzil. Erklärung über das Verhältnis der Kirche zu den nichtchristlichen Religionen „Nostra aetate", Art. 2.

[380] Vgl. A. Pieris, Interreligiöser Dialog und Theologie der Religionen. Ein asiatisches Paradigma, in: Ders., Feuer und Wasser. Frau, Gesellschaft und Spiritualität in Buddhismus und Christentum (Theologie der Dritten Welt, 19) Freiburg u. a. 1994, 115–124. Zu Pieris' Theologie: N. Klein, Sprechen vom Sohn Gottes in Asien. In: Orien 2004, 97–99.

[381] Zweites Vatikanisches Konzil, Erklärung über das Verhältnis der Kirche zu den nichtchristlichen Religionen „Nostra aetate", Art. 2.

[382] Ecclesiam suam; zit. nach: LThK.E, II, 1967, 451.

[383] Zweites Vatikanisches Konzil. Erklärung über das Verhältnis der Kirche zu den nichtchristlichen Religionen „Nostra aetate", Art. 1.

[384] Ebd., Art. 2.

[385] Vgl. K. Rahner (1976), 214–217.

[386] W. Bühlmann (1991), 16.

[387] Zit. nach: W. Bühlmann, ebd., 16; Hervorhebung von W.B.

[388] D. Strahm. In: Wörterbuch der feministischen Theologie; zit. nach: Publik-Forum 24/1991, 17.

[389] Ramon Llull (1271–73), 64.

[390] Carpenter, Theism in Medieval India, London 1921, 353; zit. nach: LThK.E, II, Freiburg 1967, 480.

[391] Zit. nach: ebd., 452.

[392] M. v. Brück (1987).

[393] M. Brogi. Vatikanischer Nuntius in Kairo; zit. nach: Christ in der Gegenwart 2004, 179.

[394] W. Kasper (1983), 291.

Literatur

Abkürzungen nach: Lexikon für Theologie und Kirche.
Abkürzungsverzeichnis. Freiburg/Basel/Wien 1993.

Ahl, R. (1990). Ruach – Schechinah – Chochmah. In: Christ in der Gegenwart, 173.

Assmann, J. (1975). Ägyptische Hymnen und Gebete. Die Bibliothek der Alten Welt. Zürich/München.

Assmann, J. (1984). Ägypten – Theologie und Frömmigkeit einer frühen Hochkultur. Stuttgart.

Assmann, J. (^{2}2000). Moses der Ägypter. Entzifferung einer Gedächtnisspur. Frankfurt.

Assmann, J. (2003). Die Mosaische Unterscheidung oder der Preis des Monotheismus. München/Wien.

Augustinus Aurelius (354–430). De Trinitate (PL, 42).

Balthasar, H. U. v. (1978). Theodramatik II/2. Die Personen in Christus. Einsiedeln.

Barth, K. (1932–1970). Kirchliche Dogmatik (Bd. I–IV). Zollikon/Zürich.

Barth, K. (1957). Evangelische Theologie im 19. Jahrhundert (ThSt. 49).

Basilius von Caesarea (ca. 330–379). epistula 38 (BKV 46).

Becker, M. (1965). Bild – Symbol – Glaube. Essen.

Bensberger Kreis (1974). Offene Gemeinde. Memorandum deutscher Katholiken. Darmstadt.

Betz, O. (1989). Das Geheimnis der Zahlen. Stuttgart.

Blank, J. (1972). Jesus von Nazareth. Geschichte und Relevanz. Freiburg/Basel/Wien.

Boff, L. (1980). Die Neuentdeckung der Kirche: Basisgemeinden in Lateinamerika. Mainz.

Boff, L. (1987a). Ämter und Dienste in einer Kirche aus dem Volk. In: P. Hoffmann (Hrsg.). Priesterkirche (259–270). Düsseldorf.

Boff, L. (1987b). Der dreieinige Gott. Düsseldorf.

Boff, L. (1992). Wer sich ständig beugt, wird am Ende krumm. In: Publik-Forum Nr. 13, 14.

Breuning, W. (Hrsg.) (1984). Trinität. Freiburg/Basel/Wien.

Brox, N. (1990). Wer ist Jesus? – Oder: die ersten Konzilien. In: Orien, 52–56.

Brück, M. v. (1987). Denn wir sind Menschen voller Hoffnung. Gespräche mit dem XIV. Dalai Lama. München.

Buber, M. (1956). Königtum Gottes. Heidelberg.

Buber, M. (1962; ^{11}1983). Das Dialogische Prinzip. Ich und Du. Heidelberg.

Buber, M. (1964). Gog und Magog. Eine Chronik. Werke III. München/Heidelberg.

Buck, P./M. Minsen (1991). Sinnliches und unsinnliches/unsinniges Wasser. In: N. Scholl (Hrsg.). Das alles ist Wasser (47–58). Weinheim.

Bühlmann, W. (1991). Jesus, Buddha, Krischna – und der eine Gott. In: Publik-Forum Nr. 24, 16.

Bühlmann, W. (1983). Leben heißt beschenkt werden und weiterschenken. In: KatBl, 904–908.

Bultmann, R. (^{17}1964 a). Das Evangelium des Johannes. Kritisch-exegetischer Kommentar über das Neue Testament. Göttingen.

Bultmann, R. (^{6}1964 b). Die Geschichte der synoptischen Tradition. Forschungen zur Religion und Literatur des Alten und Neuen Testaments 29. Göttingen.

Burkert, W. (1974). Art. „Gott". In: HWP III (Antike), 721–725.

Christ, C. P. (1987). Vom Vatergott zur Muttergöttin. In: N. Sommer (Hrsg.). Nennt uns nicht Brüder! Frauen in der Kirche durchbrechen das Schweigen (282–287). Stuttgart.

Collier-Bendelow, M. (1989). Gott ist unsere Mutter. Die Offenbarung der Juliana von Norwich. Freiburg.

Congar, Y. (1966). Christus in der Heilsgeschichte und in unseren dogmatischen Traktaten. In: Conc, 3–13.

Congar, Y. (1981). Der politische Monotheismus der Antike und der trinitarische Gott. In: Conc, 195–199.

Conze, E. (1953). Der Buddhismus. Wesen und Entwicklung. Stuttgart.

Deißler, A. (1972). Die Grundbotschaft des Alten Testaments. Freiburg/Basel/Wien.

Der Große Duden (1963). Etymologie (Band 7). Mannheim.

Deutsche Bischofskonferenz (Hrsg.) (1985 u.ö.). Kath. Erwachsenenkatechismus. Das Glaubensbekenntnis der Kirche. Kevelaer u.a.

Die deutschen Bischöfe (1981). Zu Fragen der Stellung der Frau in Kirche und Gesellschaft. Hrsg. v. Sekretariat der deutschen Bischofskonferenz (Reihe: Die deutschen Bischöfe Nr. 30). Bonn.

Diepen, A. (1961). Art. „Hypostasis". In: LThK 5, 578.

Dorschner, J. (1991). Mensch und Universum. In: zur debatte. Themen der kath. Akademie in Bayern Nr. 3, 1 f.

Doucet, F. (1971). Forschungsobjekt Seele. München.

Drewermann, E. (1984). Religionsgeschichtliche und tiefenpsychologische Bemerkungen zur Trinitätslehre. In: W. Breuning (Hrsg.). Trinität (115–142). Freiburg/Basel/Wien.

Drewermann, E. (1986 a). Abrahams Opfer. In: BiKi, 113–124.

Drewermann, E. (1986 b). Dein Name ist wie der Geschmack des Lebens. Freiburg/Basel/Wien.

DH = H. Denzinger/P. Hünermann (1997), Kompendium der Glaubensbekenntnisse und kirchlichen Lehrentscheidungen (Enchiridion symbolorum, definitionum et declarationum de rebus fidei et morum) Freiburg/Basel/Wien.

Eichrodt, W. (1964). Theologie des Alten Testaments (Bd. II/III). Göttingen.

Ernst, J. (1972). Anfänge der Christologie (SBS 57).

Etchegaray Kardinal Roger (1986). Wir Nachkommen Abrahams ... In: Orien, 237–239.

Feuerbach, L. (1851). Das Wesen der Religion. Leipzig. Hier nach der Ausgabe von A. Esser (1967). Köln.

Fischer, B. (1985). Jesus unsere Mutter. Neue englische Veröffentlichungen zu einem wieder entdeckten Motiv patristischer und mittelalterlicher Christusfrömmigkeit. In: GuL, 147–156.

Forte, B. (1989). Trinität als Geschichte. Der lebendige Gott – Gott der Lebenden. Mainz.

Fromm, E. (1966). Psychoanalyse und Religion. Zürich.

Gerstenberger, G. S. (1988). Jahwe – ein patriarchalischer Gott? Traditionelles Gottesbild und feministische Theologie. Stuttgart.

Goldstein, H. (1987). Volk Gottes aus der Suche nach dem Verheißnen Land. In: P. Hoffmann (Hrsg.). Priesterkirche (259–270). Düsseldorf.

Gordon, G. A. (1903). Ultimate Conception of the Faith. Boston.

Görg, M. (1986). Monotheismus in Israel. In: MThZ.

Görg, M. (1992). Mythos, Glaube und Geschichte. Die Bilder des christlichen Credo und ihre Wurzeln im alten Ägypten. Düsseldorf.

Grom, B. (1989). Vom dreieinigen Gott sprechen? In: KatBl, 175–181.

Haas, A. (1964). Schöpfungslehre als „Physik" und „Metaphysik" des Einen und Vielen bei Teilhard de Chardin nach der unveröffentlichten Schrift „Comment je vois". In: Schol, 510–527.

Haas, A. (²1967). Der Schöpfungsgedanke bei Teilhard de Chardin nach der unveröffentlichten Schrift „Comment je vois". In Studien und Berichte der kath. Akademie in Bayern. Bd. 39, 37–51). Teilhard de Chardin. Würzburg.

Halkes, C. (1981). Motive für den Protest der feministischen Theologie gegen Gott den Vater. In: Conc, 256–261.

Hanssler, B. (1986). Dialog ist schwieriger, als man denkt. In: LebZeug.

Harkianakis, St. (1971). Kann ein Petrusdienst in der Kirche einen Sinn haben? In: Conc, 284–287.

Hasenhüttl, G. (1980). Einführung in die Gotteslehre. Darmstadt.

Hauke, R. (1987). Trinität und Denken. Die Unterscheidung von Gott und Mensch bei Meister Eckart. Frankfurt.

Hegel, G. W. F. (1770–1831). Vorlesungen über die Philosophie der Religion. Bd. 3 (Eds. G. Lasson/J. Hoffmeister), Leipzig 1907, Neuausgabe Leipzig bzw. Hamburg 1949.

Heiler, F. (1961). Erscheinungsformen und Wesen der Religion. (Bd. 1 der Reihe „Die Religionen der Menschheit", hrsg. v. C. M. Schröder). Stuttgart.

Hennecke, E./W. Schneemelcher (³1959). Neutestamentliche Apokryphen in deutscher Übersetzung. Bd. 1 (Evangelien). Tübingen.

Herold, C. (1987). „Priesterkirche" in der DDR-Diaspora. Historische Beobachtungen und pastorale Erfahrungen der mitteldeutschen Katholiken. In: P. Hoffmann (Hrsg.). Priesterkirche (279–292). Düsseldorf.

Heyward, C. (1986). Und sie rührte sein Kleid an. Eine feministische Theologie der Beziehung. Stuttgart.

Hilberath, B. J. (1990). Der dreieinige Gott und die Gemeinschaft der Menschen. Orientierung zur christlichen Rede von Gott. Mainz.

Hoffmann, P. (Hrsg.). Priesterkirche. Düsseldorf.

Hornung, E. (1983). Die Anfänge des Monotheismus und die Trinität. In: K. Rahner (Hrsg.). Der eine Gott und der dreieine Gott. Schriftenreihe der kath. Akademie in der Erzdiözese Freiburg (48–66), München/Zürich.

Hornung, E. (^{4}1990). Der Eine und die Vielen. Darmstadt.

Jaspers, K. (1956). Die großen Philosophen. Bd. 1. München.

Jersel, B. v. (1982). „Sohn Gottes" im Neuen Testament. In: Conc, 182–193.

Jung, C. G. (1963). Versuch einer tiefenpsychologischen Deutung des Trinitätsdogmas (GW 11), 119–218. Zürich/Stuttgart.

Jung, C. G. (1971). Das Wandlungssymbol in der Messe. In: Ders., Psychologie und Religion. Studienausgabe. Olten.

Jung, C. G. (1973). Briefe, hrsg. v. A. Jaff in Zusammenarbeit mit G. Adler. Bd. I–III. Olten/Freiburg.

Kämpchen, M. (1986). Heilig – wie das Leben selbst. Was können Christen vom Gebet der Hindus lernen? In: Christ in der Gegenwart, 198.

Käsemann, E. (^{3}1968). Einheit und Vielfalt in der neutestamentlichen Lehre von der Kirche, 262–267. Göttingen.

Kasper, W. (1965). Dogma unter dem Wort Gottes. Mainz.

Kasper, W. (1967). Die Methoden der Dogmatik. Einheit und Vielheit. München.

Kasper, W. (1974). Jesus der Christus. Mainz.

Kasper, W. (Hrsg.) (1980). Christologische Schwerpunkte. Düsseldorf.

Kasper, W. (^{2}1983). Der Gott Jesu Christi. Mainz.

Kaufmann, F. X. (1990). Die Kommunikation in der Kirche. In: Orien, 123–132.

Keel, O. (1974). Die Weisheit spielt vor Gott. Göttingen.

Keel, O. (1989). Jahwe in der Rolle der Muttergottheit. In: Orien, 89–92.

Kern, I. (1986). Trinität – Theologische Überlegung eines Phänomenologen. In: FZPhTh, 181–196.

Kessler, H. (1984). Art. „Auferstehung". In P. Eicher (Hrsg.). Neues Handbuch theol. Grundbegriffe (Bd. 1, 78–96) München.

Khoury, A.-Th. (1981). Gebete des Islams. Topos-Taschenbuch 111. Mainz.

King, U. (1991). Der feministische Aufbruch und die Ökumene. In: Orien, 139–143.

Klostermann, F. (1970). Visionen einer Gemeinde von morgen. In: Publik Nr. 36, 23.

Knauf, A. E. (1988). Midian. Untersuchungen zur Geschichte Palästinas und Nordarabiens am Ende des 2. Jahrtausends vor Christus. Wiesbaden.

Knitter, P. F. (1987). Ein Gott – viele Religionen. Gegen den Absolutheitsanspruch des Christentums. München.

Kubina, V. (1978). Von Jahwes Geist. In: KatBl, 833–841.

Küng, H. (1967). Die Kirche. Freiburg/Basel/Wien.

Küng, H. (1970). Menschwerdung Gottes. Eine Einführung in Hegels theologisches Denken als Prolegomena zu einer künftigen Christologie. Freiburg/Basel/Wien.

Küng, H. (1970). Unfehlbar? Eine Anfrage. Zürich/Einsiedeln/Köln.

Küng, H. (1978). Existiert Gott? München.

Lang, B. (Hrsg.) (1981). Der einzige Gott. Die Geburt des biblischen Monotheismus. München.

Lapide, P./J. Moltmann (1979). Christliche Trinitätslehre. Ein Gespräch. München.

Larentzakis, G. (1984). Trinitarisches Kirchenverständnis. In: W. Breuning (Hrsg.). Trinität, 73–96. Freiburg/Basel/Wien.

Laurien, H.-R. (1991). „Man schließt eine Art Burgfrieden". In: HerKorr, 216–223.

Lehmann, A. (1914). Dreiheit und dreifache Wiederholung in deutschen Volksmärchen, Diss. Leipzig.

Lehmann, K. (²1969). Auferweckt am dritten Tag nach der Schrift. Früheste Christologie, Bekenntnisbildung und Schriftauslegung im Lichte von 1 Kor 15,3–8. (QD 38). Freiburg/Basel/Wien.

Lehmann, K. (1972). Kirchliche Dogmatik und biblisches Gottesbild. In: J. Ratzinger (Hrsg.). Die Frage nach Gott, 116–140. Freiburg/Basel/Wien.

Lissner, I./G. Rauchwetter (1982). Der Mensch und seine Gottesbilder. Olten/Freiburg.

Lohfink, N. (1983). Das Alte Testament und sein Monotheismus. In: K. Rahner (Hrsg.). Der eine Gott und der dreieine Gott, 28–47. München/Zürich.

Lohfink, N./R. Pesch (1978). Weltgestaltung und Gewaltlosigkeit. Düsseldorf.

Lüthi, M. (1990). Art. „Drei, Dreizahl". In: Enzyklopädie des Märchens. 3, 851–868. Berlin.

Luyten, N. (²1967). Materie – Bewusstsein – Geist. In: Teilhard de Chardin. Studien und Berichte der kath. Akademie in Bayern (Bd. 39), 53–87. Würzburg.

Marquard, O. (1979). Lob des Polytheismus. Über Monomythie und Polymythie. In: H. Poser (Hrsg.) (1979). Philosophie und Mythos. Ein Kolloquium, Berlin/New York, 40–58.

Marti, K. (1986). O Gott! Essays und Meditationen. Stuttgart.

Mehrlein, R. (1956). Art. „Drei". In: RAC IV, Sp. 269–310.

Meister Eckehart (ca. 1260–1327 oder 1329). Deutsche Predigten und Traktate. Hrsg. u. übersetzt v. J. Quint, München o. J.

Metropolit Stylianos (1982). Dialog der Wahrheit. Ein Gespräch. In: KNA, Ökum. Information, Nr. 31/32, S. 10.

Metz, J. B. (1990). Das Konzil – „der Anfang eines Anfangs"? In: Orien, 245–250.

Meurers, J. (1963). Die Sehnsucht nach dem verlorenen Weltbild. München.

Möhler, J. A. (1825), Die Einheit in der Kirche oder das Prinzip des Katholizismus, dargestellt im Geist der Kirchenväter der drei ersten Jahrhunderte. Tübingen (2. Aufl. 1843). Kritische Ausgabe v. J. R. Geiselmann (1957). Köln.

Moltmann, J. (1980). Trinität und Reich Gottes. München.

Moltmann, J. (1982). La dottrina sociale della Trinitá … In: Ders. Sulla Trinitá … Napoli.

Moltmann, J. (1985). Die einladende Einheit des dreieinigen Gottes. In: Conc, 35–41.

Moltmann, J. (³1987). Gott in der Schöpfung. Ökologische Schöpfungslehre. München.

Mowinckel, S. (1953). Religion und Kultus. Göttingen.

Mulack, Chr. (²1983). Die Weiblichkeit Gottes. Matriarchalische Voraussetzungen des Gottesbildes. Stuttgart.

Mussner, F. (1975). Ursprünge und Entfaltung der neutestamentlichen Sohneschristologie. Versuch einer Rekonstruktion. In: L. Scheffczyk (Hrsg.). Grundfragen der Christologie heute, 77–113. Freiburg/Basel/Wien.

Johannes Paul II. (30. 12. 1988). Nachsynodales Apostolisches Schreiben „Christifideles Laici" (Über die Berufung und Sendung der Laien in Kirche und Welt). Hrsg. v. Sekretariat d. dt. Bischofskonferenz (Nr. 19, 1989). Bonn.

Neudecker, R. (1983). Die vielen Gesichter des einen Gottes. Zur Gotteserfahrung im rabbinischen Judentum. In: K. Rahner (Hrsg.). Der eine Gott und der dreieine Gott. Schriftenreihe der kath. Akademie der Erzdiözese Freiburg, 86–116. München/Zürich.

Neudecker, R. (1989). Die vielen Gesichter des einen Gottes. Christen und Juden im Gespräch. München.

Nientiedt, K. (1984). Eine neue Form des Kircheseins. In: HerKorr, 424–426.

Painadath, S. (1987). Lernt vom Baum. In: Christ in der Gegenwart, 432.

Papali, C. B. (1967). Exkurs zum Konzilstext über den Hinduismus. In: LThK E 2, 478–482.

Peterson, E. (1951). Der Monotheismus als politisches Problem. Theol. Traktate, 45–1047. München.

Pissarek-Hudelist, H. (1986). Feministische Theologie. zur debatte. Themen der Kath. Akademie in Bayern Nr. 4, 13.

Pissarek-Hudelist, H. (1990). Als Frau von Gott reden. In: KatBl, 101–117.

Rad, G. v. (⁵1966). Theologie des Alten Testaments (Bd. 1). München.

Rahner, K. (1954). Probleme der Christologie heute. In: Rahner 1, 169–222.

Rahner, K. (1969). Art. „Trinität". In: SM IV, 1005–1021.

Rahner, K. (1969). Art. „Trinitätstheologie". In: SM IV, Sp. 1022–1031.

Rahner, K. (1976). Grundkurs des Glaubens. Freiburg/Basel/Wien.

Rahner, K. (Hrsg.) (1983). Der eine Gott und der dreieine Gott. Schriftenreihe der kath. Akademie der Erzdiözese Freiburg. München/Zürich.

Rahner, K. (1983). Einzigkeit und Dreifaltigkeit Gottes. In: Ders. (Hrsg.). Der eine Gott und der dreieine Gott, 141–160. München/Zürich.

Ramon Llull (1271/73). Libre de contemplació en Déu. Zit. nach: R. Llull, Die Kunst, sich in Gott zu verlieben. Ausgewählt, übertragen und erläutert von E. Lorenz (1985). Herder-Bücherei 1198. Freiburg.

Ratzinger, J. (1980). Erfahrung und Glaube. In: IKaZ, 58–70.

Rikhof, H. (1990). Das Zweite Vatikanum und die bischöfliche Kollegialität. In: Conc, 265–275.

Rombach, H. (1970). Art. „Erfahrung, Erfahrungswissenschaft". In: LPäd(N) 1, 375–377. Freiburg/Basel/Wien.

Roos, L. (1985). Trinitarischer Humanismus als theologische Mitte einer christlichen Gesellschaftslehre. In: M. Böhnke/H. Heinz (Hrsg.). Im Gespräch mit dem drei-einen Gott. Düsseldorf.

Ruggieri, G. (1985). Gott und Macht. Hat der Monotheismus eine politische Funktion? In: Conc, 14–22.

Schelkle, K. H. (1981). Paulus (EdF 152). Darmstadt.

Schillebeeckx, E. (1981). Das kirchliche Amt. Düsseldorf.

Schlette, H. R. (1964). Die Religionen als Thema der Theologie (QD 22). Freiburg/Basel/Wien.

Schlette, H. R. (1987). Zur Theologie der Religionen. Grundzüge und offene Fragen. In: Orien, 151–156.

Schnackenburg, R. (1961). Art. „Logos". In: LThK 6, Sp. 1124f. Freiburg.

Schneider, Th. (1979). Zeichen der Nähe Gottes. Mainz.

Scholl, N. (1960). Providentia. Untersuchungen zur Vorsehungslehre bei Plotin und Augustin. Diss. Freiburg.

Scholl, N. (1980). Kleine Psychoanalyse christlicher Glaubenspraxis. München.

Schroer, S. (1986). Der Geist, die Weisheit und die Taube. In: FZPhTh, 197–225.

Schroer, S. (1990 a). „Sophia" – Gott im Bild einer Frau. In: Bibel heute, 147.

Schroer, S. (1990 b). Die personifizierte Weisheit – ihre Rollen und Symbole. In: BiKi, 94–99.

Schüngel-Straumann, H. (1986). Gott als Mutter in Hos 11. In: ThQu, 119–134.

Schüssler Fiorenza, E. (1978). Für eine befreite und befreiende Theologie in den USA. In: Conc, 287–232.

Schwarz, E. (1978). Laudse (Laotse), Daudedsching (Tao-te-king). Leipzig. (dtv, München 1985).

Schweizer, E. (1967). Das Evangelium nach Markus (NTD 1).

Seeber, D. (1983). Glaubenszuversicht: eine Umfrage. In: HerKorr, 298–300.

Spiegel, J. F. (1970). Das Kind und die Bibel. Bergen-Enkheim.

Splett, J. (1965). Die Trinitätslehre G. W. F. Hegels. Freiburg/München.

Sri Ramakrishna (1947). The Gospels of Sri Ramakrishna (hrsg. u. übers. v. Swami Nikhilananda). Madras.

Stenzel, A. (1964). Art. „Taufe; liturgiegeschichtlich". In: LThK. 9, 1320.

Stier, F. (²1981). Vielleicht ist irgendwo Tag. Aufzeichnungen. Freiburg/Heidelberg.

Swidler, L. (1974). Jesu Begegnung mit Frauen: Jesus als Feminist. In: E. Moltmann-Wendel (Hrsg.). Menschenrechte für die Frau. München.

Teilhard de Chardin, P. (1924). Mon Univers. Paris.

Teilhard de Chardin, P. (1936). Esquisse d'un Univers personnel. Paris.

Teilhard de Chardin, P. (1943). Super-Humanité, Super-Christ, Super-Charité. Paris.

Teilhard de Chardin, P. (1960). Der Mensch im Kosmos. München.

Teilhard de Chardin, P. (1962). Der göttliche Bereich. Olten/Freiburg.

Thiel, W. (1971). Die Weltherrschaft der jüdischen Könige nach Psalm 2. In: Theologische Versuche (Bd. III). Göttingen.

Thielicke, H. (²1958). Theologische Ethik (Bd. I). Tübingen.

Tillich, P. (1961). Recht und Bedeutung religiöser Symbole. In: GW V. Stuttgart.

Usener, H. (1903). Dreiheit. Rheinisches Museum für Philologie (58. Jg.), 63.

Vivekananda Swami (1943). Ramakrisna, mein Meister. Zürich.

Vorgrimler, H. (1989). Gotteslehre I und II. Texte zur Theologie, hrsg. v. W. Beinert, G. W. Hunold, K. Weger: Dogmatik 2,1 und 2,2. Graz/Köln/Wien.

Wacker, M. T. (Hrsg.) (1987). Der Gott der Männer und Frauen. Düsseldorf.

Wacker, M. T. (1987). Die Göttin kehrt zurück. In: Dies. (Hrsg.). Der Gott der Männer und Frauen, 11–37. Düsseldorf.

Wacker, M. T. (1987). Frau – Sexus – Macht. Eine feministisch-theologische Relecture des Hoseabuches. In: Dies. (Hrsg.). Der Gott der Männer und die Frauen, 101–125. Düsseldorf.

Waldenfels, H. (1985). Religionsverständnis. In: P. Eicher (Hrsg.). Neues Handbuch theologischer Grundbegriffe (Bd. 4, 67–76). München.

Walf, K. (1986a). „Namenlos – des Himmels, der Erde Beginn". Tao = Gott? In: Orien, 75–77.

Walf, K. (1986 b). Ahn des Himmels – Urmutter des Alls. Tao = Gott? In: Orien, 93–96.

Walf, K. (1988 a). Gefährdete Kollegialität. In: Orien, 233 f.

Walf, K. (1988b). Unfehlbarkeit – wie sie der neue Codex sieht. In: Orien, 171 f.

Wildiers, N. M. (1962). Teilhard de Chardin. Herder-Bücherei 122. Freiburg.

Williams, M. (1891). Brahmanism and Hinduism. London.

Winter, U. (²1987). Frau und Göttin. Exegetische und ikonographische Studien zum weiblichen Gottesbild im alten Israel und in dessen Umwelt. Freiburg/Schweiz/Göttingen.

Zahrnt, H. (1966). Die Sache mit Gott. Protestantische Theologie im 20. Jahrhundert. München.

Zarri, A. (1970). Das Gebet der Frau und die vom Manne geschaffene Liturgie. In: Conc, 110–117

Zenger, E. (1979). Der Gott der Bibel. Stuttgart.

Zenger, E. (1980). Jesus von Nazaret und die messianischen Hoffnungen des alttestamentlichen Israel. In: W. Kasper (Hrsg.). Christologische Schwerpunkte. Düsseldorf.

Zenger, E. (2001). Was ist der Preis des Monotheismus? Die heilsame Provokation von Jan Assmann. In: HerKorr, 186–191.

Zimmermann, L. (1987). Basisgemeinschaften Europas treffen sich. In: Orien, 232.

Zirker, H. (1981). Umgangsformen beim Thema „Dreifaltigkeit". In: rhs, 16–26.

Zirker, H. (1983). Ekklesiologie. Düsseldorf.

Zukunft aus der Kraft des Konzils. Die außerordentliche Bischofssynode '85. Die Dokumente mit einem Kommentar von W. Kasper (1986). Freiburg.

Zur Theologie der kirchlichen Gemeinden (1984). In: Christ in der Gegenwart, 427.

Zweites Vatikanisches Konzil (1962–1965),
- Liturgiekonstitution „Sacrosanctum Concilium" (1963).
- Dogmatische Konstitution „Lumen Gentium" (1964).
- Dekret über die Ausbildung der Priester „Optatam totius" (1965).
- Erklärung über das Verhältnis der Kirche zu den nichtchristlichen Religionen „Nostra aetate" (1965).
- Missionsdekret „Ad Gentes" (1965).
- Pastorale Konstitution über die Kirche in der Welt von heute „Gaudium et spes" (1965).
  Alle in: LThK E (1966–1968). Das Zweite Vatikanische Konzil. Dokumente und Kommentare (3 Bde.). Freiburg/Basel/Wien.